U1013496

教育问题探津

刘道玉 著

北京出版集团公司
北京出版社

图书在版编目（CIP）数据

教育问题探津 / 刘道玉著. — 北京：北京出版社，2019.1

ISBN 978-7-200-14233-4

Ⅰ. ①教… Ⅱ. ①刘… Ⅲ. ①教育研究 Ⅳ. ①G40-03

中国版本图书馆 CIP 数据核字 (2018) 第174478号

出 品 人：安 东 高立志
策划编辑：王远哲
责任编辑：王忠波 孔伊南
责任印制：陈冬梅
封面设计：林 林

教育问题探津
JIAOYU WENTI TANJIN
刘道玉 著

出 版 北京出版集团公司
北京出版社
地 址 北京北三环中路 6 号
邮政编码 100120
网 址 www.bph.com.cn
发 行 北京出版集团公司
印 刷 北京华联印刷有限公司
经 销 新华书店
开 本 880 毫米 ×1230 毫米 1/32
印 张 11.375
字 数 244 千字
版 次 2019 年 1 月第 1 版
印 次 2023 年 5 月第 4 次印刷
书 号 ISBN 978-7-200-14233-4
定 价 68.00 元

如有印装质量问题，由本社负责调换
质量监督电话 010-58572393

自 序

我毕生从事教育工作，前后总共60余年，可以说将自己的一生贡献给了我国的教育事业。从大学管理的实践中，我逐步爱上了教育，深切体会到教育是值得为之献身一辈子的事业。我学习和研究教育学大致经历了三个阶段：启蒙阶段、学以致用阶段和理论研究阶段。

1981年7月，我被推到武汉大学校长的岗位上，自己深知要领导好一所大学，不能靠自己原先学得的化学专业知识，而是要运用教育理论指导自己的教育改革实践。于是，从这个时候开始，我如饥似渴地学习教育学的知识，主要是国外教育家们的名著，对于我来说这也是进行教育的启蒙。我先后学习的世界教育名著有20多部，如柏拉图的《理想国》、卢梭的《爱弥儿》、夸美纽斯的《大教学论》、赫尔巴特的《普通教育学》、纽曼的《大学的理想》、怀特海的《教育的目的》、福禄倍尔的《大学之理念》和《人的教育》、赫胥黎的《自由教育理论》、杜威的《学校与社会·明日之学校》、哈钦斯的《乌托邦的大学》、麦克法兰的《启蒙之所 智识之源》、韦伯的《学术与政治》等。

我学习这些名著，的确受益匪浅，对于我后来在武汉大学进行教育改革起到了重要作用。我之所以推行一系列教学制度的改革，都是从这些名著中吸取了养料，如自由教育，民主独立的精神，博爱教育，尊重学生的志趣，保证学生们的选择权等，从而开创了武汉大学20世纪80年代改革的黄金时代。这使我尝到了甜头，也使我更加自觉地学习与研究教育学。

在进入耄耋之年以后，我一方面继续关注和呼吁教育改革，另一方面开始思考教育上一些深层的问题，不自觉地进入到教育哲学的研究领域，如教育是什么，学习是什么，大学的真谛是什么，等等。这些都是人们司空见惯的问题，似乎是不言而喻的，其实人们并不明白它们的真谛。我记得法国雕塑大师罗丹说过一句名言："所谓的大师应当是这样的人，它们能够从司空见惯的事物中发现美来。"同样地，2017年诺贝尔生理学或医学奖获得者是三位美国科学家，他们因为发现了"控制昼夜节律的分子机制"而获奖。他们共同的体会是："科学的本质就是研究我们日常生活中习以为常的事。"

同样地，在教育领域里也有许多"习以为常"的事，只是人们见怪不怪而已，因而忽略了对这些问题的深入思考。最近五年以来，我开始关注人们身边的这些教育中"习以为常"的事，并对这些问题进行追根溯源的思考，果然获得了某些新的认识。收入到本书中总共有36个问题，我把它们分为上下两篇，上篇有18个问题，它们着重回答"什么是"，如什么是教育，什么是学习，什么是大学的真谛，什么是真正的素质教育，什么是教育家，什么是理想大学，等等；下篇有18个问题，着重回答"怎么样"，如怎么样走出选择专业的误区与烦恼，怎么样觅得自己的志趣，怎么样进行有效的自学，怎么样做一名开明的教师，怎么样觅得创新的灵感，等等。前者重在回答"什么是"，而后者则着重回答"怎么办"。其实，这个划分仅仅是相对的，在"什么是"

中也有解决问题的办法，而在“怎么办”中也有追究问题的本质。

在本书最初撰写的时候，我初步拟定的书名是《教育十问》，但一旦进入写作状态后，似乎觉得问题越来越多，而以《教育十问》作书名就名不副实了。后来，又拟定了一个书名叫《珞珞如石》，取自老子《道德经》，虽然颇有蕴意，但不能破题，于是又要加上一个副标题“教育若干问题探讨”。再细想一下，觉得托着一个副标题的尾巴太累赘。于是，最终就选择了《教育问题探津》，既简明又点破了主题，我比较满意这个书名。

《说文解字》曰：“津，河流的渡口。”毛泽东同志曾经说过：“我们的任务是过河，但是没有桥和没有船就不能过。不解决桥或船的问题，过河就是一句空话。”渡口是停泊船只的地方，凡有渡口的地方，必定就有船，找到了渡口，过河的问题也就解决了。我之所以取《教育问题探津》作为书名，也是意在找到解决教育问题的渡口。

收入本书中的36篇文章，有的是在学术刊物上发表过，按照学术刊物的要求，文章中是附有参考文献的；有的文章是发表在非学术报刊上的，其中没有注释。在结集成书稿时，为了方便读者查询的需要，对于部分没有注释的文章，特增补了部分重要的参考文献，最后只有3篇文章没有给出注释。同时，为了紧扣本书的主题，对于收入本书的部分文章的标题和内容做了适当的修改，特予以说明。

做学术研究，贵在标新立异，忌讳人云亦云。我是力求按照这个标准来要求自己的。在本书中，我不揣冒昧提出了个人对许多问题的见解，我不敢自诩自己的那些看法都一定是正确的，但我愿意抛砖引玉。如果有人指出我的陋见而提出新的见解，只要是问题得到解决，我将十分高兴，并乐于服从真理，这是做学问必须秉持的实事求是态度。

作者谨识

2018年3月2日（元宵节）

目 录

上 篇

下　篇

上　篇

一、什么是教育

什么是教育和教育是什么，这是一个问题的两种表达方式，从属性上来说，它应当是属于教育哲学的范畴。古往今来，有很多哲学家和教育家对这个问题阐述了各种不同的观点，甚至有多本“教育是什么”的专著问世。其中，《什么是教育》就是一部名著，它是德国教育学家卡尔·雅斯贝尔斯（Karl Theodor Jaspers，1883—1969）的代表作。他是一位博学多识的学者，既是哲学家和教育家，又是神学家和精神病学家，曾在德国和瑞士多所大学任教。他的核心观点是：“教育，不能没有虔诚之心，否则只是一种劝学的态度，对终极价值和绝对真理的虔诚是一切教育的本质。”①

笔者在学习与思考的基础上，不揣陋见，也尝试从以下几方面谈谈教育到底是什么？

（一）教育的起源

在我国，仅就文字而言，教育一词最早是出现在《孟子·尽心上》，他说：“得天下英才而教育之，三乐也。”他的意思是说，作为教师，得到天下的英才并对他们进行教育，使之成为优秀的人才，是非常快乐的事。

---

① ［德］雅斯贝尔斯：《什么是教育》，生活·读书·新知三联书店，1991年3月，第44页。

提起教育，“一个最没有人怀疑的教条是关于学校的说法，教育等于学校”[①]。其实，这仅是指狭义的教育而言的，学校教育自然是与学校密切相联系的。最早的学校诞生于何时？20世纪30年代，法国的考古学家安德烈·帕罗特在两河流域上游的名城马里发掘出了一所房舍，被认为是世界上最早的学校，它建造于公元前3500年以前。这所房舍包括一条通道和一大一小两个房间，大房间排着4排石凳，可坐45人，小房间有3排石凳，可坐20人。此外，房间里还发现了许多泥版，好像是学生们作业使用的。

过去，一直认为建立于公元前2500年的埃及宫廷学校是最早的学校，而帕罗特的发现[②]，却把学校的诞生提前了1000多年。在两河流域发现的学校叫作“埃杜巴”，意思是“泥版书屋”，也称为书吏学校。中国最早的学校出现在西周，到西汉学校分为中央和地方两级，中央称太学，而地方则叫官学。迄今为止，考古学家们发现最早的学校有三类：一是建在王宫附近的学校，由王宫设立；二是神庙学校，由神庙设立；三是临近官吏居住地的学校。不难看出这些学校都是为王宫和神庙培养人才服务的。

从广义上说，教育不限于学校，早在学校出现以前教育就存在了，可以说它具有与人类社会一样久远的历史。追溯人类发展的历史，自从智人出现以后，随之就有了人们赖以生存需要的生活经验和生产技能的传授，这就是教育。又

① 联合国教科文组织国际教育发展委员会编著：《学会生存》，上海译文出版社，1979年10月，第124页。

② 李海峰、祝晓香：《泥版书屋》，《阿拉伯世界》，2003年第6期。

如，父母教幼儿咿呀学语和蹒跚学步等，这些也都是教育的开端。

对教育起源理论的研究，是教育最基础的问题，也一直是教育界的热门话题。概括起来，迄今为止，关于教育起源的学说主要有三种理论：一是生理起源说，其代表人物是法国哲学家、社会学家查尔斯·利托尔诺（Charls Letourneau，1831—1902），他在《人类各人种的教育演化》一书中，认为生存竞争和天性本能是教育的基础。二是心理起源说，代表人物是美国心理学家保罗·孟禄（Paul Monroe，1869—1947），他在《教育史教科书》中写道，原始社会的教育方式是简单的、无意识的模仿。三是劳动起源说，其代表人物是苏联教育学家、教育史学家米丁斯基，他在《世界教育史》中认为，只有从恩格斯关于劳动创造了人这个原则出发，才能够了解教育的起源。因此，教育起源于劳动的观点，就成了一种主导的学说。

应当说，以上三种学术观点都有一定的道理，只是它们强调的侧重点不同而已。相比较而言，我更倾向于劳动起源说，但又觉得仅仅用“劳动”二字概括教育的起源，似乎又简单化了一些，因为教育不仅仅存在于劳动之中。我认为，比较全面的表述应当是：教育起源于人们的生活、生产劳动和社群的交往之中，因为在所有这些活动中都有教育内容的传授。

（二）怎样正确地解读教育

通常人们都是把教育当作一个词汇来理解的，甚至包括许多教育工作者也对教育的含义不甚了了。其实，教育一词是教与育的有机合成，它们分别代表着两种不同的意思。《说文解字》对“教”“育”的解释是：“教，上所施下所效也”，“育，养子使作善也”。

教，通俗的解释是，在上位的是施教，是指教师的作用，是由外向内的过程；在下位的是模仿，学生是处于被动的状态，他们只能服从、顺从、依从、接受。育，是指培养孩子成为做好事的人，它包含发育、养育、生育、生长之意。我们再对比教育中文与英文字义的差异，教的相应英文是instruction，是由外向内的，而育是education，是由内向外的过程，强调内因在学习过程中起主导作用，这是力行教育原则的两个方面。①

但是，我国第一位倡导人才学的学者雷祯孝先生对教育提出了质疑，认为不应该以教育作为办学行业的名称。他经过详细的考证认为，在我国两千多年的古籍中，只有孟子用过一次“教育”，以后也很少使用，可能就是因为对“教育”一词的理解分歧太大。②对教育的解读，不仅仅只是对字义的理解，重要的是它作为一个理念已经渗透到中国人的骨髓和血液中，致使中国教育以保守而著称。试问，在“教”字当头的情况下，何以能够破除师道尊严？

① 黄国昌、黄秦胜：《现代教育的功能》，幼狮书店，1979年8月，第51页。

② 雷祯孝：《从教育到办学的转变》，《中国社会科学报》，2009年12月22日。《考证教育不适合做办学的行业名称》，《新语文学习》，2010年底期头条。

又如何树立“以人为本”和“以学生为主体”的理念呢？于是，他呼吁全国人大会议，通过讨论和论证，寻找一个更科学和积极意义的词语，以立法形式替代副作用多多的“教育”。

（三）人是教育永恒的中心

在汉字中，“人”字只有两笔画，一撇一捺，左右相互支撑，相辅以成，使人屹立于世。虽然“人”字书写是最简单的，但蕴意又是最复杂的。写好人不易，读懂人很难，学会做人则是难上难。人，携手构成力量；人，和谐产生能量。因此，人是世界万事万物中第一宝贵的资源，只要有了人，什么人间奇迹都可以创造出来。总之，人是我们唯一应当关注的，必须珍惜人的生命，尊重人的人格。

人是什么或者人是谁？德国哲学家康德（I. Kant，1724—1804）曾经提出：我能够知道什么？我应当做什么？我可以希望什么？但他又说，其实这三个问题可归结为一个问题：人是什么？他所关注的最终是如何做人。赫舍尔（A. J. Herschel，1907—1972）是波兰裔美国神学家，虽然他提问的角度与康德不同，但也认为，人永远是未完成的，人不是别的，他就是“做人”，就是自己决定去扮演一个前所未有的角色。

康德认为：“人就是人，不是达到任何目的的工具。而且，人们可以使教育具有一种合乎人性的形式。”[①]教育

① 金慧娟：《把人写进教育的核心》，《人民教育》，2012年10月19日。

是以人为对象的实践活动，无时无刻不与人打交道，人既是教育的出发点，又是教育的归属。学生既不是家长的私有财产，也不是教师塑造器的原材料，他们是教育中的主体。显而易见，实施人本主义教育，这是天经地义的。博雅教育（Liberal Arts Education）是属于自由人的教育，它可以追溯到古希腊的亚里士多德，而整个西方教育传统都是以博雅教育为基础的。孙中山先生认为："教育是人的建设，教育功能可以说是在于完成人的建设。人的概念包括自然人、社会人和文化人的观念。"①

校徽是学校的形象的标志，是办学理念的形象化的表现，北京大学和中国人民大学的校徽，无疑最充分地展示了要以人为本的教育思想。蔡元培先生于1916年12月出任北京大学校长，次年他请鲁迅先生设计北京大学校徽，鲁迅于1917年8月完成，递交蔡元培校长后立即被采用。鲁迅设计的校徽，达到了一个很高的境界，体现了他的人文主义办学思想。这枚校徽上面是两个侧身背靠背的人，寓意为学生，下面是一个站立的人，寓意为甘为人梯的教师。这枚校徽成为20世纪中国十大经典标志，可惜1949年以后被弃用，到1980年重新启用，这一废一启，反映了两种办学思想的差异。

以人为本的思想反映在校徽上，这当然是必要的，但正如一切规章和制度一样，它们能否得到贯彻和实施，关键在于人是否能够真正地实行。这正如康有为先生所言：

① 黄国昌、黄秦胜：《现代教育的功能》，幼狮书店，1979年8月，第10页。

“变事而不变法，变法而不变人，则与不变同矣。”[①]坦率地说，我国各级学校，在践行以自由为核心的人本主义教育方面，还是有着极大的差距。就拿北京大学和中国人民大学来说，虽然他们的校徽设计是颇有创意的人本思想，但在实际的办学过程中，以人为本的理念并没有得到体现。

以人为本，就表现为以学生为本，学校的一切部门和一切工作，都是为学生服务的，为学生成才服务的。可是，我国各类学校依然还是以教师为中心，学生总是被动地围绕着教师转。同时，还普遍存在打骂、体罚、呵斥、侮辱人格、剥夺选择权和限制自由等违背人性的现象。于是，这些处于弱势群体的学生们，无奈地喊出了“父母皆祸害”和“杀死学校”的呼唤，这应当引起我们的反省！

那么，究竟怎样才能够做到以人为本呢？最关键的一点是，必须牢固地树立“以学生为主体”的思想，大学不仅因大师而大，还因大学生而大。无论大学生或是小学生，他们的人格必须得到尊重，教师用语必须人性化，禁止使用伤害学生心灵的语言。他们的志趣和爱好必须得到保证，他们享有学习、研究、著作署名和发表不同学术见解的权利，包括分数在内的隐私必须得到保护。我想，我们做到了上述这一切，那么学校也就体现了以人为本。

---

① 吴廷嘉：《戊戌思潮纵横论》，中国人民大学出版社，1988年8月，第92页。

（四）教育是心智的启蒙

在中外教育论著中，关于教育是什么的论述多得不胜枚举，例如：是“对终极价值和绝对真理的虔诚”，是“教育即生长”，是“智能的积累遗传”，是“对爱智的追求”，是灵魂的交流，是精神的成长，等等。但是，我认为大多数的观点都没有触及本质，有的太玄虚，有的回答甚至是模棱两可。[①]有鉴于此，我尝试对教育是什么作出回答。简单地说，教育的本质就是心智的启蒙。我的观点既简明又扼要，算是一家之言吧。

“启蒙”一词的英文是enlightenment，最早于18世纪出现在欧洲，而中国是于1919年前后的新文化运动中提出的，比欧洲晚了近200年。何谓启蒙？康德是第一个回答这个问题的智者，他在《何谓启蒙》一文中说：“启蒙就是人类对自己招致的不成熟状态的摆脱。”“公众要启蒙自己是很有可能的。事实上，只要赋予自由，启蒙几乎肯定是会随之而来的。”

什么是启蒙？通俗地说，启蒙就是开启蒙昧，启蒙是未完成时，它是一个过程，贯穿于自童蒙到终生学习人的一生。启蒙包含的内容非常广泛，从愚昧到开化、从迷信到科

---

① ［德］雅斯贝尔斯：《教育是什么》，生活·读书·新知三联书店，1991年3月，第44页。吴宗璜主编：《教育是什么》，商务印书馆，2000年4月，第79页。张巽根：《教育是什么》，湖北教育出版社，1998年8月，第222页。

学、从不知到知、从不懂到通、从传统到现代、从模仿到创造、从守旧到革新等，无一例外的都是启蒙的结果。其实，康德只说出了一半，不仅要摆脱自己招致的不成熟状态，而且还有更重要的一半，即要挣脱外力强加的不自由状态。启蒙的重要性是不言而喻的，正如奥斯本所说的“启蒙是我们唯一的希望，仅仅去批判启蒙就是故意向堕落屈服”①。用启蒙来诠释教育的本质，我认为是再贴切不过了，比把教育的功能定义为施教、传授、灌输等更能够揭示教育的本质。

教育的启蒙指什么呢？我认为是心智的启蒙，所谓的心智就是心灵和智慧，这要比空泛的德育和智育更能反映教育的本质。心灵是指内心、思想和精神，真善美都发自于心灵。我国学生知识灌输得太多，而心灵修炼得太少。一个人如果有真善美的心灵，那他一定是一个高尚的人、诚信的人和乐于奉献的人。智慧是学习的最高目的，它是隐藏在知识后面的，是通过顿悟而获得的。不是知识决定命运，而是智慧决定成功与否，因此启迪智慧就是教育最重要的本质。我曾经专门著文，提出了“大智慧之光”的理念，培养大智慧的杰出人才，以应对人类面临的严重威胁与挑战。②

那么，谁是启蒙的主体呢？奥斯本认为：“启蒙运动——也许首先——是知识分子运动。没有知识分子，就没

---

① ［英］托马斯·奥斯本：《启蒙面面观》，商务印书馆，2007年3月，第12页。

② 刘道玉：《云时代，大学需要崭新的教育理念》，《南方周末》，2015年4月23日。

有启蒙。”[1]从传统的观点来看，相对于未被启蒙的民众而言，奥斯本的观点是对的，先知先觉的知识分子往往将肩负起启蒙的任务。在教育中，广大教师当属知识分子，他们将担负教化学生的任务，但受教育的学生，他们也能够自我启蒙，那些自学成才者就是例证。

启蒙与解放总是相伴而行的，一次思想启蒙就是一次思想的解放。早在30多年以前，联合国教科文组织的教育家们发出呼吁：“教育能够是，而且必然是一种解放。”[2]解放与控制是对立的，我国传统教育的保守性主要表现在控制，而从来不倡导解放。我国广大青少年压抑得太久了，他们的个性、人性、志趣、潜在的创造力等，都需要彻底地解放，让他们的智慧迸发出来！

---

① ［英］托马斯·奥斯本：《启蒙面面观》，商务印书馆，2007年3月，第230页。

② 联合国教科文组织国际教育发展委员会编著：《学会生存》，上海译文出版社，1979年10月，第191页。

二、什么是学习

“学习”一词是一个老生常谈的问题，无论男女老幼都有过学习的经历，也体验过全然迥异的学习况味。可是，对于学习的起源、本质和目的究竟是什么，我敢说包括教育工作者在内的绝大多数人，都不甚了了。近年以来，围绕着学习我思考了一系列问题，如教育等于学校吗？学习必须在学校学吗？我国的学校教育为什么备受诟病？同龄人进入同一学校，为什么学习成绩差异如此之大？学习优劣的区别究竟在哪里？知识的背后隐藏着什么？有没有普世的学习方法？激励学习的有效机制又是什么？

（一）学习是什么

现在，我们面临的是学习化社会，如果不认清学习的情境、本质和目的，我们的学习可能是少有成效的，在某种程度上将阻碍杰出人才的成长。对待学习的问题就犹如古罗马神学家圣·奥古斯丁追问时间一样，他说时间是什么，如果不问我大概还知道它是什么，如果真的问我时间是什么，我却不知道时间是什么了。同样的，学习究竟是什么，我们许多经历过学习的人，或是从事教育工作的人，恐怕都不知道学习的真谛。因此，我们有必要从理论上弄清学习的本质，也许对青少年的学习和一切学习者都是有积极作用的。

“学习”一词最早出现在《论语》首篇首句，子曰：

“学而时习之，不亦说乎。”[①]他的意思是说，学了，经常温习，是很高兴的事。从字义上，孔子是把“学”与“习”作为两个词使用的，分别代表两层意思。“学习”作为一个词最早出现是在西汉，在《礼记·月令》中有“鹰乃学习”，意思是说每年夏初，刚孵化出的雏鹰，模仿老鹰的飞行，一次一次地反复试飞，终究学会了独立飞行，这就是最早称为的学习。顾名思义，学乃模仿，习是复习或温习之意。那么，学习优劣的区别是什么呢？应当说，学习者的智商、勤奋、学习方法对学习有着重要的影响，但我认为学习者对学习的本质和目的的认识，营造最佳学习情境，这些才是决定学习优劣的最根本的原因。

（二）学习的本质

那么，学习的本质究竟是什么呢？我从网络搜索发现，居然有一本《学习的本质》的著作，作者是法国人安德烈·焦尔当，他既是一个当年被认为的“差生”，又是当今公认的国际著名生物学家和认知科学家，曾是瑞士日内瓦大学的教授、国际生物科学协会教育委员会主席。其中，焦尔当在“学习是什么”一节中说：“学习在日常生活中是一个混合词，在不同的情况下，它既可指理解、认识、记忆、发现、经验获得，又可以指调动已有的知识。”[②]从事物属性来

① 杨伯峻：《论语译注》，中华书局，1980年12月，第1页。

② ［法］安德烈·焦尔当：《学习的本质》，华东师范大学出版社，2016年7月，第4页。

看，所谓的本质是指事物的本原、根本或原本的性质，至于进一步追问为什么，这是属于论证其属性的问题。经过我反复的思索，终于对学习的情境、本质与目的有了新的认识，这就说明愚者千虑终有一得的道理。从元认知层面上说，我认为学习的本质就是六个字：感知、复习和记忆。这六个字包括三层意思，它们环环相扣，互为因果关系。

有关学习的理论，认知主义是重要的学派，但我却没有采用“认知”这个概念。我认为，感知与认知的区别是，感知明确地指出一切知识无不是通过感官（即视觉、听觉、嗅觉、味觉和触觉）而获得，包括直接知识和间接知识。例如，听教师讲授要靠听觉，看书自学要靠视觉，学习视频资料需要视觉和听觉的配合，做科学实验要靠触觉为主的多种感官等。之所以用感知代替认知，是因为认知的“认”反映不出感官在学习中的作用。复习也就是重复的意思，对于加深理解、廓清概念、破解疑点和梳理知识系统，都是重要的步骤。正如孔子所云：“温故而知新，可以为师矣。”记忆与学习的关系是密不可分的，按照学习的机制来说，先有感知而后有记忆，如果没有记忆，学习也就失去了意义。

人的学习是从感性开始的，根据我的观察与思索，我认为学习有三种境界：感性、理性和悟性。三个不同的境界达到的学习效果也是完全不同的。在感性认识阶段，获得的是“知”，即知道的意思，知道并不一定是真正理解了，也不一定是靠得住的东西。在理性阶段，认识的主体把感性认识获得的材料，经过去粗取精，去伪存真，由此及彼，由表及里的思维加工，人的认识获得了概念和理论系统，这时获得的是“真”，即更全面和更深刻地反映事物的本质和规律。人的认识还没有结束，有待进入到悟性阶段，这是学习的最高境界，在这个阶段获得的是“通”，所以“通”是学习最高的目的。我们常常说博古通今、触类旁通、融会贯通和心有灵犀一点通、一通百通等，都说明了“通”是学习的最高的追求。

（三）学习的目的和境界

那么，学习的目的究竟是什么呢？这个问题的论者不计其数，众说纷纭，但都没有触及核心问题，在很大程度上不免带有功利主义的影响。在学习的目的上，东、西方有两个约定俗成的语词，中国教育界普遍提倡“学以致用”，然而欧美国家更主张“学以致知”，虽然“学以致用”包括积极的内容，但它们却是两个认识的高度。用与知的区别在于，前者关注的是“这有什么用”，而后者却追问的是“这是什么”“这是为什么”。长期以来，正是由于“学以致用”在我国学术界占据主导地位，所以我国不重视基础科学研究，导致科学理论落后，这也是近代科学没有诞生在中国的主要原因。我不揣冒昧，尝试超越这两个口号，提出“学以致慧”（或“学以增慧”）的概念，智慧才是我们应当追求的学习的根本目的[①]。也许，普通学习者与大师级的人才区别也就在这里。

---

① 刘道玉：《云时代，大学需要崭新的教育理念》，《南方周末》，2015年4月23日。

学习境界对实现学习目标非常重要，正如国学大师王国维所言[①]："古今成大事业、大学问者，必须经过三种之境界：昨夜西风凋碧树，独上高楼，望尽天涯路，此第一境界也。衣带渐宽终不悔，为伊消得人憔悴，此第二境界也。众里寻他千百度，蓦然回首，那人却在灯火阑珊处，此第三境界也。"他所谓的高楼，亦即做学问的象牙之塔，这是静思和顿悟的最佳处所，知识背后隐藏的智慧大都是在这种环境下产生的。因此，任何轻浮和狂躁对于学习都是有害的，正如老子所云："轻则失根，躁则失君。"

纵观中外一切杰出的人物，无论是自觉或不自觉，他们都进入到读书学习的悟性境界，进而使其从事的学问或事业达到一通百通的地步。例如国学大师钱穆，他并没有上过大学，仅仅是从一个中学生成为史无争议的国学大师，他对中国的古代文化都有精辟的见解。同样是自学成才的齐白石，他是集诗词、绘画、书法和金石于一身的世界级的艺术泰斗，可以说他的艺术水平达到了通天彻地的地步。美国史蒂夫·乔布斯（Steve Paul Jobs，1955—2011）被称为创新魔术师，他不仅是一个私生子，而且是一个在里德学院只上了一个学期课的辍学生，退学的原因是他怀疑上大学的价值。他笃信佛教，参禅打坐，有所得以后，毅然走上了创业的道路。他引领了世界信息技术革命，对创新甚至达到了出神入化的地步。以上这些人物，他们都有很高的悟性，在其所从事的学术领域，都达到了"通"的境界。

① 王国维：《人间词话》，中华书局，2008年8月，第12、13页。

我国现在有大中小学3000多万所，在学的人数近2.5亿人，是世界上拥有最多学习者的国家。按理说，我们应该是人才大国和强国。就数量而言，我国拥有人才资源1.2亿人，堪为人才资源大国。但就质量而言，我国并非是人才强国。例如，在科学领域，由我国科学家首先开创的研究领域和领军的科学学派，依然还是空白，国际公认的学术大师也基本没有，印度已经成为计算机软件、医生和CEO出口大国，而我国则相形见绌。这一切都应当引起我们深刻的反思，我国的教育究竟出了什么问题？依我看，问题之一就是在对待学习问题上，各级学校仅仅囿于传统的教学法，满足于知识的讲授，致使绝大多数学生成了“考试机器”，他们也就沦为流水线上的“产品”。

学校的任务应当是指导学生学会学习，要让学生知道方法比知识重要，智慧比文凭重要，汗水比灵感重要。我认为，学生学习优劣的区别主要是后天的，就大多数学习者而言，他们大多停留在感性认识的阶段，仅仅是知其然，只会重复背记书本知识；而少部分学习者，他们能够进入到理性阶段，不仅知其然，而且知其所以然，所以他们成为佼佼者。古今中外，只有极少数的学习者，能够进入到悟性阶段，不仅知其所以然，而且知其超然。这是一个全新的境界，超然于物外，达到超然自得的地步。在这个阶段获得的是智慧，是汗水滋润出来的灵感。

在拟定本文题目时，我没有使用“学习成绩优劣的区别”这个词句，因为学习的优劣并不能以考试成绩高低来区分的，而应以智慧获得的多寡作分野。每个学习者都是自己命运的主宰者，如果我们的学校教育，对所有的学习者都给予正确的指导，使他们进入到最佳学习境界，至少能够把更多的学习者从知其然转入知其所以然，进而达到知其超然的境界。到了这个阶段，就会是人才辈出的时代，也只有这样的大智慧的人物，才能应对人类社会面临的各种危机，为人类自我救赎开拓出新的途径！

三、什么是大学的真谛

大学究竟起源于何时，历来是众说纷纭，有些研究者把古埃及的宫廷学校、中国汉代的太学和古希腊的柏拉图学园看成是最早的大学，但这些看法并没有获得教育界的共识。世界高等教育界一致认定，成立于1088年的意大利北部的博洛尼亚大学是第一所大学，这一点从《欧洲大学宪章》的颁布得以证明。欧洲430所大学的校长，于1988年9月18日，参加了博洛尼亚大学900周年庆典，并且在博洛尼亚的大广场，共同签署了《欧洲大学宪章》，正式宣布博洛尼亚大学为欧洲“大学之母”。其中，基本原则之一：“应当保持道德和学术的独立，不听命于任何政治和经济权力机构”，“研究自由、教学自由和培养人才自由，是大学存在的基本原则”。至今，已经有80多个国家的1000多所大学签署了这个宪章，可见独立和自由的原则已成为世界高等教育的共识。[①]

近代大学已经走过近千年的历史，据统计，全世界总共有各类大学3万多所，在校大学生约1.7亿人。据中国教育部公布的资料，我国现在有2845所大学，在校大学生人数为3709.2万人，大约占世界大学生总数的五分之一。但是，各个国家大学的学术水平相差甚远，这是各国经济发展不平衡造成的。尽管世界大学数目众多，从教和受教育的人数也以

① 宋文红：《欧洲中世纪大学的演进》，商务印书馆，2010年6月，第347页。

亿计，但并不是所有的人对大学的真谛都有明确的认识，因此正确地认识大学的性质与目的，直接关系到他们教与学能否取得最理想的效果。

（一）大学的真谛之我见

“真谛”一词是指事物的本质、根本、精义、要旨和奥妙之所在，顾名思义，大学的真谛是关于大学的本质，亦即大学的性质、目的和作用。关于这个问题，古今论者如云，就如莎士比亚戏剧《哈姆雷特》一样，有多少个观众就有多少个他们心目中的哈姆雷特。这是因为人们观察问题的出发点和价值观不同，同时也与他们观察问题的方法和角度有关，因而得出的结论也不同，这是不足为奇的。

从大学诞生以来，关于大学的理念就一直争议不断。最早论述大学性质的著作应该是英国神学家、哲学家约翰·亨利·纽曼，他于1873年出版了《大学的理想》一书，这是将他在担任新创办的都柏林大学校长期间所做的系列演讲结集而成的。其中，他明确地指出：“大学是丰饶之母，对她的孩子们一个一个了如指掌。大学不是铸造厂，不是制造厂，也不是一项单调的工作。”他曾经设想有两类大学，其中一类不为学生提供住宿，也不督察学生的学习情况，只要学生通过一系列的课程考试就可以授予学位；另一类大学既没有教授，也根本不安排考试，而只是把一大群年轻人召集到一起生活三四年，然后把他们送出校门，像人们所说牛津大学60年来所做的那样。他甚至自问自答地说：“如果有人问我，这两者中哪一种方法更有利于才智的训练，我将毫不犹豫地考虑那种既无教授也不考试的大学。”[1]这是纽曼在一个半世纪以前讲的话，具有十分超前的眼光，与我在《我的理想大学》一书中所设计的“超级仓储自选模式”的大学如出一辙，值得当今的大学进行改革实验。

19世纪到20世纪，是大学在世界各国蓬勃发展的时期，同时对于大学本质研究的著作也越来越多。其中，比较有代表性的有德国哲学家卡尔·雅斯贝尔斯，1945年他出版了《大学之理念》一书，他说：“大学是一个由学者与学生组成的、致力于寻求真理之事业的共同体。”“学术自由是一项特权，它使得传授真理成为一种义不容辞的职责，它使得大学可以横眉冷对大学内外一切试图剥夺这项自由的人。”[2]

艾尔弗雷德·诺斯·怀特海（Alfred North Whitehead，1861—1947）是英国数学家和哲学家，是20世纪前半叶最重要的三位思辨哲学家之一，他对教育问题有深刻的洞察。英国伦敦恩斯特·本有限公司，根据怀特海生前关于教育的演讲，于1950年出版了《教育的目的》一书。他认为：“在古代学园中，哲学家们渴望传授智慧，而在今天的大学里，我们卑微的目的却是教授各门科目。从古人向往追求神圣的智慧降低到现代人获得各个科目的书本知识，这标志着在漫长的时间里教育的失败。”[3]

---

① ［英］纽曼：《大学的理想》（节本），浙江教育出版社，2001年12月，第64—65页。

② ［德］雅斯贝尔斯：《大学之理念》，上海世纪出版集团，2007年4月，第19页。

③ ［英］怀特海：《教育的目的》，生活·读书·新知三联书店，2002年1月，第52页。

德国哲学家康德不仅是近现代哲学家第一人，而且也是第一个回答大学是什么的人。他说："大学是一个学术共同体，它的品行是独立追求真理和学术自由。"[①]关于这一点基本上获得了教育界的共识，也是由"大学之母"博洛尼亚大学关于"大学是学生和教师共同体"演变而来的。这个定义从形式与内容上统一起来了，共同体是教师与学生组成的形式，而连接两者之间的纽带是学术，追求真理则是他们共同的目的。

19世纪末，欧洲现代意义上的大学开始传播到我国，于1898年创办的京师大学堂，应当是无争议的中国近代第一所大学。蔡元培于1916年12月就任北京大学第14任校长，他受命于危难之际，前后任职10年，无论是在他个人或是北大校史上，都是最为辉煌的时期。他在1917年1月9日就职典礼上说："诸君来此求学，必有一定宗旨，欲求宗旨之正大与否，必先知大学之性质。今人肄业专门学校，学成任事，此固势所必然。而在大学则不然，大学者，研究高深学问者也。"[②]在北平时期的清华大学和抗战时期的西南联大，梅贻琦校长亦秉承这一办学宗旨，所以造就了我国高教史上的奇迹。

在当代，我国教育界的学者，亦有不少人论述大学的性质。例如，香港科技大学丁学良的《什么是世界一流大学》，北京大学张维迎的《大学之道》，中山大学黄达人等的《大学的根本》和辽宁大学徐平的《大学的真谛》等。概

---

① ［德］康德：《康德思想之光》，《参考消息》，2004年3月15日。

② 《蔡元培全集》（卷3），中华书局，1984年8月，第5页。

括起来，关于大学的本质或性质的各种观点有："大学是教授全面知识的机构"，"大学者，智识之府也"，"大学是传授知识之场所"，"大学是学术共同体"，"大学是学术之公器"，等等。

可是，自19世纪末到第二次世界大战之前，是美国自由资本主义蓬勃发展时期，实用主义盛行。在教育上，功利主义盛极一时，威斯康星大学校长海斯甚至喊出了："服务应当成为大学唯一的思想。"于是，大学直接为社会服务的理念迅速传播开来，就连一些研究型的大学，也积极加入到为社会服务的行列中来。这个理念的危害性是使大学成为"服务站"，而学术水平急剧下降。正是在这种情况下，美国普林斯顿高等研究院创始人亚伯拉罕·弗莱克斯纳站了出来，捍卫传统大学的理念，以"无用知识的有用性"为题发表了一篇长文，强调纯学术研究和自由探索的重要性，随后于1930年出版《现代大学论》一书。他极为尖锐地指出："大学不是风向标，不能什么流行就迎合什么……在动荡社会里，除了大学再没有哪个机构可以产生理论、分析社会和经济问题，传授真理而不顾是否受到欢迎，培养探究和教授真理的人。"[①]由此可见，弗莱克斯纳对大学的定位是非常清楚的，那就是大学是从事纯学术研究和探究终极真理的地方。

在分析和归纳了古今各种大学理念之后，我无意要求各大学统一到一个理念上，这是不可能也是不必要的。事实

① 赵小焕：《弗莱克斯纳的现代大学观》，《中国社会科学报》，2017年3月23日。

上，大学是分为各种类型的，既有“象牙塔”式的，也有“服务站”式的，我们的错误是在于用一个标准去要求所有的大学。正确的做法应当是，各类大学要准确地给自己定位，行使自己应该肩负的职能，既不能缺位也不能乱串位。从总体上说，所有关于大学的理念的论述，我们可以归纳为“知识论”和“学术论”这两派观点。但是，我认为这只是从形式上划分的，大学更深层的真谛却是“启蒙”。如果我们以此来看待大学的功能，那么不同类型的大学，都可以统一到“启蒙”的理念上来。英国剑桥大学校训是“此地乃启蒙之所，智识之源”，这是迄今最精辟地阐明了大学之真谛的概括。启蒙是相对于蒙昧而言的，启蒙就是开启蒙昧，启迪智慧，挣脱奴性，解放个性，摆脱束缚，崇尚自由，放飞心灵，激励出创造性的灵感。启蒙是动词，是进行时，是未完成时，是全面地贯彻在人一生的学习和创业中。无论是精英大学或是应用型大学，都要以启蒙的指导思想来教育和训练自己的学生。通过启蒙能够获得更多和更大的智慧，不管他们今后从事何种职业，智慧都能够帮助他们走向成功，实现每个人的最大的人生价值。

（二）“乔布斯之问”的困惑

史蒂夫·乔布斯是美国天才发明家，是一个创新狂人，是改变世界的杰出人物之一，他的名字将与爱迪生和爱因斯坦一同被人们铭记。可是，病魔剥夺了他的生命，他只活了56个春秋，否则他将为世界作出更多的贡献。在弥留之际，他提出了一个发人深思的问题：“为什么计算机改变了几乎所有领域，却唯独对学校教育的影响小得令人吃惊？”[①]这就是被称为“乔布斯之问”的问题，他不是给技术提的问题，而是给教育提出的问题。自20世纪90年代进入信息时代以后，中国教育界对信息技术加大了投入，但在教育上并没有获得大的产出。又据美国的调查，2006—2007年对2.1万名中学生抽样调查在阅读、数学和科学方面的能力，与30年前计算机未进入学校和家庭时，并没有明显的差别。

当今，以计算机为主的通信技术、网络技术和光电子技术构成的智能化，已经异常凶猛地向我们袭来，可以说是适应者存，不适应者亡。在智能产业界甚至喊出了：“要用智能技术改变人们的购物方式”，“要用智能技术改变制造业”。但是，为什么学校却按兵不动，传统的教育模式和方法依旧巍然矗立不倒，这究竟是为什么？在我看来，主要是两个问题：一是教育的特殊性，改变购物和制造业，他们改变的是物质性的东西，改变教育实质上是改变人，而人是有思想意识的，他们可以接受改革，也可能拒绝改革，这就是问题的复杂性所在；二是教育的保守性，这是很多人没有看到或者不愿承认的问题。其实，教育的保守性是十分顽固的，其表现就是标准化、统一化、同步化、功利化和形式化。教育也是一把双刃剑，在传授知识的同时，把保守的观念、教学方式和习惯也传播下来了。后来的办学者只知道照着前人路子走，弟子亦步亦趋地模仿老师的教学方法，于是习惯成了自然，而习惯势力是非常可怕的。

① 王庆环：《“乔布斯之问”问出什么教育问题》，《光明日报》，2015年12月8日。

美国edX（education for X）总裁阿南特·阿格沃尔对教育的保守性提出了尖锐的批评，他说："教育在过去500年中，实际上（本质上）没有什么改变，上一次变革是印刷机和教科书。"美国X大奖创始人、奇点大学（Singularity University）执行主席彼得·戴曼迪斯更是辛辣地嘲讽道："标准化是教育的原则，统一性是教育预期的结果。同一年龄的所有学生使用相同教材，参加相同的考试，教学效果也按照同样的考试尺度评估。学校以工厂为效仿的对象，每天都被均匀地分割为若干时间段，每段时间的开始和结束都以敲钟为号。"本来，学校是教育人的，工厂是造机器的，彼此有着天壤之别。但是，实际上现在学校已经沦为制造"像机器一样的人"的生产流水线，难怪美国加州大学戴维斯分校负责人基思·西蒙悲叹地说："科学天才绝灭了！"

在2012年"慕课年"时，慕课浪潮声势浩大，席卷世界教育界，大有对传统教育摧枯拉朽之势。可是，至今6年过去了，似乎慕课革命风暴过后，又是一片风平浪静。尤其是在中国，国家教育当局和高等教育界的人士，依然还是沉浸在争排名和创"双一流"的热潮中，几乎听不到改革传统教育的声音，这实在是令人痛心。过去，美国的大学曾经多次引领世界大学的变革，这一次又是美国率先掀起了慕课革命，如果我国不迎头赶上，到头来我们又将是亦步亦趋地紧跟，重蹈模仿和移植他人经验的覆辙，这实在是我们不情愿看到的。

（三）大学需要颠覆性的改革

在2500多年以前，古希腊哲学家赫拉克利特说："除却变化，别无永恒之物。"[①]依照这个观点，宇宙中的万事万物都是处于变化中的，而大学自诞生后的近千年中基本上是没有变化的，这实在是匪夷所思。这再一次说明了大学的保守性，大学的办学者、求学者和大学的领导者，都把现成的大学看成是天经地义的，是亘古不变的金身。

在最近的10年中，世界高等教育界最为引人注目的改革是美国创建了三所新型的大学和三大网络教育平台，让人们有耳目一新的感觉。这三所新型大学：2007年创办的可汗学院（Khan Academy）、2009年创办的奇点大学和2013年创办的密涅瓦大学（The Minerva Project）。这三大网络教育平台：2012年由斯坦福大学计算机系教授塞巴斯蒂安·特伦（Sebastian Thrun）创办的网络大学（Udacity），同样是斯坦福大学计算机系教授吴恩达（Andrew Ng）和达芙妮·科勒（Daphne Koller）创办的课时代（Cousera），以及由哈佛大学和MIT共同创办的edX。这些重大的举措，的确引起了世界教育界的震动。

在三所新型大学中，最具颠覆性的非密涅瓦大学莫属，它是由美国教育界一群大名鼎鼎的人物发起和参与的，其中有哈佛大学前校长萨默斯（Larry Summers）、沃顿商学院前院长哈克（Patrick Harker）、美国教育研究会前任会长

① 张建邦：《知识的爆炸》，骛声文物供应公司，1971年3月，第3页。

萨尔曼（Lee Shulman），以及美国著名教育心理学家科斯林（Stephen Kosslyn），科斯林担任首任校长。这个被称为“四无”的大学，没有固定的校园、没有固定的教师队伍、没有学费、没有托福和ACT考试，但是，它在诸多方面独树一帜，如以学生为中心，卓越的课程体系，四年中游走于印度孟买、巴西里约热内卢、中国香港、澳大利亚悉尼、英国伦敦、德国柏林和南非开普敦七个城市，构建开放和全球学习环境。他们的目的是，为全球最具智慧和最有积极进取心的学生提供超精英的本科教育。它在一条说明词中写道：“它，是来颠覆哈佛的！”人们在受到震撼的同时，有理由对它抱有期待，希望它的改革获得成功，并能够在世界大学的改革中引起涟漪效应。

2012年，被称为是“慕课年”，因为美国三大网络教育平台，都是在这一年创建的，它们的影响波及全世界。所谓慕课（MOOC）就是大规模开放网络课程（Massive Open Online Course），全世界的学习者不用走出国门，都能够从网上学习世界最好的网络课程，也可以通过网络进行互动，甚至也可以获得授予的合格文凭，因此深受学习者们的欢迎。正如edX创办者所宣称的，要整合哈佛大学和MIT两校的教育资源，让世界10亿人受益。

慕课带来的冲击波是非常之大的，以至于2012年10月《时代周刊》，以“大学已死，大学永存”为题，对慕课进行了深度的报道，探讨了其对现在实体大学带来的冲击。慕课的优越性是不言而喻的，它使众多的学习者从传统的课堂中解放出来，使不堪学费负担的家庭品尝到了甜头，但也引起了传统大学办学者的恐慌。那么，网络教育对传统教育将产生怎样的影响呢？来自美国《国家利益》杂志的预言，“未来50年，美国4500所大学，将会消失一半”。一个更为激进的预言来自Udacity的创始人特伦，据他估计，50年以后大概只剩下10所实体大学。[①]

对于这些预言，我并不完全认同，至少他们对传统大学的保守性估计不足，对于以网络教育代替实体大学也未免太乐观了。我认同网络教育的优越性，但它们仍然不是唯一的形式，传统大学的出路在于改革，而改革必须呈现多样化的模式，而这些模式都必须回归到大学的本源上来。我十分欣赏一位西方教育家说：“大学的本质，在于把一群最优秀的青年人聚集在一起，让他们的创造力相互激励，产生使他们终生受益的智慧。因此，在哪里上大学不重要，获得哪里的博士学位也不重要，而重要的是千方百计激励出青年人的智慧，营造一种让智慧迸发而出的民主自由环境。”[②]

自大学诞生至今，人类还没有创造出比现今大学更好的教育形式，这是我们不得不承认的现实。大学需要颠覆性的改革，而颠覆需要教育家们的智慧，以创造出比传统大学更为开明和更为高效的智知教育与学术研究的机构，我深信这一天终会到来。这些颠覆性的大学，虽然不是唯一的，但它们确实是最独特的，将肩负着追求永恒真理的伟大使命！

---

① ［美］彼得·戴曼迪斯、史蒂芬·科特勒：《富足：改变人类未来的4大力量》，浙江人民出版社，2014年4月。

② 薛涌：《大学的本质》，《南方周末》，2007年7月17日。

四、什么是真正的素质教育

教育的目的是开启蒙昧、解放个性、传授知识、增长智慧，这些本来就是对学生素质的培育。这么说来，我们提倡素质教育是不是多此一举呢？其实，对于素质教育这个提法一直存在争议，人们见仁见智、莫衷一是。大约是在1998年秋天，著名教育家顾明远先生到武汉大学来讲学，我专门到他下榻的珞珈山庄拜访他。同行相见，我们的谈话自然是聚焦在教育问题上。我开门见山地问道："明远先生，现在对素质教育的提法、看法不尽相同，请问您究竟是怎么看待的？"明远先生也直截了当地说："长期以来，由于应试教育已成为我国教育的痼疾，因而当下强调素质教育是必要的，是具有积极作用的，素质教育这个提法是能够成立的。"应当说他的看法是权威的，我完全同意明远先生对素质教育的看法，主张彻底改革应试教育的弊端。

素质教育口号最早是于20世纪80年代初提出的，大概是1983年，北京八中率先提出"着眼于未来，着力于素质"，并且制定了一份完整的《素质教育大纲》。但是，1985年5月27日，中央正式召开了全国教育工作会议，制定了《关于教育体制改革的决定》，其中明确指出："在整个教育体制改革过程中，必须牢牢记住改革的根本目的是提高民族的素质，多出人才、出好人才。"[①]这是见诸正式文件的提法。之后，关

---

① 《关于教育体制改革文件》（单行本），人民出版社，1985年6月，第15页。

于素质教育的宣传日益多了起来，各地教育部门还开展了实施素质教育的评比活动，逐渐把这项活动推向高潮。

但是，好景不长，到了20世纪80年代末和90年代初，实施素质教育的情况急转直下，各地的素质教育评比也偃旗息鼓了，人们也不再议论素质教育了。我始终认为，90年代初是一个拐点，“左”倾思想抬头，改革倒退，一切又回到了原点。我国历来是只重视发文件和号召，而几乎不公布执行的情况，也没有人提出问责，最后可能是虎头蛇尾，这是导致应试教育屡禁不绝和素质教育倡而不兴的原因。也许，应试教育在中国是一个永远解不开的死结，因为面对着广大的学生和家长群体，他们要的不是看不见摸不着的“素质”，而是考试分数的“数字”、重点中学和名牌大学。

（一）中国特有的两个教育术语

素质教育与应试教育是两个对立的概念，也许它们是我国教育领域特有的名词，在欧美国家没有这两个专业术语，也鲜见于西方国家的教育学词典。那么，应试教育是怎样产生的呢？我们可以这样推论，是科举制度衍生出了应试教育，而应试教育又催生出了素质教育这个概念。那么，究竟什么是素质教育？通俗地说，素质教育就是强调“质”的教育。相对而言，应试教育则是一切为了应付考试、以考分高低来划分优劣的“数字教育”。一个人的素质应当是全面的，至少包括思想品德、个性特质、人文素养、科学资质、艺术修养、技能特长、身心康健等方面。简而言之，所谓素质就是一个人在这些方面的资质、才干、能力和本领。

但是，人们对素质教育的理解并非如此简单，实际上存在的歧义非常之多。这正像莎士比亚四大悲剧之一的《哈姆雷特》，有多少观众就有多少他们心目中的哈姆雷特。也许，正是由于在素质教育认识上的误区以及人们教育价值观的错位，才导致我国素质教育历时30多年至今依然步履艰难、困难重重，难于跳出应试教育的窠臼。

谈到应试教育，我们不能不追溯到科举考试制度，而应试教育正是由科举教育演变而来。什么是科举制？所谓的科举制，是中国古代通过考试选拔官吏的一种制度，由于采用分科考试取士的办法，所以叫作科举。这一制度始于隋朝，兴旺于唐宋，灭亡于清末，前后延续了1300年左右，其间获得状元的总共有592人，有10多万进士和以百万计的举人。用一分为二的观点来看待，科举制的产生有其必然性，那就是由于察举和“九品中正制”的腐败，因而它具有一定的进步意义。但是，由于这一制度固有的缺陷，加之科场弊案频生，从而招致人们的普遍质疑和批评。清代思想家顾炎武尖锐地批评说：“八股之害，等于焚书。而败坏人才，有胜于咸阳之郊。”他又说：“此法不变，则人才日至于消耗，学术日至于荒漏，而五帝三王以来之天下，将不知其所终矣。”[①]这时清政府已处于风雨飘摇之中，迫于形势的压力，光绪帝于1905年7月宣读诏书：“自丙午科为始，所有乡、会试一律停止。”[②]至此，科举制度正式走向灭亡，这犹如它的产生一样，也是历史的必然。

---

① 王道成：《科举史话》，中华书局，1988年6月，第134页。

② 中国第一历史档案馆藏（上谕档），光绪三十一年七月。

那么，科举制度是怎样与学校的教育联系起来的呢？在明朝以前，学校只是为科举输送考生的途径之一。到了明朝，进学校就成了科举的必由之路，学校与科举更紧密地结合起来了。自隋朝以后，各朝代都设立了国子监，是封建统治阶级最高的官学，直到清朝得到了大发展。无论是学校或是国子监，它们都是由科举考试获得进士的人担任教师，它们在教学中因袭了科举考试的一套办法，致使由科举衍生出来的考试制度，渗进我国各级学校教育中。而且，功利化使得这种考试制度固若金汤，科举考试是入仕的敲门砖，而今日的全国高考不也是“为了改变命运”？两者相比，何其相似乃尔！

（二）素质教育的核心

20世纪80年代，是我国倡导实施素质教育最活跃的时期，全国已经形成了一片素质教育的氛围。每年的“两代会”上，代表们都热议素质教育，尖锐地抨击应试教育，甚至有代表认为教育界是中国最保守的一条战线。各个中小学也积极开展实施素质教育的实验，各媒体也开展“素质教育征文”活动，千方百计地将实施素质教育推向前进。

创造力是一个人成才和成功最重要的素质。因此，必须把创造力放在首位，只有培养出富有创造力的学生，才算是最好的素质教育。

创造与创新是两个完全不同的概念，创造是从无到有的过程，是作出第一、率先的或旷世绝伦的成果，是最高级的思维能力；而创新是从旧到新的过程，实际上是改良、刷新、改革、翻新等。我们应当认识到，唯有创造才是一个民族和国家兴旺发达的不竭力量的源泉。我们认识和解决问题，必须认清问题的本质，抓住主要矛盾，方有可能推动问题的解决。那么，素质教育的本质特征究竟是什么呢？依我之见，素质教育最本质的特征就是回答"钱学森之问"。2005年，钱学森同志说："现在中国还没有完全发展起来，一个重要原因是没有一所大学能够按照培养科学技术发明创新人才的模式去办学，没有自己独特的创新的东西，老是'冒'不出杰出人才。这是很大的问题。"[①]这段话的含义并不难理解，但是，一些人对"钱学森之问"的回答却让人有隔靴搔痒之感。例如，说什么回答"钱学森之问"，必须增加教育经费，推动教育去产业化、大学去行政化，改革中学教育，等等。虽然这些回答与教育改革有关，但对于破解"钱学森之问"，却是偏离了主题。

究竟什么是"钱学森之问"的实质呢？实质就是"老是'冒'不出杰出人才"。就因果关系来说，人才是果，而"没有一所大学能够按照培养科学技术发明创造人才的模式去办学"是因。所以，"钱学森之问"的答案正是素质教育的本质特征。这是因为，培养以创造力为特征的杰出人才是大学教育的目标，创造力是人最重要的素质，是创新创业的必备条件。要达到这个目标，必须"按照培养科学技术发明创造人才的模式去办学"，改革"三中心"（以课堂为中心、以书本为中心、以教师为中心）的传统教学体系，这一传统教学体系制约了创造性人才的成长。可以说，按照培养

---

① 赵畅：《从钱学森的"建言"说起》，《光明日报》，2005年8月23日。

科学技术发明创造人才的模式办学之时，就是素质教育真正得到落实之日。

（三）实施素质教育的主要途径

实施素质教育是我们教育界的首要任务，要完成这项任务，绝不能仅仅停留在口头号召或文件上，要付诸行动，必须制定切实可行的措施。创新理论创始人熊彼特（Joseph Alois Schumpeter，1883—1950）在弥留之际留下让人深思的遗言："行动——光有理想和理论是不够的，只有行动起来，努力改变现状，才是真正对理想的拓荒。"[①]实际上，我国素质教育推行不力，就在于只有号召，而没有采取强有力的行动措施，或者是只是抓住了枝节而没有抓住根本。那么，怎样才能从根本上来实施素质教育呢？

首先，就大学而言，应当按照创造教育模式组织教学，这是培养学生创造力的有力措施，也是回答"钱学森之问"的必由之路。针对旧教学制度的弊端，我设计了SSR创造教育模式，三个英文字母分别代表三种教学方式：第一个字母S（Study independently）代表自学或独立的学习；第二个S（Seminar）代表课堂讨论；第三个字母R（Research）代表研究或探索。[②]这三种学习方式本早有之，但以它们代替传统

① ［美］杰克·贝蒂：《管理大师德鲁克》，上海交通大学出版社，1999年，第153页。

② 刘道玉：《关于创造教育模式的构建》，《教育发展研究》，2000年第12期。

模式“三中心”（以课堂为中心、以书本为中心、以教师为中心）就是一种全新的教学模式。我之所以把SSR模式称作创造教育模式，就是因为它们都体现学习者自主的原则，也是符合创造性原则的教学方法。

这三种学习方式是由浅入深的学习过程，首先，自学是基础，在自学的基础上，提出学习中遇到的难题或重点，然后围绕这些难点在课堂讨论中进行讨论，互相启发，以达到举一反三的目的。最后，把在课堂讨论中的问题集中起来，选择那些具有一定研究价值的问题，在教师的指导下由学生独立进行研究，作出创造性的成果。这个教学模式简单易行，任何类型的大学都是可以推行的，关键是要革除保守的讲说章句的满堂灌。实施这个模式的阻力既来自于教师也来自于学生，教师可能认为学生都自学了，不需要上课，教师也就成为多余的了。这完全是误解，虽然学生都自学了，但教师从课堂解放出来，可以更好地指导学生学习和科学研究。学生们的保守性主要是习惯于依赖教师的灌输，认为一步一步跟着教师的讲课进度，能够确保考得好成绩。对于这些思想问题，完全可以通过做思想工作加以解决，同时也可以做好各方面的衔接，保证SSR模式顺利实施。

其次，精简知识性课程，新增设方法学方面的课程。笛卡尔（René Descartes，1596—1650）是法国著名的哲学家、数学家和物理学家，他于1637年出版了《谈谈方法》一书，全名是《谈谈正确运用自己的理想在各门学问里寻求真理的方法》，这本书被称为是现代哲学的“宣言书”。他享年只有54岁，却是跨越多门学科的、享誉世界的著名学者，这与他娴熟地运用方法论有关。他自己深有体会地说：“最有价值的知识是关于方法的知识。从年轻时候起，就摸索到几条门路，从而作出一些思考，得到一些准则。由此形成了一些方法，凭着这些方法，我觉得有办法使自己知识逐步增长，一步步提高我的平庸才智和短暂生命所能容许我达到最高水平。”①笛卡尔的这个观点与我国古人所说“授人以鱼不如授人以渔”的道理如出一辙。这就说明，方法比知识重要，因为知识是死的，也会频繁遭到淘汰的。然而，方法是属于认识论，掌握了科学的方法，不仅能够去获取新的知识，而且还会发现新的真理。

传统教学的保守性是只传授知识，从来不向学生传授方法。凡是从大学毕业的学生都有共同的体会，在学校学习的书本知识，走出校门以后，都是用不上的，而最有用的方法知识，学校又不开设这方面的课程。因此，我建议精简知识性的课程，增设方法论方面的课程，例如《自然辩证法》《科学思维方法》《自学方法精要》《科技发明技法》《创造思维方法训练》《科学技术发明简史》等，以及各学科领域的方法学专论。我深信，自学方法课程对于大学生是非常重要的，它们能够大大地提高学生们学习和研究的素质，甚至对他们大学毕业以后的工作都会起到长久的作用。

最后，要重视学习能力的训练。学习能力是成才的重要素质，必须纳入教学计划，在教师的指导下进行训练。什么是学习能力？一般而言，学习能力包括阅读能力、理解能力、感悟能力、分析归纳能力和记忆力等。学习者的优劣，

---

① ［法］笛卡尔：《谈谈方法》，王太庆译，商务印书馆，2011年11月，第22页。

并不是以学习的遍数和花费的时间多少来衡量，而是取决于学习能力的高低。那么。怎样提高学习能力呢？这既需要教师的指导，又需要自我修炼，而后者更为重要。从大量的调查发现，大学生的学习方法主要有两种：一种是以知识为中心，表现为死记硬背，反反复复地做习题，结果完全被知识牵着走；另一种是以学习者自己为中心的学习方法，强调对知识的透彻理解，只有理解了，才能上升到理性的高度，能够达到举一反三的目的，这样才学得更有效，也更加轻松自如。

学习有三种境界：一是感性阶段，这时只知其然；二是理性阶段，不仅知其然，还能够知其所以然；三是悟性阶段，不仅知其然、知其所以然，而且已经达到了知其超然的地步。到了这种程度，学习就进入最高的境界，人的智慧多是在这种境界下产生的。对于知识的理解已经超出了硬性知识的范畴，达到出神入化的地步，即我们平常所说的触类旁通、融会贯通、博古通今和心有灵犀一点通等，就是一切成功的大学问家应该具备的素质，也是我们的素质教育应当坚持的正确方向！

五、什么是精英教育

“精英”一词在我国古来有之，早在三国曹魏时期刘劭《人物志》和唐代杜牧《阿房宫赋》中就有记载。但是，比较接近现代意义上的“精英”一词，还是宋代苏轼在《乞校正奏议札子》中所写的：“如贽之论，开卷了然，聚古今之精英，实治乱之龟鉴。”在西方国家，“精英（elite）”一词最早出现于17世纪的法国，最初是用来形容精美的商品，后来才被沿用于表示地位优越的社会集团或人物。另外，据《牛津英语词典》的解释，“精英”一词在英语中出现始于1823年，当时该词已经被用来表示社会集团，但直到19世纪后期和20世纪30年代，这个词才广泛出现于英美国家的有关的著作中。

（一）精英理论

关于精英思想，早在古希腊柏拉图时代就萌芽了，他在《理想国》一书中，主张“哲学王”来治理国家，他所说的“哲学王”无疑就是精英人才。事实上，精英人才在各个时代都是存在的，正是从实践中不断总结精英人才的发现、鉴别和使用的规律，遂形成了精英理论。精英理论有萌芽期、早期和当代之分，萌芽期是指中世纪，意大利的马基雅维利（N. Machiavelli，1469—1527）于1513年出版了《君主论》一书，被美国《纽约时报》评为千百年以来具有永恒价值的三本智慧书之一。这是阐述精英理论最早的著作，详细地阐述了精英统治者权力的获得和统治技巧，该书也成为马基雅维利最重要的思想遗产[①]。

在学术界，人们把早期精英理论的起源认定在19世纪20到50年代，初步确定了精英理论的本质、框架和方法，这个时期的代表人物有三个。意大利的社会学家维尔弗雷多·帕累托（Vilfredo Pareto，1848—1923），其代表作是《思想与社会》，他给“精英”下了一个一般的定义：“我们假定在人类行为的所有领域中，每个人都有一个作为他的能力标志的指数……我们把那些在各自活动领域获得最高指数的人确定为一个阶级，并将命名为精英阶级。”[②]他进一步完善了“精英流动理论”，认为精英的兴衰和精英与非精英之间的流动是必然的，这种流动是保持社会平衡的基本因素，没有正常的流动，就会造成政治和社会的不稳定。加塔诺·莫斯卡（Gaetano Mosca，1858—1941）是意大利的另一位社会学家，他的代表作是《统治阶级》，他认为一切社会都存在统治阶级与被统治阶级，社会文明随精英的变动而变动，并着重研究了政治精英的本质、地位和获得权力的方式。罗伯特·米歇尔斯（Robert Michels，1876—1936）是瑞士裔德国社会学家，他的代表作是《政党论》，其独到见解是提出了“寡头政治铁律”，认为政党或人类其他一切组织，都避免不了寡头政治的倾向。

---

① 聂文聪：《马基雅维利的思想智慧》，《光明日报》，2011年2月27日。

② ［意］维尔弗雷多：《精英的兴衰》，上海人民出版社，2003年，第41页。

20世纪50年代以后，当代精英理论在美国发展起来，主要代表人物有美国芝加哥大学政治学家拉斯韦尔（H. D. Lasswell，1902—1977），社会学家米尔斯（C. W. Mills，1916—1962）和经济学家熊彼特。当代精英理论的主要观点与早期精英理论基本是一致的，但他们既重视政治精英也关注其他社会精英，精英既可以产生于上层，也能够从下层产生①。显而易见，当代精英理论较之于早期精英理论更为开明，走出了早期专注政治精英的局限。

托马斯·巴特摩尔（Tomas Bottomore，1920—1992）是英国马克思主义社会学家，他的代表作是于1964年出版的《精英与社会》（*Elite and Society*），我国于2004年出版了中文译本，译者将书名翻译为《平等还是精英》②，但学术界并不赞成这个译名。在书中，他系统地论述了每一个社会都必然存在精英群体，认为精英阶层包括三个部分：知识分子、官僚和管理者。而知识分子是产生精英的主要来源，因为他们始终是社会改革和发展的先导。一个国家正确的政策不是消灭精英，而是要为精英的成长营造更宽松的环境。一个国家的科学、教育、文化的兴旺，需要大智大勇的精英人才。为此，必须发展各级精英教育，而精英理论正是实施精英教育的理论基础。我们应当继续清除教育领域中的“左”倾思想，不能把精英与平等对立起来，也不能以大众代替精英，他们是推动经济社会发展不可缺少的两种力量。

---

① ［美］拉斯韦尔：《政治学：谁得到什么？什么时候和如何得到》，商务印书馆，1992年，第2页。

② ［英］巴特摩尔：《平等还是精英》，辽宁教育出版社，1998年4月。

（二）古今精英教育的概况

何谓精英教育？英国德·朗特里主编的《西方教育词典》的解释是："精英教育（elitist education），是针对社会中极少数人集团，通常称为尖子集团，应该得到与他们人数极不相称的庞大教育经费——既因为他们具有更大的内在价值，又因为通过对这些特殊的尖子的培养领导和探索创新，能期望他们对社会作出更大的贡献。"[①]

人的智力是有差异的，因此智力超常儿童或成人中的精英是客观存在的。根据心理学家们的测试与统计，智力超常儿童在儿童群体中占1%—3%，仅北京市就有1.88万智力超常儿童。[②]我们承认人的智力差别，这正是实施精英教育的基础。在我国春秋时代，孔子开创了办私学之先河，他是倡导"有教无类"的，但从中也培养出了不少的精英人才，所谓的弟子三千贤人七十二，这七十二人就是精英人才，他们只占0.24%。汉代的官学就是精英教育，是为极少数统治集团服务的。在古希腊时代，由柏拉图创办的"柏拉图学园"就是一所精英教育学校，学园门口有一条告示说"不懂几何不得入内"。这就是他的办学理念，以培养治国的"哲学王"为目的，这些都体现了他实施的是精英教育。在办学的900年间，学园培养出了古希腊先哲亚里士多德和几何学之父、大

① ［英］朗特里编：《西方教育词典》，上海译文出版社，1988年3月，第85页。

② 《智力超常儿童调查》，《北京日报》，2009年6月3日。

数学家欧几里得。他们不是一般的精英，而是影响了一代又一代的百科全书式的伟大科学家。

英国的精英教育有着悠久的历史，于597年创办的坎特伯雷国王学校（King's School，Canterbury），是世界上真正的第一所中学，被誉为精英的摇篮。英国国王亨利六世于1440年创办的伊顿公学（Eton College），是一所古老的私立贵族学校，以精英教育、绅士文化和骑士精神为特色，声誉和水平排名世界第一。每年只毕业250名学生，毕业生中出现了20位英国首相，还有著名的诗人雪莱和经济学泰斗凯恩斯，对英国文化和科学的发展产生了重大的影响。

从人才的成长来看，精英教育是贯彻于从蒙育到大学的全过程，这个体系在英国早已形成了。牛津大学和剑桥大学被称为英国高等精英教育“双子星”，仅以牛津大学为例，自1167年创建至今的851年中，为8个国家培养了12位国王（其中英国占6位），输送了27个英国首相，64个诺贝尔奖获得者，为19个国家输送了53位总统（或首相），12位圣人、86位大主教、18位红衣主教，此外，还培养出了一批科学巨匠、思想家和艺术大师等。由此看出，精英教育是多么的重要，有力地推动了英国的思想、学术、艺术的发展，在文艺复兴、宗教改革、工业革命中都产生了不可估量的作用。

法国巴黎的高等师范学校，在追求“高大全”的中国人眼里，简直是不屑一顾。在20世纪70年代末，这所师范学校来到中国寻求建立姊妹学校，当时北京的一所知名大学不客气地告诉对方，你们是一所专科学校，最好还是找一所与你们级别相当的学校建立合作关系，结果闹出了“坐井观天”的大笑话。巴黎高等师范学校（École Normale Supérieure）创建于1794年，几乎与法兰西共和国同龄，是一所小规模的精英学校，每年只招收200名学生，是诞生政治和学术精英的摇篮。迄今为止，该校有11位诺贝尔奖获得者，10位菲尔兹奖（相当于数学界的诺贝尔奖）获得者，4个沃尔夫奖和1个阿贝尔奖获得者。面对这些骄人的成就，我国那些热衷于升格为大学的师范专科学校，不感到羞愧吗？应当深刻反省自己的虚荣心，重新回归到实事求是的办学理念上来。

美国是教育大国，也是教育强国，他们拥有世界最多和最好的顶尖研究型的大学。美国教育的最大特点就是多元化，既有巨型大学，又有微型大学；既有精英学校，又有大众化的大学；既有公益型大学，又有营利型的大学。美国精英阶层有一个共识：留给子女的不是金钱，而是接受精英教育。因此，美国上流社会人士，纷纷送子女到私立精英学校上学，继而接受高等精英教育。美国已经形成了完整的精英教育体系，既有精英中小学，又有精英大学；既有培养领袖人物的短期培训的奇点大学，又有颠覆传统教育模式的密涅瓦大学。

在精英基础教育方面，美国常春藤精英教育（IEE，Ivy Elite Education ）集团独领风骚，它是最大的精英教育集团，旗下创办了180所私立中学，使之成为精英教育的典范。常春藤大学联盟（IVY League）的8所私立大学，就是属于精英型的大学，最典型的是普林斯顿大学，它是一所规模小、学科不全的精英大学。此外，还有新常春藤联盟（New Ivies）和小常春藤联盟（Little Ivies）。在美国西海岸，私立斯坦福大学、私立加州理工学院和公立的加州大学伯克利分校，并称为西部学术重镇，也是精英人才荟萃之地。正因为美国拥有最多的精英教育资源，所以精英人才源源不断地涌现，这是美国成为科学技术大国、经济大国和军事大国的基础，其经验值得借鉴。

我国在古代有精英教育，民国时期也有精英教育，然而进入现当代的中国却严重缺乏精英教育，这的确是令人不解的问题。这究竟是什么原因呢？依我之见，主要是两个问题：首先是唯意识形态思想造成的，在相当长的阶级斗争年代里，我国总是以无产阶级和资产阶级的观点来判断问题的是非，错误地把精英教育（天才教育）和贵族教育混为一谈，似乎精英教育是不符合大众的利益，因而是必须反对的。虽然十一届三中全会以后，实现了由阶级斗争向现代化建设转变，但是清除“左”倾思想并非一朝一夕的事，依然对精英教育讳莫如深。

其次是对高等教育大众化的理解有偏差。马丁·特罗（Martin Trow，1926—2007）是美国教育社会学家，他于1973年6月在巴黎一次教育讨论会上，发表了《从精英向大众高等教育转变的问题》一文[①]，首次提出了高等教育发展的三个阶段：精英（Elite）阶段，大学生毛入学率在15%以下；大众化（Public）阶段，大学生毛入学率达到50%；超过50%即进入普及（Popularization）阶段。马丁的分类，在国际教育界获得了共识，各个国家并依此制定各自的教育发展规划。

马丁的高等教育发展“三段论”，仅仅是从数量上来

---

① ［美］马丁·特罗：《从精英向大众高等教育转变的问题》，《外国教育资料》，1999年第1期。

划分的，并没有涉及高等学校的形态和功能。所谓大学的功能，是指大学有各种类型，既有大众化的大学，也有精英类型的大学，它们各有各的功能定位，各司其职，既不能相互代替，也不能彼此串位。在实现高等教育大众化和普及化时，即使是精英型的大学，它们也承担了大众化或普及化的份额，作出了自己应有的贡献。必须强调的是，即使是在高等教育极大地普及以后，精英型的大学依然是存在的，肩负起为各个国家和人类输送领袖级和学术大师级精英人才的重任。

但是，我国高等教育一直处于落后状态，自20世纪70到80年代大学入学率一直很低，大学毛入学率只有5%以下。到90年代后期，我国进入高等教育大扩招时期，急于要实现大众化，结果导致了冒进的错误。同时，在扩招时又犯了一刀切的错误，无论是负责提高或是普及的大学一律大扩招，包括重中之重的北京大学和清华大学。但是，唯一的例外是中国科技大学，在朱清时任校长的十年扩招期，每年招生的人数是1860人，坚持不扩招一个学生，他们坚持了精英大学的范儿，这正是朱校长备受人们尊敬的原因之一。

（三）精英教育的模式

无论是基础精英教育或是高等精英教育，都必须坚持“小而精”的模式，也就是说，以小为特色，以质取胜。这个模式就是：小规模，精心培养，“一对一”的教学，精心指导，宁缺毋滥。这是世界各国精英教育的基本范式。我们只要看一看，英国的坎特伯雷国王学校和伊顿公学，都是很小的规模，所以他们培养出了许多精英人才。在高等教育方面也是如此，如巴黎高等师范学校，美国的普林斯顿大学、洛克菲勒大学、加州理工学院、奇点大学和小常春藤的文理学院等，都是规模很小的精英大学，这是造就精英人才的重要原因之一。

我国自20世纪90年代末大扩招以后，几乎所有的大学规模都达到万人以上，像四川大学和吉林大学的规模已经达到6万人以上，而研究生的数量也在万人以上。像这样大的规模，不用说教师不认识本科生，甚至指导教师连研究生也不认识，根本不可能实施“因材施教”的原则，学生完全变成流水线上的规格相同的“产品”，虽然有时也能够出现一些成绩优异的学生，但他们并不是精英人才。

华裔美国物理学家李政道和杨振宁先生，1957年因提出在弱相互作用下宇称不守恒定律而获得诺贝尔物理学奖，无疑他们堪称精英人才。因此，李政道先生是最懂得精英教育的，他曾经指出：“我一直认为，要培养出善于创新的人才，需要‘一对一’的精英教育。钱学森先生当年在美国留学时，就经常接受他的老师冯·卡门教授的‘一对一’教育。我所说的‘一对一’，并不是一个老师只教一个学生，而是说一个老师可以教多个学生，但必须抽出时间进行‘一对一’的教育。”①

民国时期有精英教育，是由于民国时大学规模都非常之小，有时一个系只有几个最多几十个学生，往往数学系与物理系的学生合班上课，或者学生在教授家里上课，耳濡目

---

① 李政道：《谈精英教育》，《人民日报》，2014年8月5日。

染。教授对学生了如指掌，不仅教授知识，而且言教身教；不仅释疑，而且指导选择专业。例如，武汉大学在四川乐山时期，有一个叫齐邦媛的东北女生，她考取了哲学系，朱光潜先生是教务长兼英文系主任。他十分关注齐邦媛的学习，查看了她的考试卷子，找到齐邦媛说："我查看了你的国文考试，你多愁善感，不适合学习哲学，再说现在是抗战时期，有些哲学课程开不出来。因此，我建议你转到英文系来，我可以指导你的学习。"齐邦媛接受了朱光潜先生的建议，转到英文系学习，她如鱼得水，学习成绩十分优秀。她毕业后到美国留学，后被聘为台湾大学文学系教授，是将西方文学介绍到台湾地区的第一人，也是把台湾文学介绍到西方的第一人。

又如，张资珙教授本是武汉大学化学系的教授，他曾经获得美国霍普金斯大学化学博士学位。新中国成立前，他在厦门大学任教，讲授普通化学，当时数学系学生卢嘉锡选修他的普通化学。张先生了解了卢嘉锡的学习情况后对他说："你不是不可学数学，但我认为你学化学今后更有前途，我建议你转到化学系来。"卢嘉锡接受了张教授的建议，转到化学系学习，后来获得了英国伦敦大学物理化学博士学位。他于1972年创建了我国第一个物质结构研究所，率先开展生物固氮结构的研究，提出福州网兜Ⅰ和Ⅱ模型，受到国际学术界的重视和认可。他曾担任中国科学院院长、全国政协副主席和多个国家的外籍院士，获得众多的荣誉，是一位备受崇敬的科学家、教育家和社会活动家。显然，如果没有当初张资珙先生慧眼识才，也许就没有卢嘉锡先生后来的成就，这就是精英教育的结果。

在分析了我国古代、民国时期和西方国家的精英教育之后，我国当今缺失各级精英教育是无疑的，我们不得不承认这个事实。中国科技大学少年班是根据李政道先生建议创办的，已经走过了近40年的历程，虽然培养了大批优秀的人才，但它不是精英教育，充其量是培养少年大学生的模式，让一批聪明的少年提前上大学而已。在我国民间，也有一些教育机构打出精英教育的牌子，其初衷是值得肯定的。但坦率地说，它们没有雄厚的资源，包括高水平的教师和充足的资金，所以在公立教育一统天下的体制中，它们是很难立足的，即使能够立足，也很难长大，即使长大了，也没有政策保证让它们走得更远。

因此，唯有国家教育当局端正对精英教育的认识，严肃认真地整顿各级教育，对初级和高级精英学校给予准确的功能定位，以构建我国各级精英教育体系。为国家长远之计，必须把精英教育纳入国家教育事业的规划，给以人力、财力和政策的保障，让本来存在的精英人才茁壮成长，充分发挥他们在我国各个事业领域里的先导作用。实现中华民族伟大复兴，是炎黄子孙们祖祖辈辈的梦想，我们一定要站在这个高度来看待精英教育，否则我们将会犯历史性的错误，切不可捡了芝麻而丢了西瓜呀！

六、什么是理想大学

“理想”是一个非常诱人的词汇，每个人都应该有自己的理想。怀有理想并矢志不移地追求梦想的人，也一定能够走得更远。我毕生从事教育工作，如果不谦虚地说，在20世纪80年代担任过大学校长的人中，没有人比我更执着地立志教育改革，做梦都在想着要创建新式的教育。自20世纪90年代初，我国高等教育进入到一个拐点，教育中“左”倾思想回潮，改革步伐戛然而止，扩招冒进，专科学校升格，大学合并、改名，学风浮夸，教学质量下降……霎时间，圣洁的校园被弄得乌烟瘴气，人们心中的圣殿已经坍塌，理想的大学已不复存在。对此，人们怨声载道，纷纷诘问：我国大学究竟怎么啦？它们生病了，患了浮肿病、狂躁病，而且病得不轻。在人们不满的同时，又渴望自己心中理想的大学，那么究竟什么是我们希望的理想大学呢？

（一）理想大学是多种多样的

宇宙的本质在于多样性，而不在于单一性，否则世界就不复存在了。物竞天择是生物进化的普遍规律，也是人类社会发展遵循的规律。正因为自然界的多样性，才使得物竞天择成为可能。文化教育事业也是一样，有比较才能鉴别，有竞争才会有生命力。

自大学诞生，已经走过了近千年的历史，在其发展的过程中，彼此互相借鉴，相互激励，已经形成了不同模式和风格各异的理想大学。例如，英国有理想大学“双子星”之称的牛津大学和剑桥大学，前者被公认为世界领袖的摇篮，后者拥有原子核物理之父和培养了12个诺贝尔奖的物理学大师欧内斯特·卢瑟福；法国有巴黎大学，它被称为中世纪大学的典范；德国有著名的柏林大学，它被称为是大学制度的滥觞；美国比其他国家拥有更多的理想大学，有人才存长的炼狱之称的哈佛大学，有象牙塔之称的普林斯顿大学，有苦修学术孤岛之称的芝加哥大学，有新技术孵化器之称的斯坦福大学，有创造出了诸多神话的加州大学伯克利分校。中国的西南联大，在极为艰苦的战乱年代，以“刚毅坚卓”的精神，创造出了我国高教史上堪与欧美著名大学比肩的奇迹！

在各个专业领域里，同样涌现了不少理想大学，它们都是从事各专业学术研究的理想之地。例如，在数学研究方面，巴黎高等师范学校被称为纯学术的殿堂，曾经诞生了著名的布尔巴基学派，荣获了10个菲尔兹奖，几乎占了世界获奖者的五分之一。美国达特茅斯学院，被称为弄潮儿的天堂；乔治·华盛顿大学，被称为政治明星的福地；卡内基梅隆大学是计算机专业领域的最理想的大学，它在人工智能、计算机软件、机器人等方面都名列前茅，是战胜国际象棋世界冠军卡斯帕罗夫的“深蓝”的原创地。如果有谁对火箭和航空机械感兴趣，那么加州理工学院就是最理想的选择，那里曾经诞生过冯·卡门航空力学学派和摩尔根遗传学派，同时这里也是钱学森求学之地。

俗话说：三百六十行，行行出状元，也就是说，每一个行业里都有供攀登的巅峰，也就是人们追求的理想。依此而论，在高等教育领域里，不同类型和不同层次的大学，它们都有令人们羡慕的学科或专业。因此，高等教育界的人士，大可不必都要追求“大而全”，大学也不必都要成为“研究型”的大学。在我国，大学之间互相攀比，实在是一种病态心理，一窝蜂地都要改名为大学，都要办本科，都要上博士学位点，都要成为“研究型”大学。现在，这些办学者们应当清醒了，要实事求是，从自己学校实际出发，努力使自己的学校成为同行里的“状元”，这才是明智的选择。

理想大学与每个人的理想是密切相关的，一个人只有追求自己感兴趣的理想大学，方可能获得成功，一味地追求时髦，或者赶浪潮，那是绝对不可能获得成功的。如果一个人对艺术设计十分感兴趣，那么美国罗德岛设计学院就是最佳的选择；如果喜欢时装设计，那么纽约时装学院就可以帮助你走向成功；如果你想成为未来的技术领袖，不妨尝试到硅谷的奇点大学接受熏陶，兴许能够开阔你的视野，为你搭建通向技术领袖之路。

（二）理想大学的基石

古埃及最大的胡夫金字塔塔高为146.5米，迄今已经矗立了2500多年，支撑它们屹立不坍塌的原因是什么呢？有的研究者认为，是比塔身石料更坚硬的基石，它们支撑着684万吨的塔身，如果没有这些基石的承载，也许那些金字塔早已不复存在了。

“基石”是一个汉语词汇，往往用它来形容庞大建筑物或摩天大楼的基础或地基。从广泛意义上来说，现在使用“基石”的意思已经发生转移，表示一种中坚力量或核心的作用，如理论基石、思想基石、制度基石、法治基石、健康基石等。教育行业不同于任何物质性或是文化事业，就在于它是育人机构，人既是它的出发点，又是它的归宿。那么，支撑理想大学的基石是什么呢？我认为必须无条件地坚持五个理念或者精神，它们是：

1. 人文精神至上

人文精神也就是人文主义（Humanism），人文主义教育是以人文精神为理念的教育，它是欧洲文艺复兴运动的产物。人文主义教育倡导以人为中心，歌颂人的美德、价值和力量，代表人物是意大利的维多利诺（Vittorino da Feltre，1374—1446）和伊拉斯谟（Desiderius Erasmus，1446—1536），他们主张一切以人为本，宣扬个性解放，追求自由平等，让人的潜能得到最充分的发展和体现。基于这些理念，他们认为学校应当是自然而欢乐的地方，主张对有才华的学生实行因材施教的教学原则。

在500多年的时间里，人文主义教育得到迅速的发展，经历了古典人文主义、人文主义、新人文主义和现代人文主义几个阶段。自20世纪70年代以来，人文主义教育在美国出现了人文主义现代复兴，其代表人物有阿兰·布鲁姆（Alan Bloom，1930—1992）。他们尖锐地指出：“美国的人文主义教育不但进入，而且陷入自100年前大学建立以来最糟糕的危险时代。”[①]这期间，之所以说人文主义教育进入最糟糕的

① 施晓光：《20世纪美国人文主义高等教育思想进展》，《比较教育学研究》，2004年（总171）第8期。

时代，是因为实用主义大行其道，因此推行人文主义教育，必须排除功利、商业、广告对人文精神的干扰与破坏。

理想大学肩负着追求永恒真理的重任，必须把人文精神奉为至高无上的理念，无条件地保障受教育者的民主、自由、尊严、价值和选择权。我之所以把人文精神提高到至高无上的地位，是因为人文精神是极为重要的，是任何权力机构或是权威人士不能干预或剥夺的。大学与所有学术研究机构的不同之处就在于，它是以育人为自己的崇高使命，而人永远是教育的中心，不尊重人性的教育，不可能成为理想的大学。

2. 崇尚独立精神

我国史学大师陈寅恪在撰写的王国维先生碑文中，有“独立之精神，自由之思想”两句名言，并且把它们比喻为“与天壤而同久，共三光而永光”的高度。这就说明，它们对办学是非常重要的，也因此获得我国教育界的普遍赞颂。那么，什么是独立精神呢？雅克·德里达（Jacques Derrida，1930—2004）是法国著名哲学家、解构主义之父，他认为：“大学是无条件提出真理的地方，大学的独立自由到什么程度？大学不仅相对于国家是独立的，相对于市场、公民社会、国家的或国际的市场也是独立的。”①

一个非常典型的例子，颇能说明大学和大学校长拥有的独立权。美国与伊朗没有外交关系，是处于敌对的国家。伊朗时任总统马哈茂德·内贾德利用参加第62届联合国大会的机会，意欲到哥伦比亚大学演讲，哥伦比亚大学校长

① 甘阳：《法国思想家德里达论大学》，《新京报》，2004年10月12日。

李·博林格不顾多方面的反对，还是邀请了内贾德去演讲。他在欢迎词中说："总统先生，你展现了一个狭隘、残酷独裁者所拥有的一切特征。"他的讲话，获得了台下一片热烈的掌声。事后，美国时任总统小布什回应说："内贾德出现在哥伦比亚大学的讲台上，说明了美国的伟大。"这就是一个理想大学校长的自主权，他既不请示政府批准，也不顾反对意见，可以邀请敌对国家总统讲话，充分展示了一个理想大学的独立和宽容的风度。这正如法国启蒙思想家伏尔泰所说："我不同意你的说法，但我誓死捍卫你说话的权利。"

3. 保障学术自由

约翰·密尔（John Mill，1806—1873）是自学成才的英国哲学家，于1869年出版的《论自由》一书，使他名声显赫。什么是自由？在书中他写道："人类应当有自由形成意见并无保留地发表意见，这所以成为必要的理由。"自由对于教育之所以无比重要，又如密尔所说："人性不是一架机器，不能按照一个模型铸造出来……它毋宁像一棵树，需要生长并从各个方面发展起来。"①

以自由为理念的教育堪为自由教育，它是自由人所受的教育，其主要的原则就是自由，让人获得自由和解放。自由教育的目的是以理性来指导人的个性发展，让受教育者获得智慧、心灵、道德、身体和谐的发展。理想大学必须绝对地保障学术自由，因为"天才只能在自由空气里自由呼吸"，

① ［英］约翰·密尔：《论自由》，商务印书馆，1986年，第59、63页。

唯有自由才能发挥首创性，才能无后顾之忧地追求永恒的真理。理想大学的师生，有权依据自己的观点进行质疑权和评判。因此，任何对自由教育的干预和限制，都是对科学精神的扼杀。

美国著名经济学家、诺贝尔经济学奖获得者米尔顿·弗里德曼（Milton Friedman，1912—2006）有一句名言："自由才是奇迹之源。"[①]这是他总结美国崛起获得的启示。这条经验对于创办理想大学至关重要，如果有谁企图剥夺人们的自由，那就休想建成理想大学，这是肯定无疑的真理。

4. 以学术为志业

人各有志，也各有所求，每个人都是在从事自己所喜欢的事业中获得乐趣和满足感。那么，追求理想大学的人，他们应当如何选择自己的理想目标呢？对此，德国著名社会学家马克斯·韦伯（Max Weber，1864—1920）曾经发表了"以学术为志业"的演说，对于这样的人他做了精辟的描述。在演讲中，他指出："没有这种被所有局外人所嘲讽的独特和迷狂，没有这份热情，坚信'你生前悠悠千年已逝，未来还有千年沉寂的期待'——这全看你能否判断成功，没有这些东西，这个人便不会有科学的志向，他也不该做下去了。"[②]

古往今来，凡是追求永恒真理的人，大多是追求学术的

① ［美］米尔顿·弗里德曼：《自由选择》（序言），机械工业出版社，2008年6月。

② ［德］马克斯·韦伯：《学术与政治》，生活·读书·新知三联书店，2007年11月，第24页。

“痴迷”，否则他们是不会获得成功的。美国物理学家费曼（R. P. Feynman，1918—1988）是爱因斯坦和玻尔之后最伟大的物理学家之一，曾经获得了1965年的诺贝尔物理学奖。但是，他的研究观却与众不同，他说：“我们研究物理学不是为了荣誉，不是为了获奖，而是因为好玩，是为了一种纯粹发现的乐趣。”[①]但是，正是这种无意渴求而终究得到的淡然情怀，使他发现了诸如费曼图、费曼规则、费曼传播子、费曼振幅和重正化计算方法等重大的成果。

在中国学者中，陈寅恪先生无疑是以学术为志业的第一人，他在20多年的时间里，留学东、西洋10多所大学，通晓多种文字，但却没有获得一个学位，以至于他最后正式的学历还是吴淞复旦公学（仅相当于中学）毕业。他留学是为了读书，而不是为了获取文凭，因而他博得了“读书的种子”的美誉。他治学严谨，学贯中西，是集史学、古典文学、国学、语言学、诗人为一身百年未遇的真正的奇才 。人们崇敬他，怀念他，为他的不幸遭遇而愤懑的原因也在于此，他留下的精神财富，将激励理想主义者们前行！

5. 不竭的创造之源

理想是一个美好的词汇，她是人们心中美好的愿望，是力量的源泉，是前进的动力，是救赎地球免于毁灭的唯一的希望。怎样才能实现这些希望呢？理想大学应当是心怀理想的学习者们的大学，而理想的消失就像英国哲学家怀特海所指出的：“理想的逐渐消失可悲地证明了人类的努力遭受了

---

① ［美］理查德·费曼：《发现的乐趣》，湖南科技出版社，2005年10月。

挫折。在古代学园中，哲学家们渴望传授智慧，而在今天的大学里，我们的卑微目的却是教授各种科目。从古人向往追求神圣的智慧，降低到现代人获得各个科目的书本知识。这标志着在漫长的时间里教育的失败。”[①]

因此，理想大学必须彻底改革传统大学的教学体制、教学模式和教学方法，以学生为中心代替以教师为中心，以传授智慧代替传授知识，以对话和讨论代替讲说章句的灌输教学。我认为，理想大学有必要进行一次“教育复兴”运动，借鉴古代学园和中国书院的教育模式，使理想大学成为精英荟萃之所，钻研学问之地，不竭的创造之源。

什么是创造？创造与创新是不同的概念，前者是从无到有的过程，凡人们作出第一、首先或是旷古绝伦的成就，都是属于创造；而后者是从旧到新的过程，如改良、改革、刷新等。人类的历史就是一部创造的历史，人们迄今所享受的一切物质文明，都是他们先人的创造性劳动而获得的。同样地，人类的自我救赎和美好的未来也必须依赖于创造。

怎样使理想大学成为不竭的创造之源呢？俗话说，石本无火，相击方现灵光；水尚无华，相荡方现涟漪。同样地，人的大脑需要相互“碰撞”，思想需要互相激励，这样才能产生创造性的灵感。因此，理想大学要营建最宽松的学术环境，把一批最有理想的优秀青年人聚集在一起，消除他们一切后顾之忧，让他们心无旁骛地钻研最富有颠覆性的问题，围绕这些问题让他们的创造力相互砥砺，产生让他们终身受

---

① ［英］怀特海：《教育的目的》，生活·读书·新知三联书店，2002年1月，第52页。

益的智慧。

（三）我心中的理想大学

我并非聪颖过人，而只是一个理想主义者，是一个挚爱教育的改革者。热爱教育是一个美妙的字眼，谁都可以说自己是热爱教育的，但真正做到热爱教育并不容易。我从事教育工作已经60年了，其间经历了不少的磨难和波折，但我痴心不改，一往深情地挚爱教育。我今年已有八十又五，至今依然还在研究教育，呼吁教育改革，撰写教育论著。什么样的人方能称得上热爱教育呢？我认为，只有如饥似渴地学习教育学，朝思暮想地思考教育问题，千方百计地解决教育问题，无论是健康或生病，无论是顺境或逆境，无论是富有或贫穷，都不改钟情于教育的初心。我甚至极而言之，要像对待宗教一样信仰她，要像对待情人一样去拥抱她，要像对待生命一样去呵护她。这是一个极境，也是一种理想，我距离这个要求还差得很远，但余生将不懈地去追求，直至生命结束为止。

我之所以踽踽独行在教育改革的道路上，就是渴望创办理想的教育，自然也有自己心中的理想大学。我的理想大学就是像普林斯顿大学那样的象牙之塔或者像巴黎高等师范学校那样的纯学术圣殿。我喜欢那些看似无用的纯科学研究，从中获得思考的乐趣或者是发现的娱乐。但是，如今那些实用的技术，究其根源，都是从那些无用的科学开发出来的，如原子核分裂、麦克斯韦方程组、相对论、量子力学、生物基因等。

我最欣赏的理想大学环境是，像宋代词人晏殊在《蝶恋花》中形容的："昨夜西风凋碧树。独上高楼，望尽天涯路。"在西风扫落叶的寒冬，进入到孤零零的高楼，而且遥望无边际的天涯路，这该是何等的情怀呀？是清心寡欲和安贫乐道的精神，是心无旁骛地追求真理的理想。理想大学就应该是这样的"高楼"，亦即象牙之塔。为此，理想大学必须远离功利的诱惑，拒绝一切评比、评奖、排名和商业对学术的侵袭，排除各种广告对学术研究的干扰。

理想大学应当是科学天才们的乐园，也是痴迷科学人的栖息之地，他们在这里无忧无虑地思考、研究和创造，并获得他们的乐趣。阿特尔·赛尔伯格（Atle Selberg，1917—2007）是挪威裔美国数学家，在第二次世界大战中，奥斯陆大学被战争的硝烟笼罩，已经成为一座孤岛，连研究所需要的数学刊物都无法送到，生活也极其艰难。但赛尔伯格对此并不在乎，他表示："我好像处在监狱里，与世界隔绝了，坚持一个人战斗。这使得我把注意力集中在自己的想法上，而不会因其他人的作为而分心。从这个意义上说，我觉得那种情形对我的研究有许多有利的方面。"正是在这座孤岛中，他作出了非凡的成就，以至于战后玻尔戏谑地说："战时欧洲的数学新闻可以归结为一个词，那就是：赛尔伯格。"由于他的成果如此显著，实至名归地获得了1950年的菲尔兹奖。[①]

像赛尔伯格这样攀登科学的荆棘丛生的悬崖峭壁的科

① 卢昌海：《素数之灵》，《南方周末》，2012年3月8日。

学家实在是太多了，如美国数学家列文森、康瑞，中国数学家陈景润，法国数学家格罗滕迪克、哈达玛，比利时数学家普森，英国数学家哈代，印度天才数学家拉马努金，俄罗斯数学家佩雷尔曼和沃沃斯基，等等。数学有什么用？人们不知道，但是到处都有数学，人们也离不开数学，学校的学生们都必须学习数学，这一切都是因为数学是思维科学，不懂数学就无从思考，而思考是从事各门科学的理论和方法。值得注意的是，数学家们为了证明费马大定理耗费了三个半世纪，证明哥德巴赫猜想用了两个半世纪，证明黎曼猜想用了一个半世纪，而且离完全证明还差得很远。值得深思的是，为什么现在的数学家只能求证几个世纪以前数学家提出的猜想，而今天的数学家却提不出供数学界猜想的题目？

这从一个侧面说明了，当代的天才少了，数学家们缺少极为深远的想象力。这就启示我们，理想大学必须承担起造就未来极富有想象力的各学科领域里的人才，千方百计地鼓励他们从事原创性的研究。众所周知，探寻真理需要离群索居，心无二用，清心寡欲。最伟大的数学家和科学家，他们对自己的研究极为专注，不许别人打扰，甚至他们之中的一些人性格和行为怪癖。因此，对待这些学痴们，必须营造宽松的环境，以宽厚和宽容的态度对待他们，允许他们失败，支持他们不断地尝试，只要他们竭尽所能，就不必苛求他们，科学探索是需要付出代价的，而理想大学也应该承担这些代价。

我心中的理想大学，就是由这些科学痴迷者或创新狂组成的大学。有时候，他们是无名英雄，但我要向他们致敬。

我们应当相信，理想者们的努力不会是白费的，既然理想者们想到的，那么一定会有后人沿着他们的足迹前进，正是因为有这样前赴后继的理想主义者，人类才创造出了无数的奇迹，不断地把历史推向前进！

七、什么是教育家

（一）教育家不需要政府批准

中国是一个拥有13亿多人口的大国，在校学习的大中小学生约有2.5亿人，各级学校的教师也多达1249万人，是名副其实的教育大国。为了办好各级和各类学校，必须选拔堪为教育家的人担任校长，营造自由、民主的育人环境，遵循教育规律办学，励志教育改革与创新，努力提高各类学校的教育质量，进而培养出各类专业领域的杰出人才。为此，必须造就和依靠大批教育家，他们既是有理论素养的教育家，又是笃行教育改革的实干家。

但是，教育家在中国却是一个沉重的话题，不免勾起一桩难于忘怀的往事。记得在20世纪80年代末，当时教育部部长到一所大学做报告，他带着批判的口吻说："有个大学校长自称是教育家，教育家能够自封的吗？他是经过哪一级政府批准的，他是哪个阶级的教育家？"我们姑且不去考证那个校长是否自封过是教育家，也不必评论他是否符合教育家的标准，倒是应当对那位部长的讲话进行一番分析。根据我的回忆，国家从来没有颁布过评选教育家的条例，也没有授权哪一级政府审批教育家的资格，显然那位部长是借题发挥，是醉翁之意不在酒。同时，经过拨乱反正以后，中央已经明确提出把全国的工作重心从阶级斗争转向"四化"建设上来，今后不得再搞政治运动，也不得再划分左中右。然而，那位部长却公然要划分教育家的阶级性，这不是明显地坚持“左”倾路线又是什么？

什么是家？象形文字解：豕者，猪也，家即“圈里关着一只猪”[①]。从会意来看，“家”字并不雅观。什么是教育家？其实，教育家只有在汉语的词汇中才能表现出特殊的意义，而在西文中是翻译不出来的。在英文中，教育家叫educationalist，也翻译为教育者或教育工作者，就像科学家（scientist）、数学家（mathematician）、物理学家（physicist）、化学家（chemist）、生物学家（biologist）、地质学家（geologist）、哲学家（philosopher）和作家（writer）一样，“家”与工作者是同义语，如孙中山先生被称为“先行者”，而并不叫“先行家”。因此，所谓的家只是反映人们所从事的职业而已。然而，由于汉语词汇博大精深，教育家与教育工作者的意义就有天壤之别了，同时也反映出中国人对“家”情有独钟的一种心结。

所谓专家，是指对某一门学问有专深研究的人，或擅长某一技术的人。为什么中国人对专家情有独钟呢？在民国时期，“专家”的称谓并不流行，对专家推崇备至是从20世纪50年代初“一边倒向苏联”的口号提出以后。当时，我国面临建设新中国的重任，我们没有建设的经验，于是就请求苏联向我国派遣了大批各领域的专家，从文化教育到工业各个部门，分布在全国各地。据不完全统计，自1949年到1960年，苏联派遣到中国的专家超过2万人，仅向教育

① 雷祯孝：《上善古文观指》，三辰影库音像出版社，2015年4月，第290页。

部门派遣的专家就有896人。中国各地为这些专家修建了高级别墅式的公寓，他们享受着特殊的供应，备受人们的尊敬。在建设和工作中，他们一言九鼎，享有不可置疑的绝对权威，这是当时苏联“一长制”所赋予的权力。这一切给国人留下了深刻的印象，也使人们对专家顶礼膜拜。与此形成鲜明对比的是，美国人对专家的称谓并不以为然。记得改革开放初期，美国一些学者到我国进行学术交流，我们一些教师以“专家”称呼他们，却惹得他们不高兴。说什么是专家？修鞋的，刷油漆的，做木工的，他们才是专家。由此看出，不同的文化理念和习俗，对某一称谓理解的差别竟如此之大，本来是想恭维对方，却引起了他们的反感。

话又说回来，既然国人对“家”的情结如此之深，再加之科学家、画家、作家等都已成通例，那么教育界也应该有自己的教育家。对教育家的权威解释当数英国德·朗特里编纂的《西方教育词典》，他的解释是“指教育领域中知名的研究者或理论家，和具有比教师威信更高的人（他们可能不再当教师，或甚至从未当过教师）”[①]。从这个诠释可以看出，作为一名教育家应当具有三个特点：一是知名的研究者；二是知名的理论家；三是比教师享有更高威信的人。很显然，教育家不同于教师或教育管理者，也不同于教育领域的劳动模范或先进人物，他们应当是属于具有特定要求的群体。同时，教育家又是分类和分层次的，如高等教育、中等

① 田慧生：《走出缺乏教育智慧的困局》，《中国教育报》，2007年2月8日。

教育、初级教育、幼儿教育、职业教育和特殊教育等，在这些领域里都应当有相应的教育家。

（二）中国绝对不止两个半教育家

这么说来，教育家似乎有一点神秘，包括前面提到的那位部长，也抱有迷信思想，不然怎么会提出教育家需要政府批准呢！试问：我国众多的科学家、作家、画家、歌唱家和企业家，都是由哪一级政府批准的呢？其实，教育家与这些领域里的行家们一样，都是在各自工作或研究领域里自然形成的，当然需要得到同行们的认可，但并不需要经过政府的批准。因此，一个教育工作者，只要他们热爱教育，敢于改革创新，积极开展教育改革实验，在教育研究领域卓有建树，发表了有代表性的教育论著，将毕生贡献给教育事业，那么他们就无愧于“教育家”的称号，即使自称教育家，又何罪之有呢？

对教育家的迷信，不仅中国人有，外国人在看待中国教育家的问题上，也有迷信思想或是抱有偏见。日本有些人评价说：“中国只有两个半教育家，一个是孔子，另一个是朱熹，那半个就是陶行知。”北京师范大学一个教授的说法是：“一个是孔子，一个是蔡元培，教育界其他的人加起来算半个教育家。”德国一位著名大学校长也说：“中国在民国时期还有教育家，而当代的中国没有教育家。”听到这些评论，作为一名中国的教育工作者，心中当然不是滋味。显而易见，这些评论是极为苛刻的说法，带有极为狭隘的民族偏见，并没有反映出我国教育界的真实情况。

应该说，我国无论是古代或是近现代，都有很多很多的教育家。在古代除了孔子以外，至少还有孟子、庄子、墨子、荀子、董仲舒、王充、韩愈、李商隐、韩非子、柳宗元、王夫之等。在我国近现代史上，也有数不清的教育家，除了蔡元培以外，至少还有梅贻琦、张伯苓、蒋梦麟、傅斯年、胡适、杨秀峰、徐特立、吴玉章、成仿吾、叶圣陶、竺可桢、陈望道、陈垣、马寅初、蒋南翔、周培源、刘佛年、匡亚明、顾明远、潘懋元、朱九思、林迪生、杨东平、朱永新、吕型伟、孙敬修、魏书生、斯霞等。

（三）中国没有世界著名的教育家

一个无可争辩的事实是，虽然我国拥有众多的教育家，但是在国际教育界，有重大影响的教育家却不多。尤其是以他们独特的教育理论或学说影响世界教育的教育家，我国几乎没有。当我们翻开世界教育史，被列入著名教育家的都是西方人。例如，古希腊的苏格拉底、柏拉图和亚里士多德；捷克的夸美纽斯；英国的洛克、欧文、斯宾塞、怀特海、纽曼、罗素；法国的卢梭、傅立叶、萨特、德里达；德国的赫尔巴特、福禄贝尔、第惠多斯、巴西多、洪堡、费希特；美国的杜威、布鲁纳、艾略特、科南特、桑代克、哈钦斯、克拉克、博克、巴斯卡里亚等；苏联的普鲁斯卡娅、马卡连柯、凯洛夫、苏霍姆林斯基、赞科夫等。这些著名的教育家，不仅留下了他们代表性的经典著作，而且大多都亲自参与教育改革的实践，从理论和实践两个方面影响和推动着世界教育事业的发展。

自洋务运动以来，在“中学为体、西学为用”的口号下，我国从欧美引入各式学堂，后来一部分逐步演变为高等教育机构。很显然，我国的新式学堂和教会大学，基本上都是模仿西方的办学模式。中华人民共和国成立以后，在“一边倒向苏联”的口号指导下，我国高等教育实行了“全盘苏化”的政策。在理论上全面推行凯洛夫的教育学说，在实践上全部采用苏联的教学计划、教学大纲和教材，甚至连考试计分，也由百分制改为苏联的“五分制”。因此，在长达百年多的时间内，我国高等教育要么是欧美模式，要么是学习苏联的一套，基本上没有我国本土的教育特色。20世纪70年代末，经过拨乱反正，我国高等教育开始步入改革开放的时代。当时，上海交通大学、中国科技大学、华中工学院（华中科技大学）和武汉大学先后掀起了教育改革的热潮，在实践中从不同的方面摸索出了一些经验。但是，实事求是地说，那些改革举措，模仿的多而创新的少，也未能把实践经验上升为理论。从总体上说，我国高等教育依然还是一种混合体，既有欧美的，也有苏联的（如专业设置和专业化的教学），甚至还有中国古代教育的某些影响，如科举制度和孔子的“学而优则仕”等。

（四）集权体制破坏了教育家生长的沃土

我国教育理论落后，没有出现世界级的教育家，这是不争的事实。在尴尬之余，我们不得不追问：究竟是什么原因影响了我国出现世界著名的教育家呢？原因当然是多方面的，但我以为主要的原因是大一统的教育领导体制，制约了广大教育工作者从事教育学研究的积极性，破坏了教育家生长的沃土。所谓大一统的教育领导体制，也就是教育集权的领导模式。教育部是我国教育界的最高领导与决策机构，它几乎垄断了国家的一切教育资源，把持着一切教育的决策与管理权。在这种体制下，广大教育工作者，既不能从事自己感兴趣的教育课题研究，更没有自行开展教育改革实验的空间，所以就不能产生教育家。

教育学既是一门理论学科，又是一门实践学科，既不同于人文学科，也有别于自然科学。教育科学也需要实验，但不同于自然科学的实验，它的实验对象是有生命的受教育者，实验手段是精心设计的教案或教学法，检验实验成功的标准是是否培育出杰出的人才。依此而论，中国拥有最丰富的教育实验资源，这是任何国家都不可比拟的。按理说，我国应当产生最多的教育家，形成大批教育学派，然而我国却未能出现世界著名的教育家，这是令人痛心的。

（五）名师不是教育家

自2003年开始，国家教育部启动了全国评选“名师”活动，其初衷是鼓励教授上讲台。截止到2011年，已经评选了六届全国名师，每届100名，共计评出了600人。在各级教育行政部门的主导下，全国评选“名师”活动，进行得轰轰烈烈。从教育界的反映来看，对名师的评选活动并没有获得教育界普遍的认可，普遍质疑名师评选不公。[①]存在的

① 李镇西：《名师是打造出来的吗？》，http://www.sohu.com/n/22740884_100934。

主要问题：一是没有真正地面向教学第一线，官本位比较严重，不仅评选活动被教育部操纵，而且竟有90%的名师有大学各级官衔的背景，其中20名是“校座”；二是没有体现公平竞争的原则，在很大程度上名额还是平均分配的，甚至存在对各地区和不同类型学校照顾的因素；三是重视学科课的教学，忽视对教育学、教材和教学法的研究。作为名师，不仅应当热爱教育，具有深厚的学术功底，精通教学的艺术，也应当是一位成功的教育家。但是很可惜，在先后评选出的600位名师中，既没有看到出版教育论著者，也无人进行教学改革的实验，因而他们都未能成为有影响的教育家。

（六）教育是一块伟大的实验场地

教育学研究必须理论联系实际，然而我国教学与教育学以及教育管理与教育学研究相割裂，堵塞了教育家的成长道路。1951年全国院系调整以后，教育学系全部归入师范学院，而且都是研究基础教育，从而使高等教育学的研究成为空白点。自20世纪90年代初高等教育大跃进发展时，全国各大学又一哄而起建立了许多教育科学学院，下属教育学各分支学科的研究所。可是，我国教育界有一个怪现象，搞教育学研究的，不关心教育改革，更没有亲自抓教育改革试点的。全国各级教育行政部门，虽然拥有很大的权力，但他们也少有把教育管理与教育学研究结合起来，因此从这两类人中都没有出现知名的教育家。

苏联教育学家波瓦利阿耶夫曾说过："教育领域是一块伟大的实验场地，发展个性，教育技术需随之改变。"①西方国家与中国教育界的情况完全不同，欧美国家的教育家，为了实践他们的教育理念，往往亲自创办一所学校，以检验自己教育理论是否正确。例如，古希腊的柏拉图，创办了柏拉图学园，以实践他的金字塔的教育模式。学园前后延续了900多年，从中培养出来许多杰出的人才，如哲学家亚里士多德、著名数学家欧几里得等。还有其他进行教育改革的实验者，捷克教育家夸美纽斯创办了夸美纽斯实验学校，美国杜威创办了杜威实验中学，黑格尔创办了黑格尔中学，洪堡创办了柏林大学，甚至连英国哲学家罗素也创办了比肯山学校，等等。因此，这些人能够成为著名的教育家，正是他们以自己先进的理念指导办学实践，再从实践中把经验上升为理论，是理论与实践结合的光辉典范。

中国没有世界著名的教育家，是因为没有独立自主的办学者，当然也就不可能创立新的教育学说。不过有一个人例外，他就是人民教育家陶行知先生，他本是美国教育家杜威的学生，回国后在东南大学任教。1927年3月，他主动辞去了东南大学教务长、教授的职务，创办了晓庄乡村师范学校。他提出了"募集100万元基金，征集100万位同志，开设100万所学校，改造100万个乡村"的目标。他历时10年，培养了许多优秀的学生，成为抗日战争中的英雄人物。可惜的是，由于时局和条件的限制，他的雄伟目标最终没有实现。但是，

---

① 国家教委国家教育发展研究中心、中国教科文组织全委会秘书处编：《未来教育面临的困惑与挑战》，人民教育出版社，1991年，第90页。

他在办学实践中写下了宝贵的教育文稿，被编辑成18卷的《陶行知全集》，他不愧是杰出的人民教育家。

除了陶行知先生以外，几乎没有为实践自己教育理念的独立办学者。自20世纪80年代初，我国先后出现了几次兴办民办学校的热潮，既有中小学也有大专学院。但是，由于我国公立教育是一统天下独霸的，留给民办教育的空间十分狭小。他们既受到政府政策的限制，又受到公办学校的歧视和打压，只能为生存而奔波，哪有心思和精力摸索教育改革的经验。

（七）必须取消中学文理分班教学

我们应当看到，狭窄的专业化教育，削弱了教育家成长所需要的广博学识基础。这种局面是两个原因造成的，一方面是自1951年全国院系调整以后，我国高等教育全面学习苏联的一套制度，包括按照专业培养人才的方向，致使大学生学习的知识面越来越窄。我国教育界不少人士质疑专业化培养人才的做法，呼吁实施通才教育，但是争论已经持续60多年了，全盘苏化的影响依然没有肃清，专业化的教育至今仍然在我国高等教育中占主导地位。另一方面是中学按文理科分班教学，大学按文理科录取学生，这是从20世纪60年代初开始实行的，目的是提升高中的升学率。这样以来，文科的学生基本上变成“科盲”，而理科学生的人文素质低下。从人才学成长的规律来看，人的才华是相通的，而且各学科的知识是互补的，这有利于科学的发展，而我国功利主义的教育，把文理割裂开来，违背了人的全面发展的原则。

一个最显著的例子是哲学与教育学的关系，二者犹如孪生的姊妹学科。什么叫哲学？哲学的英文词汇是philosophy，它是源于希腊文的philia（爱）和sophia（智慧），哲学的意思是爱智，即智慧的科学，而教育学是启迪学生的智慧；哲学起源于惊讶，而教育的目的是要发现学生的惊讶（或好奇）。因此哲学家必须研究教育学，而教育家必须具有厚实的哲学功底。 这一点在西方国家体现得尤为明显，他们的教育家不仅是哲学家，也是数学家和文学家。古希腊的柏拉图、亚里士多德既是哲学家和教育家，也是数学家；英国的怀特海和罗素，既是哲学家，又是教育家，并且师生共同撰写了《数学原理》和《数理逻辑学》；德国洪堡既是哲学家和教育家，而且还是语言学家等。

可是，在中国有一个十分奇怪的现象，哲学家与教育家是鸡犬之声相闻，老死不相往来。我国的哲学家多半是从文科班“单科独进”上来的，他们既不研究教育学，更鲜有亲自进行教育改革实验的。反之，我国从事教育学研究的一些学者，哲学素养低下，缺乏研究教育学需要的哲学基础。虽然我国拥有众多的教育学研究机构，也有许多教育学的教授，但他们也未能成为有影响的教育家。看来，我国的教育体制到了必须彻底改革的时候了，摒弃为了提高升学率而设立的中学文理科班，大学也不能再按文理科录取学生，唯有通才教育方能培养综合素质的人才。

（八）教育家需要有博爱的情怀

为了提高我国教育在国际上的地位，我们必须造就一批国际知名的教育家，进而创建中国教育学学派。那么，怎样才能造就在国际上知名的教育家呢？热爱教育，认真学习和研究世界教育经典著作，这是重要的前提。

热爱教育这句话谁都会说，但是要真正做到热爱教育并不是一个简单的问题。有一个资深的记者走访了一百多所重点大学，发现为数不少的大学校长并不热爱教育，而依然钟情于他们的专业研究。这是一个非常严重的问题，一个不热爱教育的校长，怎么能够全身心地投入到教育事业中去，又如何能够办好自己领导的大学呢！我也通过接触到的各地大学生发现，现在的教师也并不怎么热爱教育，他们是把教师当作一种职业，是为了生存的需要，并没有树立“蜡炬成灰泪始干”的情怀，否则某大学的副教授怎么会说“我是不会认真教学的，那是照亮了别人而毁灭了自己”。说出这样话的人可能是极个别的，但对教学敷衍塞责，把研究生当作打工仔的却不乏其人。而摧残学生身心的事件也屡屡发生，这些人配得上称为“人民灵魂的工程师”吗？

什么叫热爱教育？一个热爱教育的人，应当是教育的理想主义者，视学生如爱子，不计工作条件，不顾病痛，风里来雨里去，把全部的爱和心血都倾注到学生的身上。深圳中学语文老师马小平就是这样的杰出代表，他在生前曾说过：“干教育这一行，如果不是十分热爱，干得不愉快，而且还痛苦，那就真正要赶紧改行。”[①]他实践了自己的诺言，坚定地推行英国历史学家汤因比“与灾难赛跑”的教育理念，受到了广大学生们的欢迎。

在与病魔做斗争期间，他从千余册藏书中挑出了130篇杰作，编辑出《人文素质读本》，并率先开设出选修课，连续3年被评选为最受欢迎的老师。他以56年的生命和30年教育生涯，谱写出了一个中学老师教育家的梦！

当今，不学习和研究教育经典著作，也是当今大学校长们普遍的现象，这也是他们不能成为著名教育家的原因之一。我曾经出于借鉴与创新的需要提出了大学校长和管理者必读的12本教育名著，这些经典著作有：柏拉图的《理想国》、卢梭的《爱弥尔》、夸美纽斯的《大教学论》、福禄贝尔的《人的教育》、纽曼的《大学的理想》、赫胥黎的《自由教育理论》、怀特海的《教育的目的》、杜威的《一个教育学的实验》、洪堡的《关于人的教育理论》、康德的《教育论》、科南特的《教育与自由》、哈钦斯的《学习型社会》等。为什么要阅读教育经典著作？阅读经典著作，就是与经典著作的作者进行心灵对话，从中呼唤出你自己来。虽然经典著作很重要，但我敢断言，我国大学校长和管理者们，多半没有读过这些著作，这不能不说是重大的缺失。

（九）教育家既要有见又要有行

教育者必须躬耕教育改革的试验田，这是产生著名教

① 曾鸣：《一个中学老师的“教育家梦”》，《南方周末》，2012年2月10日。

育家的沃土。教育是一块伟大的实验场地，这是教育家们的英雄用武之地。纵观世界教育的历史，正是一批又一批教育改革躬耕的实验者们，以他们的教育理论推动教育不断向前发展。然而，中国少有这样的拓荒者和试验田的躬耕者，这是我国不能产生世界教育名著的主要原因。这也是东、西方人思维方法的差别，中国人思维方法的特点是整体性和辩证性，而西方人思维的特点是个体性和逻辑性，因而西方人更愿意通过实验认识事物。一个非常典型的例子是苏联著名教育家瓦·阿·苏霍姆林斯基（W.A.Suchomlinsky，1918—1970），他仅仅是师范学院函授部语文科的毕业生，先后担任过小学、中学教师，担任帕夫雷什中学校长达26年。为了推动教学改革，他曾教过这所中学除体育课以外的所有课程，以取得第一手的经验。一个语文科出身的人，要讲授文理各课的课程，该需要多么顽强的毅力呀！

通过改革实验，他总结出了丰富的经验，出版了41部著作，发表了600多篇论文，1200篇童话和故事。这所中学就是他躬耕的试验田，他获得了丰硕的成果，他在教育理论和改革实践方面的成就是惊人的，是一位创造了累累硕果的著名教育家。他的著作被翻译成多种文字，广泛流传于世界各地，是教育学的泰斗之一。

总之，一个教育家既要有“见”又要有“行”，见是远见、创见，真知灼见，这是成为教育家的灵魂。所谓的“行”，就是行动，言传身教，要笃行不移，做到“知”和“行”的统一。熊彼特是奥裔美国经济学家，他于1912年年仅29岁时创立了创新理论，一时声名鹊起。他于1950年1月8日逝世，在弥留之际留下了遗言：“行动——光有理想和理论是不够的，只有行动起来，努力改变现状，才是真正对理想的拓荒。”[①]由此可见，付诸行动的教育改革实践，对一个教育家成长来说是何等重要啊！

营造自由研究和探索的氛围，开展百家争鸣，鼓励大胆开拓和创新，这是教育家成长不可缺少的环境。自由是人唯一的自然权利，是人类永恒的追求，任何人都无权剥夺。英国《自然》杂志网站曾提问：中国大力驱动创新战略，但反观现实，存在巨大的差距，瓶颈到底在哪里？[②]从根本上说，创新还没有真正形成一种文化。何谓创新文化？它主要表现有三点：一是创新的社会风气浓郁；二是创新实体遍布；三是创新成为人心所向。当创新成为人们心中的一个情愫和价值追求时，这时创新就步入高境界了。

真正开创性的科学研究，应当是以个人的好奇和兴趣来驱动，而不是以某个集团的利益去推动，因为任何重大的科学发现和发明，最初都是源于个人的新奇的思想。因此，尊重个人的好奇和兴趣，保护“异端邪说”，鼓励研究者大胆冒险和实践，为他们不可避免的失败而鼓掌，这是创立教育学新理论和建立新学派的重要保障。

可是，我国并没有这样的氛围，既没有研究者的高度自由，也没有真正的百家争鸣。学术领域里的计划经济思维和长官意志依然严重，往往设置某些人为的禁区，使人们望而生畏，谁还敢闯入研究领域未开垦的“处女地”！特别是教

① ［美］杰克·贝蒂：《管理大师德鲁克》，上海交通大学出版社，1999年，第153页。

② 于新东：《创新离我们有多远？》，《学习时报》，2013年3月4日。

育学，需要大力解放思想，无论是公办学校或是民办学校，都要允许改革实验的探索，唯有如此，才能创立我国教育学的新理论，也才能涌现出世界级的教育家！

八、什么是学术

在我国古籍文献中，“学术”一词早已有之，只是古今的含义却相去甚远。近现代意义的学术，是自19世纪末和20世纪初才开始使用的，这与西学东渐是有密切联系的。尤其是在明末清初和清末民初这两个时期，欧美国家的各学科的知识，诸如哲学、天文学、物理学、化学、生物学、医学、美学和应用科技等大量传入中国，对我国学术思想、社会经济的发展都产生了重大的影响。

（一）学与术之别

“学术”一词是由“学”与“术”二字组成的，它们在字义上是有区别的。我国清末思想家、翻译家严复对“学术”二字注疏说：“盖学与术异，学者考自然之理，立必然之例；术者据已知之理，求可成之功。学主知，术主行。”[①]梁启超先生也认为：“学者术之体，术者学之用。”[②]他们的意思是非常明确的，“学”是指科学理论，也就是现在所谓的基础学科；而“术”就是应用技术。

可是，现在实际上并没有把“学”与“术”分开使用，

① 王拭编著：《严复集》（卷五），中华书局，1986年。

② 梁启超：《清代学术概论》，中国人民大学出版社，2004年，第271—273页。

而是作为一个专有名词来使用的，其意义更接近于西方的学术概念，是指系统的学问。英国《高级牛津词典》的解释：学校、学院、学者式的、仅仅注重理论兴趣，而非技术或实用的学问（of school,college etc.,scholarly,not technical or practical,of theoretical interest only）。在这里，“学问”与“学术”可以视为同义词。“学问”是一个广泛的概念，它是指各个领域的专业知识，包括已知的、未知的、首创的和系统知识。“学术”一词应用十分广泛，由它又衍生出许多专有名词，如学者、学术职称、学术刊物、学术界、学术会议、学术交流、学术观点、学术诚信、学术规范、学术争鸣等。

从本质上说，学术是没有国界的，这正如“夫学术者，天下之公器”所言明的精神。这句话普遍被认为是清末启蒙代表人物梁启超提出的，但实际上最早出自于明朝《李氏焚书》一书黄节的跋语。“公器”说的观点，历来被我国古时学者所推崇，古人做学问的态度是“求学问道，贵在乐我乐及人之乐”。宋朝是我国古代科学技术发展的鼎盛时期，那时做学问就是秉持“为天下之公器”的精神，不垄断、不自私、不掠人之美。在欧洲中世纪，大学诞生之初，一个学者如果作出了一个新的发明，他们会立即到大街或广场发表演说，将自己的发明与公众分享。那时，既没有保密的限制，也没有专利法的保护，所以古时候的科学发展传播得很快。世界最早的专利法于15世纪初诞生于威尼斯，随后逐渐传播到世界各个国家。专利法也是一把双刃剑，虽然起到了保护发明人权益的作用，但在某种程度上也不利于学术的交流与发展。

（二）无条件地追求真理

学者是学术的主体，学 者们的任务就是无条件地追求真理，那么什么样的人堪称学者呢？这里不妨引用德国现代社会学创始人马克斯·韦伯的话予以说明，他认为："没有这种被所有局外人所嘲讽的独特和迷狂，没有这份热情，坚信你生前悠悠千载已逝，未来还有千年沉寂的期待——这全看你能否判断成功，没有这些东西，这个人便不会有科学的志向，他也不该做下去了。"[①]这就说明，学术研究是一场冒险的赌博。如果没有为学术而活着的人，是没有人能够忍受这种清苦的。

现在，一般是把学术研究当作纯科学（pure science）。为了说明这个问题，我们不妨回忆美国著名物理学家亨利·罗兰的《为纯科学呼吁》一文。这是他于1883年8月15日在美国科学促进会上的演讲，在美国曾经引起了强烈的震撼。他一针见血地指出："为了应用科学，纯科学必须存在。假如我们停止了科学的进步，而只留意科学的应用，我们很快就会退化成中国那样。"[②]这并非是他对中国不恭敬，而是说明在相当长的时期内，我国不重视纯科学研究的事实。正是这个原因，才导致近代科学没有在中国诞生，也使

---

① ［德］马克斯·韦伯：《学术与政治》，生活·读书·新知三联书店，2007年11月，第24页。

② ［美］亨利·罗兰：《为纯科学呼吁》，《科技导报》，2005年9月14日。

我国科学理论长期落后于发达国家。

什么是纯科学？对于这个问题，我们只要看一看德国马克斯·普朗克学会与夫琅禾费协会的分工就一目了然了。按照马克斯·普朗克学会主席彼得·格鲁斯的说法："前者是在已有的知识平台上进行研究，而后者是创造作为研究平台的知识。"[①]换句通俗的话说，那就是纯科学研究是回答这是什么，或这是为什么，而应用科学研究则是回答这有什么用处。

纯科学也常常被称为基础科学，它的研究目的是为了人类长远的福祉，也就是为了追求永恒的真理。从事基础科学研究的学者，既要能忍耐在"象牙塔"的孤独，又要有"十年磨一剑"的耐心，安贫乐道地在追求真理的道路上踽踽独行。格里戈里·佩雷尔曼（Grigory Perelman，1966—　）就是这样一位数学家，他是俄罗斯怪异的天才数学家，16岁获得了国际奥林匹克数学竞赛的金奖，毕业于圣彼得堡国立大学，获得数学博士学位，后在圣彼得堡科学院斯提克罗夫数学研究所工作。从2002年开始，他先后写出了3篇文章，从而证明了困惑世界数学家近百年的庞加莱猜想，因而他实至名归地获得了被称为有数学诺贝尔奖之称的菲尔兹奖。

但是，对于这个人们梦寐以求的荣耀，他却表现出不屑一顾的冷漠态度。为了说服他前往西班牙马德里参加授奖大会，甚至世界数学家联合会主席约翰爵士亲自飞到圣彼得堡，用了两天时间试图说服他赴马德里接受颁奖，但他只说了一句话："我不需要。"其实，在这之前，他还拒绝了多

---

① 《走近马克斯·普朗克学会》，《参考消息》，2005年4月30日。

个奖项，包括奖金100万美元的克莱数学奖。在我看来，这就是一些天才或学痴们的怪异特点，他们淡泊名利，而只关注他们的学术兴趣，追求学术真理才是他们所需要的。

（三）独立自由的治学精神

在清华大学工字厅东南侧，矗立着一座王国维墓碑铭，这是在他沉湖遇难两周年时，清华研究院的同人感怀思念不能自已，兹立碑以永其念。碑铭是国学大师陈寅恪所撰。碑铭的最后几句是：“先生之著述，或有时而不彰。先生之学说，或有时而可商。惟此独立之精神，自由之思想，历千万祀，与天壤而同久，共三光而永光。”在这里，陈寅恪先生把独立之精神和自由之思想，拔高到与天地共存，与日月同光的高度，可见它们对从事学术研究是多么的重要啊！

最近几十年以来，我国学术界广泛流传着陈寅恪碑文的这两句名言，说明它们获得了人们普遍的认同和向往。可是，我国现实的学术环境与这种精神是不相容的，既没有这样敢于践行的学者，也没有保障它们行使独立自由的权利的法治。那么，为什么独立自由对于做学问是如此重要呢？雅克·德里达是法国最重要的哲学家之一，是世界解构主义的代表人物，对于独立自由的重要性是最有发言权的。他曾经明确地提出：“大学的独立、自由到什么程度？大学不仅相当于国家是独立的，而且对于市场、公民社会、国家的或国际的市场也是独立的。”他还说：“大学存在于它企图思考的世界之中，应当承担起责任，组织一种创造性的抵抗——抵抗一切（对大学）的重占企图，抵抗一切其他形态的主权形态。”[①]

我国科学理论落后，重大原创性的成果寥寥无几，这是我们不能不承认的事实。如果追究是什么原因造成的，从根本来说就是缺失了做学问的独立自由精神，没有分清楚纯科学与应用科学之间的界限。特别是功利化的思想，在学术研究中还有极大的市场。试问：在论文至上主义的导向下，学者们都忙于发表论文，评选高级职称，积极申报成果奖，有多少人敢于冒天下之大不韪，躲在“象牙之塔”穷究永恒的真理？有人感叹地说：如果陈景润活到今天，他不是评不上职称，就是被下岗。我国一所重中之重大学的校长，公然提出学校的研究要上主战场（指为经济服务），这是明显的以功利化思想指导重点大学的研究，完全背离了研究型大学从事基础科学研究的宗旨，这无疑是对科学的背叛。

汉娜·阿伦特（Hannah Arendt，1906—1975）是德国最具原创性的思想家，她尖锐地指出：“当大学决心于为国家、社会利益集团服务的方针的时候，马上就背叛了学术工作和科学自身。大学如果确定了这样的目标，无疑等同于自杀。”20世纪30年代德国教育部部长鲁斯特于1936年在海德堡大学100周年校庆上说：“不承认、不依赖、不抱任何偏见是科学探索的基本特征。”[②]

迄今为止，我国还没有一所能够与世界著名大学比肩

---

① ［法］雅克·德里达：《我与你们分享忧愁与命运》，《文汇报》，2008年1月30日。

② 孙传剑：《大学同情的局限性及危险性》，《中国图书评论》，2007年第1期。

的一流大学，世界著名大学从事学术研究的经验值得我们学习。我们应把独立之精神和自由之思想作为学术方针，以立法的形式确定下来，并且千方百计地营造这种学术的氛围，让广大的学术研究者们消除思想顾虑，毫无后顾之忧地从事基础科学研究。原创性的成果只生长在自由的园地里，相信长期坚持下去，一定会催生出一批原创性的重大成果。

（四）当代学术研究潜在的危机

在过去一个世纪里，人们没有创造出任何原创性的学科，个人要想作出开创性的贡献，也更加困难了。因此，自进入21世纪以来，人们对科学未来的发展，普遍存在一种悲观情绪。美国加利福尼亚大学戴维斯分校负责人基恩·西蒙顿在《自然》杂志上发表评论文章，他认为：“正如命运多舛的渡渡鸟一样，科学天才已经绝灭了。未来的科学进展可能建立在已为人所知的事实上，而并非需要对现有知识的基础作出改变。”①

17世纪被英国哲学家怀特海称为是天才的世纪，曾经涌现出了人类历史上最伟大的一批天才科学家，如法国的业余数学之王费马，解析几何的创始人笛卡尔，多才多艺的科学家帕斯卡；英国的数学和物理学家牛顿，物理学家胡克，化学家波义耳，天文学家雷恩，哲学家培根，戏剧家莎士比亚，医学家哈维；德国的天文学家开普勒，数学家莱布尼

① ［美］基恩·西蒙顿：《科学天才已绝灭了》，《参考消息》，2013年2月5日。

兹、哥德巴赫，画家鲁本斯；意大利的天文学家伽利略，画家卡拉瓦乔；荷兰的天文学家惠更斯，画家伦勃朗；西班牙画家委拉斯凯兹；等等。

同样的，19世纪也是天才璀璨的时代，尤其是自然科学领域里的三大发现，使这个世纪堪称“科学的世纪”。这三大发现是：细胞学说，于19世纪30年代，由德国植物学家施莱登和动物学家施旺创立；生物进化论，英国生物学家达尔文于1859年创立；能量守恒和转化定律，由英国和德国的物理学家共同创立，他们是英国的焦耳、威廉·汤姆孙和德国的达尔与赫尔姆茨。这三大发现引起了科学领域的哥白尼式革命，从而带动了其他学科和技术领域的迅猛发展。

20世纪最伟大的发现，当数阿尔伯特·爱因斯坦创立的相对论，由詹姆斯·沃森、弗朗西斯·克拉克发现的DNA双螺旋结构，以及信息论、控制论与系统论的创立，它们带动了物理学、生命科学领域的深刻革命。信息论、控制论和系统论被称为“老三论”，分别是由美国贝尔实验室的数学家香农，美国数学家罗伯特·维纳和奥地利裔美国生物学家贝塔朗菲所创立。这些重大的学说的创立，比历史上任何一项发明毫不逊色。可是，从20世纪后半叶开始，科学与技术研究与发展却失去了平衡，以至于到了21世纪，技术领域的发明似乎越来越受到重视，而自然科学领域的研究却少有根本的突破。

我始终认为，天才是不会绝灭的，只是现在失去了天才滋生的土壤。同样的，是否像有些预言家所说，科学重大发现都已经做完了呢？我始终认为，宇宙中未知的事物比已知的要多得多，只要我们找到认识未知事物的方法，就会作出新奇的重大发现或发明。但是，为什么现在却少有重大的科学发现呢？这就是我所说的当今学术研究存在的潜在危机。就中国而言，造成危机的原因主要是三点：第一是功利化的趋势越来越严重，一个物欲纵横的时代绑架了绝大多数的学者，现今少有安贫乐道地做学术研究的人了；第二是浮躁情绪越来越严重，信奉“板凳一坐十年冷”和“十年磨一剑”的学者越来越少；第三是象牙塔已经坍塌，少有人再心甘情愿地“独上高楼，望尽天涯路”，更是鲜有“皓首穷经”追求真理的学痴了。对此，英国一个记者在采访后极为感叹地说：“现在，大多数中国学人习惯于安身立命，耐心地等待直至晋升到更高的地位。在中国没有学术独立、自由，往往是以政治代替学术，领导就是学术的评判官。”[①]

俗话说，当事者迷，旁观者清。我们应当从这些批评中吸取教训，正视我国学术研究中存在的问题。尤其是要摆正重点大学学术研究的方向，采取果断的措施，争取在不太长的时间里，摆脱我国基础理论研究落后的局面。

---

① ［英］史提芬·郭：《在中国没有学术独立》，《南方周末》，2010年8月26日。

九、什么是正确的知识观

长期以来，中国学生高分低能的问题，一直困扰着我国教育界。本来，各个学阶的教育质量是互相衔接的，也就是说，有什么样的基础教育就应该有与之相应的高等教育，也应当拥有相应质量的人才。但是，人们不明白的是，为什么中国自认为拥有世界最好的基础教育，却不能催生出世界一流大学，也冒不出像钱学森先生所诘问的那种杰出的人才？反而，为什么被认为是低质的美国基础教育却造就了一大批世界顶级大学，并且是成为几乎囊括各学科领域诺贝尔奖的超级大户？

这些问题一直困惑着不少的人，据我几十年的观察与深思，认为是我国教育界许多人的知识观错了，也就是以一种不正确的观念看待知识，并且这种观念成为我国各级学校教育的指导思想。因此，为了廓清这些问题，我们需要弄明白什么是知识，知识有哪些类别，知识的本质是什么，知识的价值又是什么。

（一）知识构成的要素

在汉语词汇中，“知识”是由“知”与“识”二字组成的，它们各有其含义。按照《说文解字》的解释：“知，词也。从口矢，知理之速，如矢之疾也；识，常也，一曰知也。”总之，“知识”一词是表达意思的措辞，意思是认识、知道的事物，可以脱口而出。权威的辞典解释道："知识是人们在社会实践中积累起来的经验。从本质上说，知识是属于认识的范畴。"这种解释虽然没有什么不妥，但不免太空泛，对于人们深入理解知识的意义和本质并不能给予有益的帮助。

知识现象极其复杂，有关知识的定义多得不胜枚举，甚至形成了诸多不同的学术派别。孙振青认为："知识一语，在知识论中，至少有两个意思：一是指感性知识，一是指悟性知识。前者是人类与其他动物所共有的，后者是人类所独有的。"他还认为："知识现象包括三个要素：第一，认识的主体——自我。第二，被认识的对象——事实。第三，认知行为——主体趋向到对象的作用。"[①]其实，讲知识的三个要素并不全面，早在20多年前，我就提出了"知识载体"的概念，知识的属性虽然是物质的，但我们并不能触摸到它们，它们是以载体而存在的，如人的大脑、书报、杂志、专利、图纸、网络、信息库、仪器设备等[②]。

从知识的形态来说，大致又可以分为显性知识（Explicit knowledge）和隐性知识（Tacit knowledge），这是英籍匈牙利裔物理化学家和哲学家迈克尔·波兰尼于1958年首先提出的[③]。后来，被称为日本知识管理之父的野中郁次郎也极力

---

① 孙振青：《知识论》，五南图书出版公司，1982年7月，第1—3页。

② 刘道玉：《知识智力创造力》，湖南教育出版社，1989年7月，第5页。

③ ［英］迈克尔·波兰尼：《个人知识》，贵州人民出版社，2000年2月。

支持波兰尼的观点，并且于1995年和竹内弘高一起提出了这两种知识转换的著名SECI模型。所谓显性知识，是指学术专著、教科书、工具书、参考资料、期刊、专利文献、视听媒体、软件和数据库等，人们可以通过自学、讲授、讨论来进行学习的知识。所谓隐性知识，是指个人的经验、直觉、灵感、心灵、悟性、智慧等，它们具有非常个性化的特点，只可意会不可言传，也不能通过语言文字的讲授来进行学习，而只能通过心智的修炼来掌握。

（二）知识的本质

知识的本质又是什么呢？顾名思义，本质是事物的核心，是区别这一事物与另一事物的根本特征。对于这个问题，尽管不少人有过论述，如认为知识的本质是发现，也有学者认为是思维，但我觉得似乎有点言不及义。我不揣冒昧，愿抛一孔之见，以便使这个问题得以明确。窃以为，知识的本质是智慧，知识是智慧的基础，而智慧则是知识的灵魂。众所周知，愚笨者只知道学习书本知识，而聪明的人则懂得学习知识背后的东西，它犹如“风”，我们能够感觉到它，却不能捉到它。智慧之高低是区别一个学习者优劣的关键，也是一个人成功与否的核心因素。大凡在一个班级里，尽管起步时都处于相同的起跑线，虽然他们接受的是同样的教育，但最后的成果却相差悬殊。这是因为那些学习优异者，自觉或不自觉地从知识升华到智慧的境界。

我国学校教育备受诟病的原因之一，就是重视显性知识的传授，而忽视甚至完全缺少对隐性知识的修炼。具体表现在：科目多、课时多、作业多、考试多、课外培训多，这些弊端是谁都不能否认的事实，但谁来解放被应试教育束缚又不堪重负的少年儿童？有些学校的学生，晚上8点还不能回家吃晚饭，有些所谓“高考超级工厂”，严格管制学生到了以分秒来计算，高中三年考试的试题摞起来高达1.4米。他们感叹道：“过的是起得比鸡早，睡得比狗晚的生活。”这是一些不正常的学校，他们不是在培养人才，而是在摧残少年儿童的身心。我国的基础教育，是典型的应试教育，也就是只重视显性知识的灌输教育。目睹这种教育状况，我们还能够沾沾自喜地说我们的教育是成功的吗，难道不需要进行彻底的改革吗？

怀特海是英国著名的数学家、哲学家和教育理论家，是过程哲学的创始人，他对教育问题的洞察往往是极为深刻的。他曾经尖锐地指出：“理想的逐渐消失可悲地证明了人类的努力遭受了挫折。在古代学园中，哲学家们渴望传授智慧，而在今天的大学里，我们的卑微目的却是教授各种科目。从古人向往追求神圣的智慧，降低到现代人获得各个科目的书本知识，这标志着在漫长的时间里教育的失败。”①这一段话是怀特海在80多年前讲的，但它的意义并没有过时，而且当今专业划分得更细，知识碎片化更明显，知识标准化考试也更严重，而修炼智慧的教育却基本上被忽略了。

那么，什么是正确的知识观呢？知识观主要表现在对待知识、知识的形态、知识的本质和知识的价值的认识上。

---

① ［英］怀特海：《教育的目的》，生活·读书·新知三联书店，2002年1月，第52页。

传统的知识观认为，学校是传授知识的主要场所，教师的口就是知识的溪流，知识就是力量，知识能够改变人们的命运，等等。这些看法虽然有某些合理的因素，但都失之偏颇，把知识极端化了。我们只要看一看人类发明的历史，无论是达·芬奇、艾萨克·牛顿、阿尔伯特·爱因斯坦、托马斯·爱迪生、塞穆尔·莫尔斯等，或是现今比尔·盖茨、史蒂夫·乔布斯、马克·扎克伯格和埃隆·马斯克等，他们的颠覆性的发明或发现，都不是依靠专门知识，而是他们卓越智慧的体现。

（三）正确的知识观

在我看来，正确的知识观应该是：显性知识是知识的基础，而隐性知识是知识的灵魂。在学校的教学中，在适当传授显性知识的同时，要把重点放在引导学生修炼隐性知识上面。知识的本质是智慧，只有当知识转化为创造力时，在学术研究和创造财富中，作出了重大的贡献，这时知识才是力量，才能改变人们的命运，也才能体现知识的价值。

知识与智慧的关系犹如人的肉体与灵魂一样，它们有主有从，二者既不能分离也不能混同。那么，怎么能够获得智慧呢？时代呼唤智慧，挑战和救赎人类面临的危机更需要智慧。因此，教育需要挖掘智慧，以培养具有智慧的人才为目的。获得智慧需要反思，即反反复复地思索、揣摩、体味、顿悟，俗话说悟而生慧就是这个意思。辛弃疾在《青玉案》词中曰：“众里寻他千百度。蓦然回首，那人却在灯火阑珊处。”[①]这里的“千百度”就是反复的思考，千百次的思考，而“那人”就是千方百计寻找的智慧或者灵感。

智慧比知识重要，它的重要性，可以通过一个机器时代的幻想家给予最充分的说明。儒勒·凡尔纳是法国天才的作家，艺术想象大师，但他不是科学技术领域的专家，甚至可以说他是一个“科盲”。但是，有谁能够想象到，他居然在一百年以前就预言了太空旅行、大型核潜艇、直升机、电视机、游戏机、塑料等最先进的技术设备。对此，他颇为自信地说：“但凡是人类想到的事，一定会有后人去实现它。”他的这些预言，并不是因为他精通这些领域里的专门知识，而是依靠冒险精神，而冒险又是一场追逐一连串想象力的核心部分。诱发想象力就是要想，海阔天空地想，异想天开地想，百无禁忌地想，甚至是胡思乱想。敢于想象，意味着你要做一些自己不能完全理解的东西，你设身处地来到一个不确定的世界。如果你要发明一个新东西，“确定”就意味着想象力的“死亡”。

通过上述的分析，我们应该能够回答本文开头提出的问题，这就是不同的知识观造成的。实际上，在东、西方国家的人对知识观的认识，差异是非常明显的。东方国家的人重视显性知识，而西方国家的人更青睐隐性知识。关于这一点，我们可以从阿尔伯特·爱因斯坦对教育的论述得到证明，他精辟地说：“如果一个人忘掉了他在学校学到的每一

---

① 王国维：《人间词话》，中华书局，2008年，第13页。

样东西，那么剩下的就是教育。”[①]显然，他所说忘掉的就是显性知识，而所剩下的是隐性知识，也就是最有用的智慧。

因此，我们不能再说我国的基础教育是世界上最好的了，那只是我国中小学校学生更为重视显性知识，无非是他们善于背诵和考高分而已。同理，也不能再说美国的基础教育是最差的了，他们更重视隐性知识，这正是造就美国一流大学所需要的。我国需要借鉴国际的教育经验，扬长避短，彻底改革我国的基础教育，借以推动我国高等教育的改革，经过持久的努力和积累，才会诞生我国真正的世界一流大学。

既然教育观如此重要，我们应当加强对知识观的研究和宣传。但是，研究知识观绝非是为学术而学术，是为了推进我国教育改革，以正确的知识观替代传统的知识观。这个观念的转变是一次深刻的思想革命，绝非一朝一夕的事，它涉及几乎所有的人，涉及教育的各个方面。但是，我们决不能回避矛盾，要知难而进，既要解决当前的矛盾，又要应对隐藏的深层教育危机，对此我们绝不能掉以轻心。值得注意的是，我国应试教育不是在弱化，反而是在日益强化，这将一代又一代地扼杀我们子孙们的智慧。这绝非危言耸听，这关系到民族和国家兴衰的长久战略，我们必须高屋建瓴，从长计议，有计划、有步骤，先试点后推广，经过持久的努力，将中华民族的智慧挖掘出来，这是使我们伟大祖国屹立于世界先进之林不可缺少的战略措施。

---

① 《爱因斯坦晚年文集》（《论教育》），北京大学出版社，2008年1月。

十、什么是启蒙

教育与启蒙有着密切的关系，从根本上来说，启蒙贯彻在教育的始终。幼儿到了接受教育的年龄，被称为蒙童，接受的教育称为蒙育，接受教育的地方叫蒙馆或私塾，授业的第一个老师称为蒙师。我国古代儿童启蒙读物叫蒙学，几乎毫无例外都是从“三百千”开始的，即《三字经》、《百家姓》和《千字文》。在20世纪40年代初，我是在农村私塾接受的蒙育，所学的就是“三百千”，这是我接触中国传统文化的肇始，并为我日后的学习与写作奠定了必要的基础。因此，每一个教育工作者，都要深刻地理解启蒙的真谛，自觉地肩负起启蒙一代又一代学子们的责任。启蒙的重要性是显而易见的，“启蒙是我们唯一的希望，仅仅去批判启蒙就是故意向堕落屈服”[①]。

（一）论启蒙的全面性

全面性与专一性或片面性是相对而言的，全面亦非包罗万象，本文所指的全面性，仅仅限于对启蒙的界定、启蒙所涉及的人与事的领域。在汉语中，虽然“启蒙”一词早已有之，但大都与教育有关，如元朝刘埙在《隐居通议・论语

① ［英］托马斯・奥斯本：《启蒙面面观》，商务印书馆，2007年4月，第12页。

二》中写道：“及即得师启蒙，便能读书认字。”从字面上解释，启蒙就是开导蒙昧，使之明白事理，使初学者获得入门的知识。

但是，近现代意义上的启蒙一词，是来自于国外，最早是源于19世纪法国的启蒙运动。启蒙的英语是enlightenment，法语是lumieres，译成中文是启迪之意。在欧洲语言中，启蒙具有特别的含义，是指两次思想解放运动，即文艺复兴运动和启蒙运动。文艺复兴运动于14世纪发生于意大利，16世纪在欧洲各国盛行，并形成了一次思想文化运动，进而带动了科学与艺术革命，揭开了现代欧洲历史的序幕。启蒙运动是17—18世纪欧洲资产阶级联合大众发起的反对封建思想及文化运动，是文艺复兴后近代人类史上第二次思想解放运动。

从本质上说，什么叫启蒙呢？康德是德国古典哲学第一人，也是德国哲学革命的开创者，他在《道德形而上学》一书中，第一个回答了什么是启蒙。他写道：“启蒙就是人类对自己招致不成熟状态的摆脱。”“公民要启蒙自己是很有可能的。事实上，只要赋予了自由，启蒙几乎肯定会随之而来的。”他甚至提出了启蒙的口号：“要有勇气使用你自己的理性。”康德对启蒙的界定是完全正确的，人类自己招致不成熟的状态，可以说是多得不胜枚举，如迷信伟人，崇拜权威，胆小怕事，不敢冒险，崇洋媚外，不守诚信，好逸恶劳，贪财害命，等等。这一切都需要以自己的理性，达到自我启蒙的目的，树立正确的人生观，做一个有利于社会和人民的人。

但是，我经过深刻的思考，认为康德只说出了启蒙真理的一半，而另一半要么他没有说出，要么是被他忽略了。因此，我觉得非常有必要补充他没有说出的启蒙的另一半含义，而且是更重要的启蒙内容。依我之见，启蒙的另一半内容是："要挣脱外力强加于人们的不自由状态。"这里使用了两个状态，一个是不成熟的状态，另一个是不自由状态，前者是自己招致的，后者是外力强加的。就其重要性来说，后者比前者更重要，欧洲的两次思想解放运动的主旨不正是为了争取自由和平等吗？法国启蒙思想家卢梭就说过："人生而自由，却无往不在枷锁之中。"他作为启蒙思想家，深谙自由的可贵，获取自由是不易的。纵观大千世界，不自由的状态可谓比比皆是，所以通过启蒙达到自由是一个永恒的主题。

启蒙对于所有的人都是需要的，无论他是帝王或是圣贤，也无论他们是学者或是庶民，都有自我启蒙或被启蒙的任务。

在科学领域里，科学与伪科学始终存在斗争，轻信伪科学是蒙昧，而揭露伪科学就是宣传启蒙，捍卫科学真理。20世纪50年代初，我国"一边倒"向苏联，在教育领域里也全盘"苏化"，亦步亦趋跟着苏联批评学术领域的唯心主义。我正好是1953年考入武汉大学的，亲历了那场蒙昧的批判浪潮。在化学领域集中批判"共振论"，它是由美国著名化学家莱纳斯·卡尔·鲍林（Linus Carl Pauling，1901—1992）创立的学说，他因此而获得1954年诺贝尔化学奖。在生物学领域里，集中批判美国托马斯·亨特·摩根（Thomas Hunt Morgan，1866—1945），他因创立了染色体遗传理论学派，荣获1933年诺贝尔生理学或医学奖。实践是检验真理的标准，科学已经证明这两个科学理论是完全正确的，而当时苏联发起的批判是完全错误的，是蒙昧主义的表现。

与此同时，苏联又大肆宣扬李森科（T. D. Lysenko，1898—1976）的伪学说，对于反对李森科的科学家实施迫害，有的在狱中死去，有3000多名生物学家受到迫害。由于李森科得到斯大林的支持，独霸苏联生物学界长达40余年，造成了震惊世界的科学悲剧。1955年有300多名科学家，联名写信控告李森科的罪行，要求撤销他科学院院长的职务，但直到1960年，才彻底否定了李森科主义。这是苏联科学最黑暗的时期，支持和跟随李森科的人无疑是蒙昧的，而揭露李森科伪科学的人自然是反对蒙昧的，他们坚持和捍卫科学真理，宣传科学启蒙，其精神是难能可贵的。

（二）启蒙是未完成时

英语动词共有16种时态，未完成时态是其中之一，它是表示一种动作或状态，在过去某一时刻之前就已经开始，一直持续到这一过去时间，还可能再持续下去。我借用这种时态，是想表明启蒙是一直在进行中，正如德国哲学家尤尔根·哈贝马斯（Jürgen Habermas，1929—　）所说："启蒙是一个未完成的方案。"在他看来："启蒙所提出的普世价值，对自由、民主、平等的追求，今天远远没有实现。"[①]

---

① 许纪霖：《启蒙的命运》，《学术中华》，2010年5月10日。

启蒙是一个过程，永远在路上，让理性运用于现实的各个方面。

中国由于两千多年封建统治，大众长期处于蒙昧状态，这与统治者极力推行的愚民政策是相适应的。我国近代思想启蒙，比欧洲要晚了100多年，由于西方帝国列强的战舰打开了国门，才使得中国人民觉醒，鸦片战争就被视为千年冰封之消融。一批先进的知识分子，于1915年开展了新文化运动，提出了科学（science）和民主（democracy）的口号，意味着坚冰已被打破，并直接为五四运动打下了基础。

从思想启蒙意义上说，1919年5月4日发生在北京的五四运动与此前的新文化运动，合称为中国近代史上的第一次启蒙运动。这是一次以青年学生为主的反帝国主义、反封建的爱国运动。

总体上来说，五四运动提出的“外争国权，内惩国贼”的目的基本上达到了，中国代表拒绝在合约上签字，曹汝霖等3人被撤销职务，并最终于1922年12月10日，通过华盛顿会议收回了山东半岛的主权。这是爱国民主运动的胜利，是启蒙运动的胜利，具有深远的历史意义。但是，从深层意义上来说，五四运动开启的启蒙运动，并没有从根本上动摇帝国主义和封建主义的统治，而启蒙思想也未能在民众的思想的深处扎根。这一次启蒙运动，也有其先天不足的缺憾，那就是忽略了自由在启蒙运动中的核心作用。有些人误以为有了民主就有了自由，这是一个极大的误解，二者完全不同。美国《民主周刊》共同编辑马克·普拉特纳（Marc Plattner）认为：“自由的诉求是怎样保证个体的自由权利，即人权；民主的诉求是怎样能够控制公众权力。自由不会伤害民主，而民主能够扼杀或摧毁自由。”[①]正因为如此，法国大革命和美国《独立宣言》都把自由放在首要的地位，这就表明自由是基本价值，而民主只是手段。

中国的第二次思想启蒙，应当是20世纪70年代末的思想和政策上的拨乱反正，意思是拨去错误的政策，返回到正确的路线上来。但是，拨乱反正遇到的阻力就是“两个凡是”，不推翻“两个凡是”，拨乱反正就无从下手。于是，1978年5月11日，《光明日报》以评论员的名义发表了《实践是检验真理的唯一标准》的文章，从而揭开了思想解放运动的序幕。

我亲身经历了那一次的拨乱反正，也沐浴了那次思想解放的春风，目睹了思想解放带来的生气勃勃的景象。这次思想解放的直接后果是，为数百万遭到迫害的干部和知识分子平反，实现了国家工作重点由阶级斗争转向“四化”建设上来，制定了改革开放的总方针。思想上的解放，必然带来经济建设之果。国家先后制定了《经济体制改革的决定》、《教育体制改革的决定》和《科技体制改革的决定》，充分调动了广大人民群众的积极性、主动性和创造性，从而开创了20世纪80年代改革的黄金时代。

---

① ［美］马克·普拉特纳：《自由与民主二者缺一不可》，参考刘军宁主编《民主与民主化》，商务印书馆，2010年11月，第22页。

（三）启蒙的主要途径

启蒙与被启蒙，这是主体与客体的关系，既然存在蒙昧，那就应当由启蒙的主体来进行启蒙。那么，究竟谁是启蒙的主体呢？纵观近现代历史，启蒙有自我启蒙，也有由他人帮助进行启蒙的，既有经常性、分散性的启蒙，也有集中运动式的启蒙。运动式的启蒙，是指在国家范围内开展的声势浩大的启蒙运动。在近现代历史上，这样的启蒙主要有两种方式：一是自下而上的启蒙，二是自上而下的启蒙，它们的目的都是要摆脱封建主义的压迫，实现建立自由、民主和平等的社会。

法国18世纪的启蒙运动，是由启蒙思想家卢梭、伏尔泰和孟德斯鸠等发起的，反对封建主义、反对禁欲、反教令。启蒙运动的直接成果，就是导致法国大革命。法国的启蒙运动是自下而上的运动，是由“启蒙了”的人民大众面对着“未被启蒙的”专制统治者，要将这个社会推向前进。作为一个社会转型，这种自下而上的启蒙是重要的一环，启蒙使人民的思想革命化，并造成巨大的社会和政治影响力。[①]

普鲁士（德国的前身）的启蒙运动，与其说解放的是人民大众，毋宁说解放的是专制统治者的思想。正因为如此，普鲁士的启蒙是自上而下的，是“启蒙了的”专制君主面对“未真正启蒙的”人民大众，决心要将这个社会推向前进。

---

① 李功真：《德意志现代化进程与德意志知识界》，商务印书馆，2010年11月，第22页。

为什么在普鲁士会出现这种开明的君主呢？这是因为普鲁士国王腓特烈二世邀请伏尔泰做客，与他经常通信，深受伏尔泰思想的影响，赞成人人平等的原则。因而，“自上而下”的启蒙就是自然的选择。就两种形式比较而言，自上而下的启蒙道路，能够保持社会稳定，付出的代价也要小得多，它应当成为社会变革的首选方式。

在18世纪，启蒙主要是一个知识分子现象。如果没有出现一个结构松散的权威知识群体，启蒙是不可想象的。因此，无论是“自下而上”或是“自上而下”的启蒙运动，其主力必定是知识分子，他们受过良好的教育，了解世界变化形势，能够洞察社会发展的趋势，所以往往站在时代潮流的前头。这是一个普遍的规律，无论是欧洲的启蒙运动或是中国近代的启蒙运动，先觉悟了的知识分子都是启蒙的先锋和主力。在法国，有启蒙思想家卢梭、伏尔泰、孟德斯鸠等；在德国有腓特烈二世、康德等；在英国有霍布斯、洛克等；在中国有陈独秀、胡适、李大钊等。当然，并不是每一个知识分子都能够成为启蒙者，如我国五四运动学生领袖中，也有人在抗战时就沦为汉奸卖国贼的。因此，知识分子也必须率先革新自己的思想，保持与时俱进，始终站在改革浪潮的涛头，做人民大众的代言人，反映他们的诉求，勇敢地担负起时代赋予自己的使命！

十一、什么是天才

我国在20世纪50年代以后很长的时间里，对“天才”一词是非常忌讳的，问题就出在“天”字上，似乎天才就是天生的，所以不恰当地给持天才论观点的人扣上唯心主义的帽子。其实，在那段以阶级斗争为纲的年代，不仅对天才，甚至把诸如教育学、心理学、神学和社会学等都斥之为资产阶级的学科。正确的观点应该是，在学术领域里只有学术观点或派别之分，而断然没有资产阶级与无产阶级学科之划定，这是典型的唯意识形态的表现，对我国哲学和社会科学造成了严重的破坏。1978年以后，在解放思想的推动下，通过拨乱反正，廓清了政治与学术的界限，这才逐步端正了对天才的认识，但是对天才的成长、使用和保护并没有得到真正的重视。

（一）天才是客观存在的

“天才”一词古来有之，我国古代把天才称为“神童”，专指那些早慧、才华出众、文章出神入化和个性桀骜的少年儿童。在西方国家，“天才”一词是16世纪才出现的，在拉丁语和英语中，“天才”一词为genius，权威的《不列颠简明百科全书》中，对“天才”一词竟然作了1040个字超长的注释，认为天才是有超常智力的人物。在这个注释中，有两个相近但略有不同含义的观点：其一是L. M. 特曼的观点，他认为天才是指在标准化的智力测验中成绩突出者，故天才意味着智力水平高，仅仅是一种智力而不是成就。智商在140以上者，仅是潜在的天才或称为“天赋”，他们占人口的0.4%。有人又把天才分为两级，一级占0.1%，二级大约占10%。另一种是英国科学家F. 高尔顿的观点，他认为天才应当具有杰出的实际成就反映出来的高度创造性，他们的成就应当具有长久的价值。这种观点比较流行，也被学术界普遍接受。

千百年以来，关于天才问题一直存在争论，主要有两种截然不同的观点：一种观点认为，天才是天生的，即生来就具有某种特殊的秉性、特长和超人的智力；另一种观点认为，只要经过良好的教育，常人也都可以成为天才。我认为这两种观点都有片面性，前者是唯心论，而后者是教育万能论。正确的方法应当是运用唯物辩证法，对具体问题进行具体分析，以得出科学的结论。其实，客观上存在两类天才，即先天之天才和后天之天才。前者是承认人与人的智商或智力是有差别的，人的天赋有高低之分；后者承认民主自由的教育环境和良好的教育，对于塑造天才人物具有重要的作用。廓清了这两种天才的区别，我们就取其所长，对那些天赋较高的青少年，营造丰腴的沃土，施以精英教育，让那些潜在的天才成为富有创造性成果的真正天才。

纵观人类的历史，每个时代、每个国家和每个学科领域都出现过或多或少的天才，正是他们直接或间接地在引领着社会的前进。美国人类学巨擘克罗伯（A. L. Kroeber）曾经有一个著名的提问："为什么天才成群地来？"[①]也就是说，天才是扎堆出现的。这是一个非常值得重视的规律。他本身就是一位天才，16岁进入哥伦比亚大学，是美国第一个人类学博士学位的获得者，是弗朗斯·博厄斯学派的主要代表人物，所以他深谙天才内涵和成长的规律。

伏尔泰是法国启蒙运动的伟大旗手，是诗人、作家，才华横溢，被称为"思想之王"。他用20年的时间写出了《路易十四时代》，于1756年出版。他列举了人类历史上的四个伟大时代，亦即天才辈出的时代。它们是古希腊伯里克利和柏拉图时代，恺撒和维吉尔时代，意大利的美第奇家族时代，路易十四时代。他认为，在这四个时代中，第四个时代最接近完美状态，是最开明的世纪。

路易十四时代是指自1638年9月5日到1715年9月1日的时期，路易十四国王是法国历史上最开明的君主，在位72年，他励精图治，使法国成为当时欧洲的科学与文化中心。英国19世纪著名教育家怀特海把路易十四时代称为"天才的世纪"（century of genius）。在这个世纪中，欧洲天才成群地出现，科学大师辈出，在各个科学领域里都有创举，是世界上最为辉煌的时期。例如，在数学领域有法国业余数学之王费马、英国牛顿、德国莱布尼茨和曾经出现过十余位数学家的瑞士伯努利家族；在天文学领域有德国天文学家开普勒、意大利的伽利略、英国的雷恩，荷兰的惠更斯；哲学领域有英国培根、法国哲学家笛卡尔、帕斯卡；在物理学领域有英国物理学家牛顿、胡克；在化学领域有英国的化学之父

---

① 王国平：《访〈南渡北归〉作者岳南》，《博览群书》，2014年第2期。

波义耳；在医学领域有英国医生哈维发明了血液循环理论；在文学领域有英国剧作家莎士比亚；在艺术领域有意大利的画家彼得罗、贝尼尼，荷兰的伦勃朗，西班牙的埃尔·格列柯等。

那么，为什么17世纪成为天才的世纪呢？这时是欧洲殖民主义发展时期，其间，曾经发生过天灾人祸，三十年的宗教战争、英国资产阶级革命等许多重大事件，它们从不同的角度推动了社会的发展，也催生出对天才人物的渴望。17世纪欧洲的文化与艺术由文艺复兴时代进入巴洛克（baroque）时期，它既吸取了文艺复兴个性解放的文化运动的精华，又新呈现了“感情至上”的巴洛克艺术的特点。英语“巴洛克”一语源于葡萄牙语，意为“不合常规”，泛指稀奇古怪和离经叛道的事物，意欲打破各种艺术的界限，强调创作强烈情感和无限感的作品。这是一种创造性的思维方法，加之巴洛克的文化背景，都有利于新学说的诞生和天才人物的涌现。

（二）天才大多是痛苦的

2015年5月24日晚上，约翰·纳什在车祸中不幸与夫人阿丽莎·艾西莉亚双双逝世。我感到万分震惊！天道怎么如此不公，为什么世界竟然不能容下一个天才呢？更令人扼腕的是，他在车祸逝世前三天告诉朋友，他已经发现了爱因斯坦相对论替代的等式，将有助于进一步解释量子引力，可惜他却把这一发现带到天堂去了。[①]

纳什是一个100%的天才，他在卡内基梅隆大学读书时，被称为“高斯第二”。1948年毕业后，他考进普林斯顿大学数学系读研究生，时年尚不到20岁。1950年夏，纳什仅仅以27页的论文获得了博士学位，并创立了纳什均衡博弈论。在普林斯顿大学工作一年后，他被聘到麻省理工学院数学系做讲师，该校一位叫纽曼的数学教授评论纳什说：“其他人通常在山上寻找攀登顶峰的道路，而纳什干脆爬上另一座山，再反过来从那座山用探照灯照射这座山。”他正是在麻省理工学院认识了美丽的艾西莉亚，并于1957年结婚，婚后育有一个儿子。可是他的幸福非常短暂，正当晋升高级教授职称时，他却于1959年患了妄想型的精神分裂症。

一场突如其来的疾病，改变了纳什如日中天的学术研究和幸福的家庭，经历了人生难于想象的痛苦，包括悲情的离婚，但是正像电影《美丽心灵》一样，艾西莉亚有一颗美丽的心灵，她于1970年把纳什接到家中，全心全意地照顾纳什，尽一切努力帮助他与疾病抗争。用她的话说：“上帝是派她来照顾纳什的。”爱是一股巨大的力量，1989年，纳什在经过了30多年的病痛之后，他的精神分裂症竟然奇迹般地康复了。天才终于又回到了正常人的生活和学术研究中。更让人惊奇的是，纳什于1994年获得了诺贝尔经济学奖，这是对他早年创立的博弈论在经济学中广泛应用的认可。虽然这是一份迟到的巨大荣誉，但纳什创造性的成果得到了公认，

① 王传军：《悲情天才纳什告别人世》，《光明日报》，2015年5月26日。

这至少抚慰了他那受伤的心灵。[①]

天才都是孤独的，纳什从小性格孤僻，沉重的责任感，以及由此而来的成功欲伴随他的一生，也成为幸与不幸的导火索。他整日地思索，以至于用头撞破玻璃窗。他很少上课，认为那是浪费时间。他从不与人说客套话，说的都是得罪人的话。他在异样的眼神中度过了几十年，这该是需要何等的毅力呀！

纳什现象并不是个别的，天才大多是痛苦的。难道不是吗？德裔奥地利天才作曲家路德维希·贝多芬，他创作的名曲无数，震惊了世界乐坛。他用5年时间创作了《第九交响乐》的《欢乐颂》，由于双耳失聪，不能亲自指挥，由乌姆劳夫代他指挥。当演出结束时，全场高呼，掌声雷动，而贝多芬全然无知。通过演出者的提醒，他才看到感人的场面，他含泪答谢。贝多芬晚年十分凄凉，在贫病交加中死去，他给无数人带来了欢乐，而他却没有欢乐，这是天才应当得到的吗？

这样悲情的天才实在是太多了，爱因斯坦是20世纪公认的天才物理学家，能够与他媲美的只有牛顿。他在研究中承受着常人难于想象的孤独与痛苦。他晚年探索新物理学的问题，一无所获，承受着巨大的失败感。他的两次婚姻，都令他非常痛苦。爱因斯坦虽然是一个充满灵感的温和的人，但他到老都是一个不修边幅和憨态可掬的老顽童。

---

① 田志立：《94年诺贝尔经济学奖背景材料“纳什均衡”及其他》，《信息经济与技术》，1995年第4期。

其他痛苦的天才，可谓不胜枚举，例如音乐家沃尔夫冈·莫扎特，荷兰后印象派画家文森特·凡·高，凡·高27岁开始学画，到37岁自杀身亡，只有短短10年的创作时间，创作了2000幅画，却成为表现主义先驱，领时代之先锋。

他的画不仅创下拍卖价最高，被拍卖的次数也最多。让-保罗·萨特是法国天才哲学家，是20世纪存在主义集大成者，1964年瑞典诺贝尔评选委员会授予他文学奖，对此他不屑一顾，拒绝领奖。他晚年双目失明，内心极为痛苦，曾悲叹地说："我已失去存在的理由。"一个研究存在主义的天才，到了怀疑自己没有存在理由的地步，这是何等的悲怆啊！

斯蒂芬·霍金是一个天才，是继爱因斯坦之后的伟大的理论物理学家，天体研究之王。他从21岁患了渐冻症（神经肌肉萎缩症），到2018年3月14日逝世，已经与这种极为痛苦的疾病抗争了55年。他已经失去了行动能力，失去自主呼吸的能力，失去了语言的能力，被称为"轮椅上的教授"。可是，他的顽强精神令所有的人感动。他不仅仍然在思考着宇宙的问题，还关注着人类未来的命运。他认为，人类将遭到无法避免的毁灭，人类要想继续生存下去，必须想办法尽快移民到其他适合生存的星球。这并非危言耸听，而是一个天才理论物理学家的忠告，对这样不幸的天才，我们应当向他致敬，为他送上最虔诚的祝福！他逝世以后，其骨灰被安葬在威斯敏斯特教堂一处墓地，与牛顿和达尔文毗邻，以示对他的敬仰。

（三）要珍惜稀有的天才资源

中国有一句俗话说，英雄出少年，这里的英雄自然包括天才少年。纵观人类历史，在任何时代，天才都是稀有的资源。天才的一个特点是，他们大多在少年时期就表现出超人的天赋。2013年1月，西班牙《世界报》公布了全球最聪明的10个人，他们是英国物理学家斯蒂夫·霍金（智商160），韩国金雄镕（智商210），美国物理学家阿尔伯特·爱因斯坦（智商160—190），意大利文艺复兴三杰之一列奥纳多·达·芬奇（智商180—190），俄罗斯国际象棋大师加里·基莫维奇·卡斯帕罗夫（智商194），英国数学家安德鲁·怀尔斯（智商170），美国数学家陶哲轩（智商230），美国演员詹姆斯·伍兹（智商180），匈牙利国际象棋大师朱迪·波尔加（女，智商170）和美国加州理工学院天体物理学教授克里斯多夫·平田（智商226）。[①]这些天才分布在各个领域，其中大多数在美国工作，说明美国具有天才生长的沃土，他们对美国的教育和科学发展作出了不可磨灭的贡献。

美国之所以成为至今唯一的教育、科学、经济和军事大国，就在于他们重视天才教育和引进具有天赋的科学家。美国对天才儿童的研究具有悠久的历史，早在19世纪初，就出现了天才儿童教育的雏形，正规的天才儿童教育始于1918年。1957年苏联卫星上天，美国朝野震惊，深感培养天

① 《全球最聪明人排行榜》，《世界报》（西班牙），2013年1月21日。

才儿童的重要性。于是，美国于1968年制定了《国防教育法案》，1972年美国教育总署通过了著名的《马兰德天才儿童教育报告》，1988年国会又通过了《贾维茨天才儿童教育法案》，这一系列的措施奠定了美国天才教育的国策。

美国有多少天才儿童？根据马兰德天才儿童的定义推算，美国从幼儿园到12年级的少年儿童中，总共有300万天才儿童，占全美学生总数的6%。天才儿童的发现是一回事，但重要的是如何对他们进行富有成效的天才教育，使其成为真正富有创造性成就的天才。为此，朱利安·斯坦利博士于1979年在约翰·霍普金斯大学创立了天才少年教育中心，建立了全美最好的实验室，专供来天才少年中心参加夏令营的天才少年研究使用。到2012年为止，已经有10万天才少年到这里学习与研究，曾经来这里接受培训的天才少年有脸谱网站创始人马克·扎克伯格、谷歌创始人之一的谢尔盖·布林、百变小天后Lady Gaga和发明早期胰腺癌检测方法的杰克·安德拉卡等，这些人都是当今最走红的天才人物。事实证明，这个天才儿童教育中心办得是成功的，值得总结和推广他们的天才教育经验。

虽然我国自古就有神童，但对天才少年的教育引起重视还是在20世纪70年代末，中国科技大学率先创办了“少年班”。30多年以来，虽然培养了数以千计的优秀人才，但却没有出现过像乔布斯、盖茨、扎克伯格、佩里、布林等这样的天才人物。究其原因，主要是我国对天才教育认识不足，说白了中国的少年班只是让聪慧的少年提前上大学，培养“小大学生”，而没有明确对他们进行天才教育培养。究竟怎样培养天才少年呢？从指导思想来说，天才教育必须是精英教育，是一对一的因材施教教育，但我们并没有这样的认识和措施。坦率地说，我国天才教育是非常落后的，既没有天才学校、天才教育研究机构，也没有天才教育立法，致使天才儿童处于自生自灭的状态。

对天才的保护与对天才的培养和使用一样重要，要百倍地珍惜人类稀有的天才资源，使其为人类造福。我们试想想，如果有人对天才施以援助，兴许给人们带来《欢乐颂》的天才作曲家贝多芬，就不会在贫病交加中离开了人世。我国天才作家曹雪芹，也是过着饥寒交迫的生活，以至于《红楼梦》只写作了前80回就去世了，留下了无限的遗憾。荷兰天才画家、印象派代表人物凡·高，如果人们采取预防措施，对他进行心理疏导，兴许他就不会走上绝路。同样的，破解庞加莱猜想的天才数学家格里戈里·佩雷尔曼，他的智商高达220以上，如果得到政府的重视与关心，他就不会仅仅靠母亲的30美元退休金过活，也不至于沦落到在圣彼得堡郊外森林中拾蘑菇补充食物之需，偌大的一个俄罗斯就容不下一个数学天才吗？问题在于，人间缺少了爱心，忽视了对天才的疏导、救助与保护。

鲁迅先生在《论天才》一文中精辟地写道："天才并不是自生自长在深林荒野的怪物，而是由可以使天才生长的民众产生、长育出来的。所以没有这种民众，就没有天才。"因此，他呼吁"人们都要来做有利于天才生长的泥土"[①]。有人说，天才在左，疯子在右，人类进步的希望寄托在"疯

---

① 朱志坚博客：《鲁迅的"天才泥土论"》，http：//blog.sina.com.cn/s/blog_4e40c3e80102xoku.html。

子”身上。这里的疯子无非是指天才们的某些瑕疵，如怪异、偏颇、孤傲、离群索居、不屑名利、不谙事理、不修边幅等。人们应当正确地对待天才们的这些个性，最重要的是要尊重他们的天赋，容纳他们的缺点，心甘情愿地做滋润他们生长的泥土。

十二、什么人可以称为大师

近年以来，“大师”一词在媒体上频频出现，被冠以大师的各个领域的“名人”越来越多。面对众多的大师，我深感困惑：究竟什么人才可称为大师呢?

（一）这些人能称为大师吗

两年以前，某市举办一个经济论坛，声称有5个管理大师将要发表演讲。出于好奇，我看了这5个人的介绍，其中1人曾留学国外，1人在外资企业工作，另外3人无任何显赫的经历与业绩可言。又据报道，某刊物评选出了中国2005年和2006年两个年度各十个管理大师（两年有重复）。看后，不免令我十分惊讶。据我所知，目前国际上公认的管理大师，包括美国、英国和加拿大在内也只有十位管理大师，如美国的彼得·德鲁克、迈克尔·波特、汤姆·彼得斯，英国的加里·哈默尔，加拿大的亨利·明茨伯格等。管理学作为一门学科，只是在20世纪70年代末才介绍到我国的，此前我国大学基本上没有培养管理学人才。那么，在20多年的时间里，我国怎么可能快速地催生出十个管理学大师来呢?

一则消息报道说，四川南充有一个叫周秀珍的女人，被媒体宣传为“女徐霞客”，仅仅因为她给学生作过几次报告，她就被称为“励志大师”。可是，经过刑事侦查发现，她却是四起绑架案的主谋。台湾一个中年作家，仅仅以自己儿子为对象写了几本干巴巴的小书，又被国内媒体封为“宏志大师”。

2006年，某报纸以整版的篇幅报道了几位去世的名人，其中用了两个醒目的大标题：“告别大师的年代”和“大师远行”，显然把这些人都列入了大师的行列。[①]在这些人中，有美国经济学家米尔顿·弗里德曼，还有我国两位科学家、香港商人、相声演员。依我看，除了弗里德曼和王选堪称大师以外，其他人尽管有的是著名的科学家，有的财富连城，但他们都不能冠以“大师”的桂冠。这是对大师的滥用，是对大师本意的亵渎。

仅从这几个例子，就可以看出目前媒体和某些人对“大师”的理解是多么地浅薄，其宣传又是多么不负责任，竟然荒唐到了如此可笑的地步！难怪学术界有人感叹地说：“如今大师已经臭了。”网民们称大师为“大尸”，这就是对“大师”一词滥用造成的恶果。

（二）大师应该怎样界定

每每看到媒体对大师的宣传，我心中就感到一种苦涩的隐痛。于是，我就对大师产生了种种的困惑：大师应该怎样界定？何为大师？

从词源来看，大师一词最早是出自于佛教。梵文Statr，是大师范、大导师之意，佛教徒称佛为“大师”。例如，释

① http：//view.news.qq.com/zt/2006/farewe112006/index.htm.

迦牟尼被尊称为“三界大师”，在佛、法、僧三界别无二人享有如此崇高的威望。后来，大师只是被用来追赠死去的高僧的谥号，如天台宗的创始人智𫖮被赠为智者大师，慧思为南岳大师，吉藏为嘉祥大师等。1992年，星云和尚被尊称为星云大师，他是迄今为止唯一的被封为大师的尚在人世的和尚，而其他年长的和尚被称为长老。

“大师”被用于学术领域，最早出现在汉代，《史记·伏生传》中曾记述道：“学者由是颇能言《尚书》，诸山东大师无不涉《尚书》以教矣。”辞典解释“大师”是“指有巨大成就而为人所宗仰的学者或艺术家”。这里的两个条件是必不可少的，一是“巨大成就”，这显然不是指一两项发明或几本著作而言，非“著作等身”或“学富五车”的学者是绝不可能企及的；二是学术成就经得起历史的检验，经久不衰，为人所宗仰，不是一部分人而是一代又一代的人所景仰。

我国古代确实有过许多大师，如孔子、孟子、朱熹、李白、杜甫、黄宗羲、王阳明、王夫之……为什么古代涌现了那么多的大师呢？那是因为那时有安贫乐道做学问的学者和滋生大师的土壤。可是，现在没有这两个条件，所以现在除了少数几个德劭学高健在的大师外，新中国成立后培养出来的人当中，除了个别的以外，几乎没有人能够称得上为大师的。

2007年，季羡林先生发表谈话，坚决要求摘掉他头上的三顶桂冠：大师、泰斗和国宝。他说，自己不是研究国学的，充其量只是个国学小师，所以这些称谓对他都是不实事求是的。读后，许多人都赞赏他的高尚的品格，不愧为真正的君子之风。也许，季羡林先生对炒作“大师”实在是看不惯了，所以才表明要摘掉人们给他戴上的三顶桂冠。这使我想起了民间流传久远的一个谚语——“半瓶子醋”。人们都知道， 装满醋的瓶子是不响的，而半瓶子醋总是晃荡的。这个谚语形容的是，饱学之士总是谦虚谨慎的，反而那些一知半解或知之不多的人，倒是喜欢吹嘘和表现自己，甚至为了争名夺利不惜弄虚作假。这就是为什么真正的大师要摘帽，而不够大师资格的人却拼命地去抢着要戴“大师”帽的道理。

大师是怎样培养出来的呢？在一次教育座谈会上，有一位负责人曾经诘问道：“为什么我们的大学培养不出大师来？”看来，人们对于大师的成长，似乎还存在误解。从一些大师成长的经历来看，大师虽然与其所受的教育有关，却不是直接从大学培养出来的。例如，堪为大师的华罗庚、梁漱溟、启功、钱穆等，都只有中学的学历。因此，大师是自身成长的，而不是培养出来的。大师的成长，除了个人的天资和主观努力外，需要有民主、自由的学术环境，要有宽松、宽容和宽厚的学术政策，要有开明的伯乐当人梯。作为个人，最重要的是要远离媒体，像证明了困扰数学家300多年的数学猜想费马大定理的安德鲁·怀尔斯（Adrew John Wiles，1953—　）那样，为了做高深的学问，甘心做一个“隐身人”。

（三）大师要具备四个条件

至于提到大师的条件，既有一定的范围又有很严格的界定，不是任何行业都可以评大师的，也不是什么人都可以冠以大师头衔的。国学大师钱穆先生曾说过："大师者，仍是通方之学，超乎各部专门之上而会通其全部之大义者是也。一个部门学术之有大师，如网之在纲，裘之有领，一提挈而全体举。"[①]从范围看，还是应该回归到大师的本源上来，即只限于佛教界和学术界。至于在其他各个领域里，可以产生著名的专家、艺术家、歌唱家甚至是功勋艺术家，但就是不能冠以大师的头衔。

具体来说，一个大师至少要具备以下四个条件：

第一，学术上博大精深，博古通今，是学术多面手，重要学术著作丰硕。例如钱学森（1911—2009）先生，他通晓力学、空气动力学、火箭、控制论、系统科学、脑科学、方法论等，出版了7本专著，发表了300多篇论文，是名副其实的科学大师，是"两弹一星"的元勋。

第二，要作出创造性的贡献，其成果对科学技术发展具有革命性的作用。例如，王选（1937—2006）先生先后发明的汉字激光照排和电子出版系统，超越了日本光机式二代机和欧美阴极射线管式三代机，从而在文字、图形、图像处理领域里产生了连锁式的革命，甚至被称为中国的第五大发

① 钱穆：《文化与教育》，广西师范大学出版社，2004年12月，第47页。

明，它的意义怎样估计也不过分。但是，王选却谦虚地说，他不是权威和大师。

第三，必须是一个学派的首领，桃李满天下，拥有众多的拥戴者。例如经济学大师弗里德曼，他的贡献涉及宏观经济学、微观经济学、货币理论、统计学、消费分析、经济学史等领域，1976年获得诺贝尔经济学奖。他创立了芝加哥大学经济学学派，先后有22人获得了诺贝尔经济学奖，这是任何人都无法望其项背的。难怪人们担心：弗里德曼之后是否还会有经济学大师?

第四，作为大师不仅学问高深，而且道德、人品也堪为人师，对后人具有楷模的作用。巴金（1904—2005）是跨世纪的老人，是鲁迅之后最著名的文学家，是名副其实的文学大师。古人说，学高为师、身高为范，巴金先生就是集学高、身高和寿高为一身的大师。他用7年时间写出的40万字《随想录》，被称为中国版的卢梭《忏悔录》，真实地记录了他严以解剖自己和说真话的宽广胸怀和勇气，这是当今没有几个人能够做得到的。有人说巴金是金，这即指他的学问和人格的含金量，他敢于说真话、严于解剖自己、社会批判意识、博大的爱心、淡泊名利、安贫乐道等品格，深深地影响着当代广大的青少年。

按照以上的标准，我国当下没有几个人能够称得上是大师的。一些人明明不是大师，为什么要故意炒作呢？说到底，是大师在人们心中的分量，是许多人对大师的情结。为什么中国人对大师情有独钟呢？这种心态是怎样形成的呢？依我看，主要是两个思想造成的，一是“好大狂”，二是“好为人师”，把前者中的“大”与后者中的“师”组合就成了“大师”。其实，这两种思想都是国人的通病，是一种保守的思维方法。阿尔温·托夫勒在《第三次浪潮》中指出：“第二次浪潮的‘好大狂’正在淘汰，小就是美。”然而，我国国民仍然抱着“好大狂”的思想不放，而且这种情结渗透到一切领域。例如，朝代要加上大汉、大唐、大宋、大明、大清；城市和区域要喊大上海、大武汉、大都市、大西北；街道要叫大街、大道；楼房要叫大楼、大厦；专科学校、学院不过瘾，非要升格为大学不可；江河要叫大江、大河；山川要叫大山、大川；革故鼎新要叫大破大立；智谋出众的人叫大智大勇；近年时兴讲坛，于是百家大讲坛、世纪大讲坛、健康大讲坛都出现了；会议要叫大会；礼品、保健品的包装越来越大；甚至连图书和杂志的开本也越来越大……总之，我国国民还是抱着“大就是好”的观念，尽管我国经济越来越发展了，但其思维方法依然停留在小农经济的时代，这是多么地不合时宜呀！

中国人好为人师，这似乎是大多数人的通病，特别是在知识分子中尤为突出。亚圣孟子在两千多年以前就指出：“人之患在好为人师。”那么，为什么好为人师成为“人之患”呢？一个人如果有了好为人师的思想，就会以教者自居，自以为是、自我炫耀、故步自封，只愿当先生而不肯当学生，这是与“虚心使人进步、骄傲使人落后”的传统美德根本相悖的。

炒作大师何时休？我真诚地希望国民浮躁的心态应该冷静下来了，媒体对大师的炒作应当就此打住了。一个国家和学者的科学水平，绝对不能靠炒作，这对国家和个人都没有任何好处。

从根本上遏制对大师的炒作，关键在媒体，要提高记者的人文素质，领导要严格把关，保持新闻的严肃性和真实性。同时，学术单位和学者自己也要洁身自爱，要像季羡林先生那样，不仅不应当去争名不副实的衔职，还要理直气壮地拒绝一切不实的吹捧。只有这样，我国的科学学风才能回归到实事求是的正道上来，也才能对我国科学研究起到促进作用。

（本文原载《同舟共进》2008年第3期）

十三、什么是学派

“学派”一词古已有之，它的形成源远流长，学说、派别和风格各异，可谓是多得数不胜数。何谓学派？《辞海》的诠释是：一门学问中由于学说师承不同而形成的派别。其实，这个解释并不准确，师承仅仅是形式，而学术见解的迥异才是学派分野的实质。学派一词的英文是school，它与英文“学校”一词同音不同义。school的含义甚广，泛指学校、学院、学习、学业、求学、弟子、门生等等。从学派的产生和发展来看，学派与大学关系极为密切，因此大学应当是诞生学派的地方，大学要十分重视学派的建设，一个没有学派的大学，难于称得上是学术水平卓越的大学。

（一）学派是古老的学术现象

古希腊的米利都学派，是世界上第一个学派，它诞生于公元前6世纪，其创始人是泰勒斯（Thales，公元前642—前547），他是古希腊七贤之首的著名学者。古希腊城市米利都（Miletus）是一座富饶的港口城市，便利的交通促进了思想的交流，于是就诞生了米利都学派。这个城市一度存在两个学派，即米利都学派和爱菲斯学派，后者为首的是赫拉克利特（Herakleitos，公元前530—前470），有时又合称为伊奥尼亚学派。[①]这个学派的核心人物有三个人，为首的是泰勒斯，另外两个人是阿那克西曼德（Anaximander，公元前610—前546）和阿那克西美尼（Anaximenis，公元前570—前526）。这个学派的核心观点是：万物之源为水，水生万物。这是朴素的唯物主义思想，与当时流行的神创造世界万物是对立的，在2600多年以前能够提出这样的观点，的确是难能可贵的。这个观点与现代学术界普遍认为生命起源于水也是一致的，美国航天局发射月球和火星探测器，千方百计地探测地下水或冰川，其目的就在于寻找地球外是否有生命的根据。

在公元前6世纪，古希腊曾经出现过四大学派[②]，除米利都学派外，其他三个学派是：

第一，毕达哥拉斯（Pythagoras，公元前580—前500）学派。提起毕达哥拉斯，这是一个人人耳熟能详的名字，至今初中学生学习数学时都要学习的“勾股定理”，就是毕达哥拉斯发现的。这个学派的核心观点是：万物本源是“数”，数是众多的，不变的，认为某一事物可以缺少物理的规定性，但不能缺少数的规定性。毕达哥拉斯自幼聪明好学，曾拜名师学习几何学、自然科学和哲学。他曾经向往东方的智慧，不辞辛劳跋山涉水，游历了文明程度较高的巴比伦和印度。后来，他在意大利南部传授数学和哲学，与他的信徒组成了毕达哥拉斯学派。他的思想比较开明，允许妇女听课，

---

① 朱学平：《从米利都学派到赫拉克利特的逻辑发展》，《南京大学学报》（人文社会科学），2004年第2期。

② ［德］策勒尔：《希腊哲学史》，翁绍军译，上海人民出版社，2007年10月。

这是古代其他学派没有的现象。毕达哥拉斯学派最终走向衰落，不仅是遇到了其他学派的攻击，而主要在于他们的理论遇到了当时无法解决的问题。

第二，爱利亚学派（Eleatic school）。产生于意大利南部城市爱利亚，它的先驱者是色诺芬尼（Xenophanes，公元前565—前473），而学派领袖和奠基人则是巴门尼德（Pamenides，公元前504年时人）。他们的主要学术观点"神是唯一的"，普遍的，不变的本原。色诺芬尼的神，不是宗教意义上的神，而是世界的本原，是世界最高原则的代名词。古希腊哲学家所说的神，都是统管万物的，是非人格的原则、原因或实体，是人的理智所认识的最高对象。这个学派前后持续了一个多世纪，在西方哲学史上具有重要的地位。

第三，元素学派。它的创始人是恩培多克勒（Empedocles，公元前495—前435）。恩培多克勒把前人的观点糅合在一起，提出了"四根"学说，认为水、火、土和气是组成万物的四根，万物因四根组合而成，分散而消亡。四根即组成事物的"元素"，它的原意是"字母"，元素的性质是物质的，这个学派的观点认为世界本原归结为组成事物的不可分割的物理单元。显而易见，这个学说的观点，向着近现代物质结构的学说逼近了。

在古希腊四大学派之后，还有许多自然哲学学派相继诞生，这是古希腊哲学兴旺的标志。亚里士多德（Aristoteles，公元前384—前322）是柏拉图的学生，是亚历山大的老师。他在柏拉图学园先是学生后当老师，前后40年。公元前335年，他在吕克昂神庙附近创办了吕克昂学校，经常在林荫道、植物园和学生一起散步、讲课和讨论学问，所以就被称为逍遥学派。他是古代世界最伟大的哲学家、科学家和教育家，他留给后世最宝贵的财富就是博雅教育，至今仍然被人们所赞颂与效仿。伊壁鸠鲁（Epicurus，公元前314—前270）学派创建于公元前300多年，他是唯物主义无神论哲学家，他继承了德谟克利特（Leucippus，公元前460—前370）原子论的历史和现状学说。他承认必然性又承认偶然性，曾提出了寻求幸福和快乐，学派延续了4个多世纪，他是西方第一个无神论哲学家。

在古希腊诸学派兴旺时期，我国春秋战国时期几乎同时出现了“百家争鸣”的学术盛况。[①]古希腊诸学派与中国诸子百家是世界哲学流派的鼻祖，在东西方古代文明中交相辉映，他们的思想打开了通向未来知识的大门。东、西方这两大学术派别既有相同之处，但又有区别。古希腊诸学派属于纯学术讨论与论争，除哲学以外还涉及天文学、数学和物理学等自然科学。中国当时的诸子百家除了哲学、伦理的学术论争以外，很少涉及自然科学，但渗进了政治主张，极力游说统治者采纳他们的主张。其中，儒家学说被历代统治者和学术界所尊崇，从而成为中国传统思想的核心和道德主流派别。有学者认为：“中国的统治或上层阶级仅由两个集团组成，即皇室贵族和儒生阶层，两者都在儒学中享有既得利益的。”[②]

---

① 夏昀：《雅典学派与百家争鸣》，《语文知识》，2007年第1期。

② 刘绪贻：《中国儒学的统治》，中国人民大学出版社，2006年5月，第169页。

据《汉书·艺文志》记载，数得出名字的学派有189家，著作有5424篇。其后《隋书·经籍志》《四库全书总目》等书记载的诸子百家则有上千家，但流传较广、影响较大和最著名的不过几十家，而最主要的只有12家，他们是法家、道家、墨家、儒家、阴阳家、名家、杂家、农家、小说家、纵横家、兵家和医家。西汉学者刘歆把先秦和汉初诸子学派概括为“三教九流十家”，三教是指儒（准宗教）、道教和佛教，十家是指最主要的学术流派，即儒、道、法、名、墨、阴阳、纵横、杂、农和小说，由于小说属于艺文，除去不算，故只有九个学术派别。

可惜的是，秦始皇统一六国后，为了维持集权统治，下令“焚书坑儒”，30天以内焚烧了除农、医、卜以外的全部典籍，在咸阳活埋460多名儒生。学术上的百家争鸣遭受灭顶之灾，这就是秦始皇的“焚书坑儒”事件，造成的恶果影响深远。然而，到了西汉，董仲舒向汉武帝建言“罢黜百家，独尊儒术”，从而又走向了“焚书坑儒”的反面，同样是对百家争鸣的摧残，在学术研究和学术争鸣上是开了倒车。从此以后，学术争鸣不再有，创立学派现象也日益式微。从西汉以后到清末的1900多年的时间里，也仅仅产生过魏晋玄学，宋代程朱理学和明代王阳明的心学等几个有影响的哲学学术派别，而与春秋时期的百家争鸣盛况简直不能同日而语。到了民国以后，虽然儒家、道家等各家学术思想仍然被传承下来，但是却没有创立任何新的学派。这是非常值得深思的现象，这与古人淳朴的学风，清心寡欲的治学态度，无功利化探求真理的目的和清静的学术环境等有着密切的关系。我们应当从中吸取有益的经验，以发展我国新的科学学派，这是我国创建一流大学和屹立于世界科学先进之林的前提。

（二）天才凝聚的精英群体

从古代学派发展到近代科学学派，经历了一千多年，这是与世界文明由东方向欧洲转移密切相联系的。近代科学诞生于16世纪，1543年哥白尼（Nicoluas Copernicus，1473—1543）发表的《天体运行论》被视为近代科学诞生的标志，而哥白尼、牛顿、培根和布鲁诺等就是近代科学的代表人物。

随着近代科学的诞生，科学学派也日益蓬勃发展起来了。纵观科学发展史，凡是一个天才人物，他们大都会创立一个新的学说，并且围绕这个学说聚集一批精英学者，这个精英群体就是一个学派。一般而言，凡是称得上一个科学学派，大体上有以下特点：第一，有一个天才人物作为共同的导师，他既有出众的才华，又有统帅的民主作风；第二，有一个共同信仰的学说或学术理论，有诸多的信徒，为维护他们和学说而不停地研究与争辩，不遗余力地维护和传播他们的学说；第三，有共同研究的舞台——科学实验室，这是他们研究、验证其学术理论的基地；第四，有一个开明的、民主的和自由的学风，鼓励争鸣与创新。

近代科学史上第一个学派，是于18世纪前后诞生的牛顿（I. Newton，1642—1727）经验学派和莱布尼茨（G. W. Leiniz，1646—1716）的唯理学派，他们在科学和数学上都作出了巨大的贡献。但是，他们的学术见解不同，长期进行激烈的争论，为微积分的发明权争论得不可开交，甚至是痛苦的。[①]这两大学派，对欧美科学家的影响至深，以至于影响到他们的灵魂和工作。18世纪中期，德国的哥廷根学派，在近代数学中处于主导地位，学派的代表人物有高斯（C. F. Gauss，1777—1855）、黎曼（G. F. Riemann，1826—1866）、克莱因（F. Klein，1849—1925）和希尔伯特（D. Hilbert，1862—1943），他们都是德国最天才的数学家，也都是罕见的全才。这个学派人数众多，学科全面，延续了一百多年的历史，对德国成为当时世界科学中心起到了极为重要的作用。

到了19世纪，世界各国的科学学派更是像雨后春笋一样地涌现出来，其中最重要的是英国卡文迪许物理学学派。这个学派创立于1874年6月16日，是以当时著名的物理学家、化学家和剑桥大学杰出校友亨利·卡文迪许的名字命名的，第一任主任是电磁学之父麦克斯韦（J. C. Maxwell，1831—1879），第二任主任是瑞利（J. W. Strutt，1842—1919），第三任主任是汤姆孙（J. J. Thomson，1856—1940），第四任主任是卢瑟福（E. Rutherford，1871—1937），他因发现了原子核分裂和原子行星模型而获得1908年诺贝尔化学奖，一生培养了14个诺贝尔奖的获得者，从而成为大师的大师。[②]这些人都是科学巨人，使得这个实验室成为世界最有影响的学派之一。自1901年到1978年，从这个学派共走出了25个诺贝尔奖的获得者，是名副其实的杰出人才的摇篮。

---

① 《莱布尼茨与狄拉克论战书信集》，武汉大学出版社，1983年3月，第1页。

② 李白薇：《诺奖大师卢瑟福》，《中国科技奖励》，2011年第10期。

19世纪中期，在德国诞生了一个化学学派，它就是李比希（Justus von Liebig，1803—1873）学派，也称为吉森学派（以吉森大学而得名）。李比希最大的贡献是建立了比私人更大规模的实验室，能够容纳更多的学生进行科学研究，从事发现和发明。在这个实验室里，走出了许多杰出的化学家，如席勒、霍夫曼、施密特、武兹等。自1901年到1910年的10年中，竟然有7个诺贝尔化学奖的获得者都出自于这个学派，到1955年共有40人获得诺贝尔化学奖，这在世界上实属罕见的现象。从这个意义上说，李比希与卢瑟福完全可以媲美，他们都被称为“诺奖大师”。[①]

20世纪是科学突飞猛进的时代，与此同时科学学派也得到蓬勃的发展，其中丹麦的哥本哈根学派就是一颗耀眼的明珠。这个学派是20世纪20年代形成的，1921年由著名的量子物理学家玻尔（N. H. D. Bohr，1885—1962）倡议，在哥本哈根大学成立了理论物理研究所，这就是著名的哥本哈根学派。在天才玻尔的率领下，学者们对量子物理学进行了深入广泛的研究。这个学派的核心成员有玻恩（Max Born）、海森堡（Heisenberg）、泡利（W. E. Pauli）和狄拉克（P. A. M. Dirac）等。这个学派最大的贡献，就是创立了量子力学理论，玻尔不仅对量子力学发挥了重大作用，而且他的认识论和方法论对量子力学的创建起了重大的作用，他提出的“互补原理”成为哥本哈根学派的重要支柱。

---

① 邢润川：《李比希学派成功原因的分析》，《科学学研究》，1989年第4期。

玻尔作为哥本哈根学派伟大的旗手，具有十足的权威，敢于突破经典理论的勇气，热心提携青年才俊和奖掖后学的美德。他本人因创立了量子力学而获得1922年的诺贝尔物理学奖，他的学生和助手中有7人也获得了诺贝尔物理学奖。更传为美谈的是，他的儿子艾吉·丹尼尔斯·玻尔也获得了1957年的诺贝尔物理学奖。人们都知道丹麦《安徒生童话》，而玻尔学派则无疑是另一个丹麦物理学的“童话”，作者不是安徒生而是玻尔。

美国芝加哥学派是20世纪另一个学术奇葩，而且令世界学术界刮目相看。芝加哥学派（Chicago School）是不同学科学派的统称，因为这个学派都源于芝加哥大学，它包括芝加哥建筑学派、芝加哥传播学派、芝加哥经济学派、芝加哥社会学派、芝加哥数学分析学派、芝加哥费米实验物理学派等，其中最著名的是芝加哥经济学派（Chicago School of Economics）和芝加哥社会学派（Chicago School of Sociology）。尤其值得称道的是，芝加哥大学的经济学派，该学派是在20世纪30年代形成的，前后的代表人物有雅各布·维纳（Jacob Viner，1892—1970）和富兰克·奈特（Frank Hyneman Knight，1885—1972）等人。在第二次世界大战以后，又涌现出了著名的经济学家乔治·斯蒂格勒（George Jeseph Stigeler，1911—1991 ）和米尔顿·弗里德曼，使芝加哥大学的经济系名列世界第一，而会计与金融学位居第二。

为了纪念瑞典发明家诺贝尔，瑞典银行于1969年设立了诺贝尔经济学奖，以奖励有杰出贡献的经济学家。47年以来，全世界总共有60名经济学家获得诺贝尔经济学奖，美国经济学家占了49人，而芝加哥大学经济学派就有24人获得这个殊荣，占了35%。这是一份令人刮目相看的纪录，说明了这个学派的强大实力和对世界经济发展的贡献。美联社评论道："这所大学之所以经济学人才辈出，是因为它能吸引并留住已有或未来的经济学明星。这里的经济学者敢于大胆挑战当前流行的经济学理论，学校也鼓励学者独立创新。"诺贝尔经济学奖评委会主席约尔根·韦布尔也说："当诺贝尔奖接踵而至……对那些年轻的学者而言，当然是决定去哪里的明显信号。"①

为什么芝加哥大学盛产科学学派呢？这所大学的校训是"益智厚生"，意思是提升知识，充实人生，英文是"Let knowledge grow from more to more; and so be human life enriched"。但是，大学生们却自创了一个校训："芝加哥大学，一个所有兴趣长眠的地方（university of Chicago，where all the funs came to die）。"此外，学生们还给芝加哥大学取了两个诨名：一个是"不眠的大学"，另一个是"拖延的大学"，因为作业太多，没有时间睡觉，也从来不能按时交作业。芝加哥大学被外界称作是一座"学术的孤岛"，周边两公里以内没有任何娱乐设施，甚至连快餐店也没有。由此可以看出，这所大学的学生和学者们勤奋到何种程度，这种环境不催生出诺贝尔奖才怪呢！

威廉·詹姆斯（William James，1842—1910）是哈佛大学心理学家，是美国本土第一位哲学家，是机能主义学派的创始人。他在评论芝加哥学派时写道："芝加哥已经产生了

① http：//www.liuxue86.com/a/2754653.html.

一个学派，可以有把握地预测，在未来的25年中，它将在知识界扮演芝加哥学派的角色。有很多大学不乏思想的展现，但却没有学派；其他的一些大学虽然不乏学派，却没有思想。芝加哥大学通过出版十年磨一剑的著作，向外面展示了真正的思想和真正的学派。”这是一个权威的评价，是对芝加哥大学为什么盛产学派的一个最精确的诠释。①

（三）学术争鸣促进学派的发展

在古今学术史上，许多理论学说的形成与发展，一些重大科学成就的取得，都与学术争鸣和论战有着密切的关系。我国春秋时代，之所以出现百家争鸣的盛况，就与各家之间的争鸣和竞争息息相关。同样的，欧洲的17世纪，之所以天才科学家辈出，也有各学派的争鸣的推动作用。一些典型的科学学派，它们共同的特点是：拥有一位天才的、权威的学术领袖，从事于一项引领学术潮流的研究领域，一批充满活力的青年科学家群体，具有高度独立和自由探索的文化，富有敢于冒险、创新和争鸣的精神。总之，学派与学术争鸣如影随形，学派是在争鸣中创立、壮大和被确认的；争鸣使得学派得以传播和发展。

自从近代科学诞生以来，各个学科中的学派也相继出现，它们多得不胜枚举。但是，在学派争鸣中影响最大的莫过于爱因斯坦与玻尔之间的“世纪大论战”，争论的起因是

① 王颖吉：《从哈佛思想到芝加哥学派》，《河北大学学报》（哲学社会科学版），2010年第6期。

1927年9月在意大利科莫召开的国际理论物理会议上，玻尔提出了被称为量子力学的正统解释。可是，爱因斯坦对这一解释提出了尖锐的批评，从而拉开了这场持续40多年的大争论。[①]

这场争论大体上经过了三个回合的交锋。1927年的第五届索维尔会议，两位物理学的大师开始了首回合交锋，海森堡和玻尔在会议上发言，指出量子力学是一个完备的理论，它的物理和数学假设是不容许加以进一步修改的。但是，爱因斯坦被玻尔点名发言，他并不赞成把量子力学看成是单个过程完备理论的观点，于是他们的争论从此正式打响，两人的争论以爱因斯坦失败而告终。

1929年《自然》周刊出版了普朗克专号，玻尔发表了《作用量子和自然的描述》一文，他从三个方面把他的方法与爱因斯坦的相对论作了比较，试图以此来改变爱因斯坦的观点。1930年秋天，第六届索维尔会议如期召开，爱因斯坦做了3年的准备，一开始就向玻尔发难，使玻尔遇到了严重的挑战。爱因斯坦设计了一个“光子箱”实验，他得出的结论与海森堡不确定性完全相悖，使得光子箱放出的粒子准确性和因果性获得了完整的表达。玻尔遇到了麻烦，他知道自己无法挑出这个实验的漏洞，而爱因斯坦似乎已经预见到曙光的到来。然而，玻尔仍然没有放弃据理力争，他和同事们熬过了不眠之夜，终于找出反驳爱因斯坦的方法。爱因斯坦的“光子箱”是用狭义相对论作为基础，而玻尔却用广义相

---

① 邵松松：《爱因斯坦和玻尔的伟大论战》，科普中国网，2015年11月23日。

对论予以反击。爱因斯坦傻眼了，简直是搬起石头砸了自己的脚。

第三回合发生于1935年，爱因斯坦、波道尔斯基和罗森三人联名发表署名EPR的文章，这三个字母是他们三人名字的第一个字母，他们试图从量子力学的完备性上反击玻尔。然而，赢得了两次论战胜利的玻尔欣然迎战。

这次双方争辩的中心问题是对“物理实在”的解释，实际上是对微观世界特殊规律的认识问题。这次争论的一个学术成果，诞生了EPR佯谬（或称为EPR争议）。爱因斯坦和玻尔相继于1955年和1962年去世，但这场涉及物理学和科学哲学的论战仍然在他们的追随者中继续进行着，至于谁胜谁负不可能作出一个简单的结论，它的意义在于推动相对论和量子力学的共同发展。

同时，这是一场真正的学术争鸣，是两个天才之间的争论。他们严肃认真的科学态度，不懈追求真理的精神，相互敬重的高尚品格，都为后世树立了光辉的典范。这一点在玻尔致爱因斯坦的信中表现得很清楚。他说：“自己能取得一些成绩，是因为爱因斯坦作出了奠基性的贡献。因此，爱因斯坦在他之前获得诺贝尔物理学奖，这是莫大的幸福。”[①] 爱因斯坦在前往日本的旅途中收到玻尔的信，立即复信说：“我在日本启程不久收到了您热情的信，我可以毫不夸张地说，它像诺贝尔奖一样，使我感到快乐。您担心在我之前获得这项奖金，您的这种担心我觉得特别可爱——这显示了玻

① 注：1922年向爱因斯坦补发了1921年的诺贝尔物理学奖，而玻尔获得了1922年的诺贝尔物理学奖。

尔的本色。”

如果说爱因斯坦与玻尔的论战是“世纪论战”，那么关于光的本质的微粒说与波动说之间的论战则跨越了三个多世纪，开创了学派争鸣史上最长的纪录。这场争论是自笛卡尔于1637年出版《方法论》一书开始的，其中他提出了两个假说：一是说光类似于微粒的物质；另一种假说认为光是以一种“以太为媒质”的原理。实际上，他的两种假说是矛盾的，并为后来的微粒说和波动说的争论埋下了伏笔。

17世纪中期，光学有了进一步发展。1655年，意大利的格里马第（F. M. Grimaldi，1619—1663）在观察光束中发现了光的衍射现象，他是第一个提出光衍射概念的人，是光的波动说最早的倡导者。1663年英国物理学家波义耳（Robert Boyle，1627—1691）提出物体的颜色不是物体本身的性质，而是光照射到物体上产生的效果。他的这一发现与格里马第的说法不谋而合，为后来的争论奠定了基础。

1672年，英国物理学家牛顿发表了《关于光和色的新理论》一文，其中谈到了他所做的光实验，他认为光的复合和分解，就像不同颜色的微粒混合在一起又被分开一样，这是他第一次用微粒说阐述光的颜色理论。由此，关于光的微粒说与波动说争论的导火索被点燃了，导致牛顿与胡克（Robert Hooke，1635—1703）之间展开了漫长而激烈的争论。

荷兰著名数学家、物理学家和天文学家惠更斯（Christiaan Huyghens，1629—1695）是波动说的支持者，他对几何光学进行了系统的研究，提出了波动说完整的理论。随后，德国天文学家夫琅禾费（Joseph Von Fraunhofer，1787—1826）对光的衍射给了成功的解释，使得新的波动说牢固地建立了起来，而微粒说开始转向劣势。在19世纪中后期，光的波动说已经取得了决定性的胜利。但是，科学家们在寻找光波载体“以太”时却遇到了困难，又预示波动说面临的危机。

在波动说获胜的同时，牛顿的微粒说也逐步建立起来，他在《光学》一书中，提出了反驳惠更斯的两点理由：其一，光如果是一种波，它应该与声波一样，可以绕过障碍物，而不会产生影子；其二，冰洲石双折射现象说明光在不同的边上有不同的性质，而波动说无法解释其原因。由于牛顿对科学的巨大贡献，人们对他顶礼膜拜，在18世纪几乎无人向微粒说提出挑战。1887年德国物理学家赫兹（H. R. Herz，1857—1894）发现光电效应，第一次证明光的粒子性。后来，汤姆孙（G. P. Thomson，1892—1975）在实验中证明了电子束具有波动性，进而又有人证明氦和氢原子射线具有波的性质，这又是与微粒说相矛盾的。

1905年3月，爱因斯坦在《德国物理年报》上发表了《关于光的产生和转化的一个推测观点》，认为对于时间的平均值，光表现为波动，对于时间的瞬间值，光表现为粒子性。这是历史上第一次揭示微观客体波动性和粒子性的统一，即波粒二象性，为此爱因斯坦获得了1921年的诺贝尔物理学奖。在新的事实和理论面前，这次持续了300多年的争论终于落下了帷幕。这次争论充分说明，学派之间的争论，是推动学术发展的“公器”。真理只存在于科学之中，争论的双方要么被证明，要么被证伪，要么被新的学说或理论统一起来，从而推动科学或学派的继续发展。

英国科学史权威李约瑟（Joseph Needham，1900—1995）倾其毕生精力研究中国科技发展史，编撰了7卷34个分册，总共字数超过4500万字。他在书中提出了一个著名的“李约瑟难题”（Needham's Grand Question）：“尽管中国古代对人类科技发展作出了很多重要贡献，但为什么科学和工业革命没有在近代的中国发生？”[①]重温李约瑟难题，我也不得不追问：“为什么我国古代涌现出了诸子百家学派和百家争鸣的盛况，而近现代却几乎没有科学学派呢？”

这是一个绝对不能回避的问题，我们必须追根溯源，以彻底改变我国科学理论落后的困局。我认为科学学派缺失是表面现象，没有科学天才和缺乏学派意识才是主要的问题，而背后核心的问题则是科学研究中丧失了独立之精神和自由之思想。根据教育部公布的资料，我国有2845所大学，其中所谓超强的一流大学就有42所，试问有几所大学拥有科学学派？一个没有科学天才和学派的大学何以能够称为超强的大学？

据媒体报道，有一个工程院院士自认为创立了一个学派，我反复阅读了这篇报道，他充其量是一位勤奋的、有实践经验和有一定成就的学者，在苏联留学时对导师的研究方向提出过质疑，仅此而已。作为一个学派，他既非学术领袖，也没有一批追随者，完全不具备学派应该具有的一切条件，仅仅根据俄罗斯联邦工程科学院院长的一句恭维的话

① 李约瑟：《东西方科学与社会》，《自然杂志》，1990年第12期，第819—827页。

“您创立了您自己的学派”，就自诩创立了一个学派，实在有点缺乏严谨和谦虚的态度。[①]

另据报道，我国有一所大学，媒体报道说，该校学派初现。[②]值得肯定的是，这所大学的领导人具有较强的学派意识，希望发挥本校传统学科的优势，争取在不太长的时间内，创建若干个哲学社会科学学派。为此，该校加大了经费的投入，组织了研究团队，积极发表和出版学术论著。这些都是非常必要的措施，相信会迅速提升该校经济学和社会学学科的水平。但是，凭实力而论，他们在创建学派的道路上，仍然有漫长的路需要走。我们应该满腔热情地予以支持，对他们创建学派的理想也要有耐心的期待。同时，希望那些“重中之重”的大学，更要强化学派意识，采取重大措施，以便实现我国科学学派零的突破！

---

① 李玉兰、周立伟：《创立学派的人》，《光明日报》，2011年3月31日。

② 马耀华：《厦大学派初现》，《光明日报》，2014年11月19日。

十四、什么是幼儿智力的萌动期

教育学上已有共识，一个人能否成为杰出人才，关键是要抓好幼儿的早期教育，那种“成熟优势发展观”早已过时，幼儿智力开发上的等待主义也是有害的。德国乡村牧师卡尔·威特是世界儿童早期教育的鼻祖，他是第一个以实证方法证明早期教育对于培养天才是极为重要的。他认为：“孩子是天才还是庸才，不是由天赋和遗传决定的，而是由出生后的早期教育决定的。对儿童的教育必须与儿童智力曙光出现的同时开始，尽可能早、尽可能多、尽可能正确地早期开发孩子的智力，这样的孩子就能成为天才。”[①]

卡尔·威特的教育观得到了大量的实例证明，他的儿子小卡尔·威特就是一个早期教育成功的典范。他说自己的儿子并非天赋异禀，甚至有点痴呆，但他及时施以早期教育，使他很小的时候就学会了法语、意大利语、英语、拉丁语、希腊语，9岁自己阅读《荷马史诗》，10岁上大学，13岁出版《三角术》，14岁获得哲学博士学位，16岁获得法学博士学位，并被任命为柏林大学法学教授，23岁出版了《但丁的误解》一书，是研究但丁的权威，成为欧洲名震一时的天才学者。

德国数学家卡尔·弗里德里希·高斯被称为“数学家

① ［德］卡尔·威特：《卡尔·威特的教育》，长江文艺出版社，2009年8月，参见《天才儿子是我教育的结果》。

之王”，他在说话之前已经会计算了，童年显示出很高的数学才能，小学三年级时，老师出了一道“1+2+3……+100”的累进加法算术题，当其他同学都还在埋头计算时，他瞬间在黑板上写出了5050的得数，因为他发明了首尾级数差的算法。他的数学成就遍及各个领域，如数论、代数学、微分几何、非欧几里得几何、超几何级数、复变函数论等，先后有155种数学专著出版。有人形容说，19世纪数学是一条河，而其源头就是高斯。人们感叹道：“高斯之后再无高斯！”[①]

其他早慧的天才多得不胜枚举，如瑞士天才数学家莱昂哈德·欧拉（Euler Leohald，1707—1783），父亲希望他成为一名牧师，而他自幼喜欢数学，不满10岁开始自学代数，13岁上大学，15岁获得巴塞尔大学学士学位，28岁获得硕士学位。他与阿基米德、牛顿、高斯并称为“世界数学四杰”。他先后长期在俄罗斯和德国科学院任职，后来双眼失明，在黑暗中研究数学17年，共出版数学论著886本（篇），他获得了“所有人的老师”的尊称，令无数人敬仰。另外，世界华裔第一位天才数学家陶哲轩，31岁获得了菲尔兹奖；计算机之父冯·诺依曼6岁心算8位数，8岁学习微积分，掌握7种语言，是20世纪的一位全才；美国人类学巨擘阿尔弗雷德·克罗伯16岁考上哥伦比亚大学，师从博厄斯，是博厄斯学派的代表人物，共出版532种学术著作；等等。这些人都是早慧天才，也是儿童早期教育的成功典型，他们从不同的角度证明了卡尔·威特的教育观的正确性。

---

① 金亚楠、徐沥泉：《纪念高斯逝世160年》，《自然杂志》，2015年第5期。

但是，我宁愿以“智力萌动”代替卡尔·威特的“智力曙光”，因为“萌动”是动词，是生命的象征，是生命诞生前创造性的躁动。“萌动”一词，最早出自于《礼记·月令》：“孟春之月，是月也。天气下降，地气上腾，天地合同，草木萌动。”南朝宋谢庄的《郊庙歌辞宋明堂歌之四》中有：“萌动达，万品新，润无际，泽无艮。”总之，萌动是一个蕴意十分丰富积极的词汇，比喻一个新的生命诞生，一个新的创意迸发而出，含有创新和创造的效果。

每年春回大地，万物复苏，一切生命都在蠢蠢欲动，山涧的竹笋破土而出，稚嫩的松枝从岩石缝挺拔向上，地层下冬眠的昆虫或是寄生卵也都复苏或破茧而出，显示出勃勃的生命活力。人是万物灵长，具有思维能力就是最明显的特征。人的思维和智慧都源于大脑，因此大脑的发育尤其重要，我们可以把幼儿大脑发育分为萌动期（从0到2岁）、关键期（从3岁到6岁）和发展期（7岁以后），而天才的成长就在于是否抓住了智力萌动期的开发。这项开发必须由家庭教育承担，而非学校的教育。

什么是智力的萌动期？又怎么发现幼儿智力的萌动呢？根据我们夫妇教育儿子的经验，认为幼儿智力萌动是在他（或她）欲要说话和蹒跚学步之始， 年龄大约是1岁到2岁。当然，由于每一个幼儿发育迟早不同，说话和走路的先后也有所不同。我之所以把说话和走路之始视为智力萌动，这是因为人之所以成为万物之灵的最重要的标志，就是语言和直立行走，这是人类进化过程中最伟大的创造，如果不能越过这个坎，人就不能成为“智人”。我们试想一想，当幼儿意欲说话和走路之初，内心该是多么大的萌动，这就是质的飞跃，抓好这个萌动期就是早期教育最重要的环节，所以卡尔·威特才说要尽可能早、尽可能多和尽可能正确地进行早期教育，这也就是后期能否成为天才的根本区别。

我们的儿子刘维宁，是我在苏联留学时出生的，因而起了一个颇具革命蕴意的名字（维护列宁主义路线之意）。他并不是天生之才，他7岁多才上小学，但是，儿子的蒙育从诞生以后就开始了，他妈妈是我大学同班同学，由于我不在她身边，一个人既要肩负有机化学的教学任务，又要养育儿子，真是辛苦了她。她虽然没有学过早期教育的著作，但她有望子成龙的本能欲望。儿子刚好是1岁时开始说话，几乎同时也开始蹒跚学步，于是她全神贯注地对儿子进行早期教育。儿子性格特别安静，从不哭闹，左右邻居都不知道我们家中有个男婴，这是对他早期教育最好的先决条件。

我们耐心给儿子念小人书、讲故事，教他认字，要他复述故事的内容。儿子的悟性很高，记忆力也很强，后来他自己看小人书、连环画，再后来他自己看《中国少年画报》《十万个为什么》等。到了4岁多的时候他能够看《西游记》《水浒传》，同时学会使用《新华小字典》。早期教育，使儿子养成了爱书、爱读书和自学的习惯，培育了他的好奇心、独立思考和联想思维能力。他的阅读十分广泛，古今中外、政治经济、天文地理、名人传记无所不涉，无论何时何地，他都能够迅速进入到情不自禁的读书境界。[①]

刘维宁是由初中破格考上武汉大学的，他仅仅用40天的

① 刘维宁：《长河上溯手记》，《报告文学》，2006年第8期，第92—102页。

时间，自学完了高中三年的全部课程，说明他的自学能力、记忆力都很强，具有很高的悟性。进入大学后，他基本上不上课，全部课程都是自学，可以说是大考大玩，小考小玩，学得极为轻松自如。他大学三年级又考取了中美物理联合研究生考试，不到19岁赴美国深造，25岁获得号称“美国南方哈佛”——赖斯大学空间物理博士学位。他后来被加拿大国家航天局聘任，是该局第一位五级科学家（最高），也是加拿大全国最年轻的五级科学家。他曾经担任国际空间物理学会委员、副主席和主席，还兼任10多个国家学术机构的领导职务。2012年他被中国以“千人计划”引进回国，担任中国科学院空间中心“夸父卫星”项目首席科学家，这是一个国际合作项目，由于各国经费不能落实，所以项目没有启动。现在又将成立国际子午线圈研究项目，仍然聘请他担任首席科学家。

刘维宁是空间物理学家，但他却通晓多门学科，例如他创作了多部中英文中长篇小说，他被英国时尚杂志 *Richmond* 聘请为专栏评论家，写了10多篇评论。1994年他心血来潮，尝试性地参加了美国GMAT（经济企业管理研究生入学考试），结果获得740分（满分是800分），从概率上说，只有0.5%的考生能够达到这个标准。他被哈佛大学、芝加哥大学、斯坦福大学等5所顶尖大学录取为工商博士研究生。但是，他只是为了好玩，而并非是要弃理学经济管理，这个成绩却显示了他的学习能力已经达到“通”的境界，也就是“一通百通”的道理。

现在，他在从事空间物理学研究的同时，还涉足其他多个领域，如智能建筑设计、文学创作、化学机器人设计材料、时尚评论和重大开发项目策划等。他何以能够做到这一切呢？这要源于智力萌动对他的早期教育，使他养成了好奇心和融会贯通的能力，使他不仅能够知其然，还能知其所以然，进而达到知其超然的境界，这与国外早几个世纪出现的许多全才一样。可惜的是，我国过度专业化的教育却扼杀了许多准全才。我国新时代需要天才，也需要全才，培养这样的人需要抓好智力萌动期的教育，希望我国为人父母者，义不容辞地担负起自己的责任！

十五、什么是爱的本质

“爱”是一个十分迷人的字眼，也是一个博大的研究主题，她具有与古老人类一样久远的历史渊源。从本质上说，爱起源于欲望，如对异性的爱、亲情的爱、友爱、师爱、爱智慧等，两性之间的爱是本能的、是最基层的爱，直到发展到博爱和爱智慧，这是最高层次的爱。对于爱，古今中外研究者如云，发表和出版的论著不计其数，对爱的定义也是各式各样的 。爱的主题涉及一切领域，哲学家、心理学家、神学家、科学家、作家和艺术家等，都发表过对爱的论述，如学术专著、小说、影视、诗词、歌曲、画作，等等。我们可以这样说，有多少人就有多少种论述，没有比对爱论述更多，但又理解更少的了。

许慎《说文解字》对“爱”的解释是：“行皃，从夊，㤅声。”意思是行走的样子，以“夊”为偏旁，以“㤅”为声旁。对爱的解释，看繁体字似乎更好理解。繁体“爱”字是友字上面有一个“心”字，意识是“放在心”上的人，用心去对待的人，陪伴在身边的人，这样的人自然是最爱的人了。

最早提出爱的概念的应该是老子，他在2500多年以前，在《道德经》中多处提到“仁”和“爱”。例如：“圣人不仁，以百姓为刍狗。”“爱以身为天下，若可托于天下。”他后一句的意思是说，以爱的态度去为天下，方可把天下交给他治理。孔子继承和发扬了老子关于“仁”的思想，并且集仁学之大成。1987年在台北曾经召开了国际孔学大会，陈立夫先生在大会致辞中说："孔子的一生学问，就是发现了'仁'字的真义，仁从二从人，其意义就是非一人生存之私，而为二人以上共生共存之人际关系，亦即'公'。所以孔学可称为仁学，其所重视的问题，就是'人道'，亦即称为'人理'。"据杨伯峻先生统计，在《论语》中，孔子提到"仁"的地方共有109处，可见他对"仁"的重视，以实现"仁"为最高的理想。

什么是"仁"？用孟子的话来说是"仁者爱人"，所以仁就是爱，但不是一般的爱，而是大爱。但是，孔子出身于贵族，代表的是传统制度，他所主张的爱是有等级的爱，有远近亲疏之分的爱。战国时期的思想家墨子主张"兼爱"，他与儒家的思想是对立的，其中对爱的观点就是分歧之一。墨子出身于农民，他的兼爱是代表劳动人民，所以他的兼爱更接近于民本思想。

在古代的东、西方，几乎是在相互隔绝的状态下，从公元前6世纪到公元前4世纪，分别出现了老子、释迦牟尼、孔子、苏格拉底、柏拉图和亚里士多德等哲学家、思想家和神学家。他们不约而同都对爱发表了深邃的见解，除老子、孔子的仁爱以外，柏拉图在《会饮篇》中提到好几个层次的爱，最基层的爱就是两性之爱，最高层次的则是爱智慧（哲学）。释迦牟尼更是一个传奇人物，他本是古印度迦毗罗卫国的王子，他有感于人世生、老、病、死之苦，于19岁舍弃了王宫生活，出家修行，直到35岁在菩提树下大彻大悟，遂创立了佛教，在印度各地传教45年，直至80岁涅槃而终。因此，他的一生是佛缘的一生，是以仁爱之心悯念众生，是奉献爱心的一生。

在近代教育史上，意大利作家亚米契斯（Edemondo De Amicis，1846—1908）的《爱的教育》是实践与宣传爱的教育影响最大的著作，毫不夸张地说，它是爱的教育的一座里程碑。亚米契斯是一位成功的作家，仅教育题材的著作就有《爱的教育》、《一个教师的小说》和《工人的教师》等。《爱的教育》是亚米契斯呕心沥血历时八年写成的，于1886年出版后，100多年以来，一直畅销不衰，已经出版了100多种文字的译本，发行了几千万册，并根据同名小说，改编成了动画片、电影、连环画等形式，影响遍布全世界，成为一部最富有爱心的教育经典著作。

这本书的成功问世，也给亚米契斯带来巨大的荣誉，这是实至名归的。1929年，这本书被评为“对当代美国文化影响最为重大的书籍之一”；被法国《读书周刊》评为“有史以来人类最佳读物”第三名；1986年，被联合国教科文组织正式列入“具有代表性欧洲系列丛书”；1994年，被列入世界儿童文学的最高奖——国际安徒生奖“青少年必读书目”；2001年，被中国教育部指定为中小学语文新课标课外阅读书目之一。

《爱的教育》的意大利文原为《心》（*Cuore*），最初的书名是《一名意大利小学生的日记》。日本翻译为《爱的教育》，中文版也采用了日文版的译法。本书细腻地观察了从9岁到13岁孩子的学习与生活的方方面面，以爱心为主轴，培养他们如何为人处世，如何做一个有勇气、充满活力、为人正直和敢于承担责任的人。我不知道亚米契斯是有意还是无意，他把观察与研究的对象设定在9岁到13岁，这是非常有眼光的。从教育学上说，13岁是儿童到少年的转变期，无论是在身体、生理和性格上，都会出现突变的现象。在这个时期，及时地把爱撒入他们的心田，就犹如阳光、空气和雨露一样滋润他们成长，其影响甚至是终身的。爱对教育之所以极为重要，正如该书翻译家夏丏尊在译序中所说："教育上的水是什么？就是情，就是爱。教育没有了情爱，就成了无水的池，任你四方也罢，圆形也罢，总逃不了一个空虚。"

利奥·巴斯卡利亚是美国南加州大学教育学系教授，是现代推行爱的教育最知名的教育家。他于1972年率先在该校开设"爱"的课程，刚开始只有20个人选修这门课程，后来扩展到200人，而且候选人的名单上还有600人在等候。他的课连续讲授了11年，获得了极大的成功。他的讲稿《爱与生活》出版后，一年内加印了30次，连续10个月被《纽约时报》列入畅销书目。他自己感慨地说："我们是全国甚至全世界唯一的学校，课目表上有'爱'这样的课程，我大概是唯一的教授，居然大发神经病，在课堂上教这样的课。"[①]他的课获得了空前的成功，于是他又经常到各大学，甚至到电视台演讲，他不仅成了名人，而且还挣了不少钱。

那么，巴斯卡利亚是怎样萌发开设"爱"这门课程的呢？他自己说是因为看到"现在的人们是那么隔阂、疏远，心中十分不安"。于是，他想到用爱的手臂也许能够推倒人

---

① ［美］巴斯卡利亚：《爱与生活》，生活·读书·新知三联书店，1988年5月，第4—5页。

与人之间的墙，沟通大家的思想。他在课堂上向学生大声疾呼："你要打开头脑的大门，打开心灵的大门，伸开双臂，去迎接新知识。吸收吧，吸收吧，吸收吧……热爱一个人，就会把这爱推及千千万万的人身上，继续成长吧！"把"爱"搬上课堂，的确是一个创举，虽然获得了极大的成功，遗憾的是并没有在美国和其他国家得以推广。2018年初，美国耶鲁大学劳丽·桑托斯教授开设了新课"心理学与美好生活"，这是一门与爱心有关的课程，居然有1182人选修，占该校学生人数的四分之一，成为耶鲁大学创校316年最受欢迎的课程。这说明学生们希望改变陈旧的课程，希望享受快乐，实际上它是为改变校园文化播下希望的种子。

从19世纪末到20世纪70年代，苏联曾经有多位教育家致力于推行爱的教育，他们是马卡连柯（Anton Makarenko，1888—1939）和苏霍姆林斯基。前者曾荣获劳动红旗勋章，他的代表作是《父母必读》，他曾深情地说："必须拿出父母全部的爱、全部的智慧和全部的才能，才能培养出伟大的人来"。[①]苏霍姆林斯基是苏联教育科学院通讯院士，曾经获得多枚乌申斯基和马卡连柯教育奖章，被誉为"教育思想泰斗"。《关于爱的思考》是他40多部著作中的一部代表作，在其中他说："爱人吧，对人的爱是你道德的核心！应当这样生活，让你的道德核心健康、纯洁、强大无比！"

① ［苏］马卡连柯：《父母必读》，人民教育出版社，1979年8月，第125页。

吕克·费里（Luc Ferry，1951—　）是法国当代最著名的哲学家，法国巴黎第七大学哲学系教授，曾获得法国艺术文学骑士勋章，作品曾获得法国美第奇随笔奖，被誉为最能代表新世纪的哲学家。费里于2012年出版了《论爱》一书，实际上是他与另外一个哲学家克劳德·卡普里埃的对谈录。法国著名作家司汤达（H. B. Stendhal，1783—1842）于19世纪20年代，曾经出版了小说《论爱》，而费里借用了这个书名，他之所以借用是为了表示报恩之心。费里认为："爱于我永远是最重要的事情，或毋宁说是唯一重要的……爱开创了思想和存在历史上的新篇章。"[①]

这本书最吸引人之处，就是他提出了"爱的革命"这个命题。他在自序中说道："我所说的爱的革命，即现代家庭的诞生——它源于父母、村庄包办婚姻到年轻人为爱自己选择的婚姻过渡——改变了我们的生活。这是一次和平、安静的革命。"他又强调指出："爱的革命是如何颠覆了在我看来很残酷且超越了私人生活框架的精神生活的三个范围：政治、教育和艺术。"也就是说，爱的革命把爱延伸到教育和艺术等领域，将在更广泛的领域发挥爱的伟大力量。

在简述了有关爱的发展历史之后，我们对爱有了感性的认识，也许我们能够更好地理解关于爱的定义和爱的本质。我不想全面引述各种关于爱的定义，但我愿意引用爱因斯坦关于爱的论述。他在给女儿莉瑟的信中写道："爱是光，爱

① ［法］吕克·费里：《论爱》，北京大学出版社，2017年1月，第1—43页。

能够启示那些给予并得到它的人。爱是地心引力，因为爱能让人们相互吸引。爱是能量，因为产生我们最好的东西，而且爱允许人类不用去消除看不见的自私。爱能掩盖，爱能揭露。因为爱，我们才活着，因为爱，我们死去，爱是上帝，上帝是爱。”[①]爱因斯坦是20世纪最伟大的物理学家，他创建的理论和无私献身科学的精神，就是他奉献给人类的大爱，我们应当继承和发扬他的这种精神。

最后，我不得不回到本文的主题，即爱的本质是什么？本质是用肉眼看不见的，本质不存在于事物外表，而隐藏在事物的深层。本质虽然不能凭肉眼观察到，但能够运用思维分析和推理判断来认识事物的本质。经过归纳和思考，我认为爱的本质就是一个字——情。情是一个心理活动或是一种精神现象。古人说，景无情不发，情无景不生，无论是男女爱情，朋友之间的友情，师生之间的恩情等，都是置身于某种境况下产生的。那么，我们怎么能够证明爱的本质是“情”呢？我国清朝著名文学家张潮在《幽梦影》中精辟地概括道：“‘情’之一字，所以维持世界；‘才’之一字，所以粉饰乾坤。”[②]明末清初著名文史学家吴雨若解释道：“世界原从情字生出。有夫妇，然后有父子；有父子，然后有兄弟；有兄弟，然后有朋友；有朋友，然后有君臣。”因此，“情”与“才”二者缺一不可，“粉饰”一词不是贬义，而是指把世界点缀和建设得更美好，这就必须依靠人才。

---

① http://bbs.tiexue.net/post2_9410189_1.htm.

② 张潮：《幽梦影》，中华书局，2008年9月，第166页。

我们还可以引用马卡连柯的观点，证明爱的本质是“情”，他曾经论述道：“爱是一种伟大的感情，它总是在创造奇迹，创造新人。唯有有爱，教师才会用伯乐的眼光发现学生的闪光点……这种根植于教育的爱，就是‘教育爱’。”[①]当我在思考爱的本质的时候，曾经与得意门生杨文雅讨论这个问题，她的观点对我有极大的启发。她认为，爱的本质是一种积极的“共情”（empathy），是一种情感，更是一种能力。这个见解十分精辟，她比我更前进了一步，爱与被爱，施爱与受爱，都是双方互动的行为，二者缺一都不是成功的爱，也不能显示出爱的伟大力量。

为什么杨文雅能够洞见爱的本质呢？这是因为她是一位极富有爱心的人，置身于践行爱的教育之中。为了教育包括她儿子在内的一批儿童，她辞去了丰厚薪金的公职，义无反顾地投入爱的教育实践中，她获得了孩子们的拥戴，受到家长们的赞誉，也享受着爱的教育乐趣。我认为，教师和医生是两个典型的爱的职业，虽然不是每一个教师和医生都是极富有爱心的人，但一个成功的和优秀的教师和医生，一定是最富有爱心的人，否则他们就不能成为深受人们尊敬的人。

在20世纪80年代末，以教育为题材，由黄奇石填词、刘

① ［苏］马卡连柯：《教育诗》，人民文学出版社，1959年4月，第224页。

诗召谱曲，著名歌唱家韦唯原唱的《爱的奉献》[①]，是一首真实的、很朴实的歌。该歌曲引起了全国的共鸣，一时唱遍了大江南北。最后两句歌词是："只要人人都献出一点爱，世界将变成美好的人间。"这是一首爱的颂歌，但愿我们在理想的道路上，都成为奉献爱心的人，让爱充满人间，洒遍全世界！

---

① 北京一个中学生患了严重的肾病，需要进行换肾手术，可是中学生的父母都是工薪阶层，无力承担高昂的手术费。事情被中学生的同班同学知道后，孩子们纷纷把自己的压岁钱都捐了出来。班主任知道后，又把这件事情及时报告了学校的领导。于是，在学校领导的倡导下在全校范围内展开了捐助。后来孩子父亲单位的同事也知道了这件事情，大家也纷纷捐款。这件事情经《北京晚报》报道后，整个社会都动员起来。刘瑞琴导演希望黄奇石能根据这个故事写成歌词，黄奇石看完这个故事后很快就把歌词写了出来。

十六、什么是成功的家庭教育

中国是一个十分重视家庭的民族，“国家”一词就是由“国”和“家”组成，这是任何其他国家语言所不具有的深刻蕴意。早在2500多年以前，孟子曰：“人有恒言，皆曰天下国家，国之本在家。”香港影坛巨星成龙和刘媛媛在国庆60周年的焰火晚会上，演唱了一首名为《国家》的歌曲，引起了全场强烈的共鸣。其中，有几句歌词是：“……都说国很大，其实一个家，一心装满国，一手撑起家，家是最小国，国是千万家……”这说明在汉语中，“国”与“家”是不可分割地联系在一起的。

既然国与家密不可分地联系在一起，那么家庭教育和国家的教育，也应当是相辅相成的。我国古代就有“家国同构”的教育模式，就是把教化天下的任务分摊到每个家庭承担。这正好体现了：家庭是孩子成长的第一所学校，父母是孩子最早的启蒙老师。由此而论，家庭在教育中肩负着不可替代的重要作用，人类的知识、经验和文明的传承，基本上是通过家庭链条进行的。世界事物的发展往往遵循螺旋式上升的规律，比如自学，人类就是由自学发展到学校教育，而且又将从学校教育发展到自学为主的网络学习社会。

我国具有悠久的文明传统，在其发展的历史中，曾经有过不少家庭教育成功的例子。例如，《欧孟仪型》是清朝吴嘉猷的一幅名画[①]，展示的是欧阳修和孟轲的母亲教子和伟大母爱的画卷。孟子三岁丧父，从小聪颖，天性贪玩，模仿力极强，为了给孟子营造学习的环境，孟母三迁，终于成就了一位伟大的思想家和教育家，被后人称颂为我国古代的“亚圣”。无独有偶，北宋时的欧阳修四岁丧父，母亲携他从江西迁到湖北随州，投靠做官的叔父。但是，寄人篱下的日子很艰辛，但母亲没有放弃教子之责，用木炭和树枝教儿子写字和识字。后来，自己已经不能再胜任教授儿子的情况下，就鼓励欧阳修自学，没有书就四处借书，靠抄书自学，终于使他成为“唐宋八大家”之一的大文豪。

实际上，《欧孟仪型》展现的仅仅是家庭教育成功的个别案例，但像这样成功的例子是不胜枚举的。我们可以这样说，古今中外每一位杰出人才的背后，都有伟大的父母之爱，以及他们为教育子女所付出的心血。反之，每一个家庭教育的悲剧，从根本上说，也都有父母放弃教育或者教育不当之责。因此，为人父母者永远不要忘记自己的重任，在某种程度上说，父母的正确教育将影响孩子的一生，甚至决定他们的前途和命运！

事实上，我国的家庭教育一直是存在的，只不过人们是自觉或不自觉地在进行，是以正确或不正确的方法在进行。从目前的情况来看，我国家庭教育存在两种极端情况，即过度溺爱和棍棒教育，虽然其表现形式迥异，但都是违背教育规律的，因此也都是有害的。就大多数家长而言，他们是处

---

① 注：吴嘉猷，字友如，今江苏吴县人，晚清著名画家，《欧孟仪型》是他的一幅代表作，展示的是欧阳修和孟轲母亲教子的仪型。

于家庭教育的灰色地带，即有心教育孩子，但又不知怎样以科学的方法教育好孩子。由于我国教育市场的兴起，近10多年出现了众多的家庭教师和家长学校，还有网络家长学校。虽然不能一概否定这些家庭教师和家长学校的作用，但仔细看看，这些家长学校都是市场催生出来的，是改头换面的应试教育。

俗话说，知子莫若父，因此父母应当是最好的家庭教师，我们为什么不承担起自己的职责呢？有些家长宁可送孩子去上补习班，或请家庭教师，也不愿自己学习和研究教育学，担负起教育孩子的责任，这是转嫁或是推卸自己的责任。事实上，现今绝大多数的学生家长，都具有教育孩子的能力，比起欧阳修和孟轲母亲那个时代的水平要高得多，完全能够培养出现今的欧孟那样的杰出人才。当然，现在时代的环境不同了，但只要我们坚持正确的教育价值观，树立“立学以读书为本”的思想，营造清心寡欲的学习氛围，抵制功利主义的诱惑，排除浮躁和浮夸的影响，我们的家庭教育是大有作为的！

顾名思义，家庭教育是由家庭和教育两部分组成的，而东、西方在家庭与教育方面的观念又是迥异的。我认为，在进行家庭教育时，东、西方完全能够做到互补，既要发扬我国重视家庭的美德，又要借鉴西方教育子女的先进理念。比如，去掉父道尊严，多一些平等和对孩子的尊重；放弃对孩子的支配欲望，多尊重孩子的自由选择权；少一些溺爱，多鼓励孩子独立自主；少一些包办代替，鼓励孩子自立自强；少一些担心害怕，多鼓励孩子冒险；淡化分数和状元情结，着力启迪孩子的智慧和思辨能力；放弃模仿和形式主义，多鼓励孩子探索和创新。总之，我们要在发扬重亲情、爱抚、孝道、诚信、守纪律、朴实等美德的同时，采用先进的教育理念，让孩子沿着正确的方向成长。

教育的真谛不是用知识填满学生的脑袋，而在于启蒙和解放，帮助孩子发现自我，培养良好的个性，启迪智慧和享受快乐。因此，家庭教育并不是要全部代替任课教师的教学，而最重要的是与孩子沟通感情，建立相互的信任，发现和培育他们的志趣，养成良好的品德，培育孩子自学的习惯，端正学习的态度，掌握自学的方法。大量事实都证明，一个孩子只有酷爱学习，而且掌握了科学的学习方法时，方能成为杰出的人才。

什么是成功的家庭教育呢？怎样看待孩子的成功，这是一个众说纷纭的问题，不同价值观的人有不同的追求标准。在一个多元化的信息时代，我们应当以多元的、动态的标准看待成功，不能用一把尺子衡量每一个人。我国普通的家长，都怀有望子成龙和望女成凤的情结，虽然其情可嘉，但这终究是不可能实现的美梦。无论是龙也好，或是凤也好，无非是指精英人才，比如高级领导人、著名科学家和亿万富翁等。但是，根据精英理论分析，社会精英始终只是极少数，这不是因为个人的智质和努力不够，而是因为社会精英资源和机会极其有限。比如，美国建国240年，通过竞选担任总统的只有43人；自1901年到2014年，获得诺贝尔奖的共有889人；世界上拥有最多亿万富翁的美国也只有400人。虽然我们不能放弃成为这样精英人才的可能，但绝不可能仅仅以此来界定成功，否则不仅造成个人理想巨大的失落，而且还意味着我们教育的失败率岂不是太高了吗？

那么，我们应该怎样来界定家庭教育的成功呢？我认为，一个孩子能够在自由的环境中成长，享受到智、心、身俱增的童年乐趣。进入到成年以后，他们能够选择自己喜爱的学业，学有所长，找到合乎自己理想的工作，并执着地去实现自己的梦想。他们要倾心尽力做好本职工作，并有所发明、有所创造，既是一个有利于人民的人，同时也获得了个人的幸福与快乐。这就是绝大多数人能够实现的成功人生，也是我们家庭教育应当坚持的正确方向！

（本文原载《光明日报》2015年2月3日教育时空版）

十七、什么是真正的阅读

我是一个爱读书的人，及至老年，仍然秉持着学而不倦、诲人不厌和笔耕不辍的信条。我的一生经历了苦学、乐学和博学的过程，但并不是一个学问渊博的人，只是喜欢读书而已。阅读是从视觉材料中获得信息的过程，而书本是最主要的视觉材料。阅读是一种主动的过程，阅读者根据自己不同的需要而选择视觉材料，以充实自己的阅历，吸收有益的知识，陶冶个人的情操，提升自己的修养。阅读是一种理解、领悟、吸收、鉴赏和评判的思维的过程。其实，人与人的智力上的差异，在很大程度是由后天的阅读来决定的，这就是我强调阅读重要性的原因。

根据我大量的观察，只要具有高小文化程度的人，已经具备了初步的阅读和理解能力，他们都是可以通过阅读而自学成才的。可是，我国各级学校并不提倡自学，从小学到大学依然还是“满堂灌”，这并不是有效的教学方法，必须进行彻底的改革。孔子是儒学的创始人，是博学多识的圣人。那么，他的学问是怎样获得的呢？对于这个问题，《史记·仲尼弟子列传》就有回答。陈子禽问子贡：“仲尼从哪里得来这么广博的学问啊？”子贡说：“……先生在哪里不能学习，又何必要有固定的老师！”从《史记·孔子世家》和《史记·仲尼弟子列传》来看，孔子的知识来自于自学、游历、观察和感悟。孔子自己也说：“我非生而知之者，好古，敏以求之者也。”这就证明了一条普遍的规律，人类文明传承最早始于自学，学校大量出现以后，讲授便成了传授知识的唯一的形式，但是随着网络技术的普及，我们可以预见到，人类必将进入自学的时代。

北宋文学家苏轼说："自孔子圣人，其学必始于观书。"观书，也就是看书、读书或阅读之意。但是，严格意义上说，看书与读书是不同的，曾国藩对此有精辟的论述，他说："看者如攻城拓地，读者如守土防隘，二者截然两事，不可阙，亦不可混。"他的意思是说，看书是扩大知识面，属于泛读的范畴；而读书是巩固、消化和吸收已有的知识，是属于精读的范畴。具体地来说，看书与读书的区别在于：在态度上，看书有随意和随性的特点，往往漫不经心地翻看或者一目十行地浏览；而读书严肃、认真，字斟句酌地阅读。在目的上，看书往往没有明确的目的，甚至是消遣和打发时间；而读书有明确的目的，珍惜时间，大有追赶时间的精神。在程度上，看书是浅层的感受，而读书力求读懂，进而达到通的境界，并且感悟到知识背后的智慧。

读书的重要性是毋庸置疑的，问题是怎样掌握科学的读书方法，又怎样才能做到真正的阅读。一个学习者要做到真正的阅读，首先要明白，阅读需要重复地读，这正如苏轼所说的："旧书不厌百回读，熟读精思子自知。"晋朝陈寿也说："读书百遍，其义自见。"我曾经对学习的本质下过一个定义，学习是感知、重复和记忆。这就说明，重复是学习必经的阶段，俗话说重复乃成功之母的意思。俄裔美国作家弗拉基米尔·纳博科夫说："只有重复的阅读才是真正的阅读。"亨利·戴维·梭罗是美国19世纪超验主义作家，他在名著《瓦尔登湖》中也说："真正的阅读，不是用奢侈诱惑我们，而是必须踮起脚尖，用我们最警觉和清醒的时间进行阅读。”丁·希利斯·米勒是美国著名的文学评论家，他之所以选择文学，就是因为喜欢阅读。《八月之光》是福克纳的名著，米勒从哈佛、耶鲁、约翰·霍普金斯到加州大学伯克利分校，一直讲授这门课，前后60年。重复绝不是机械的，每重复一次都有新的体会，也进入到“温故而知新”的境界。[①]对一个学习者来说，是否能够做到重复的阅读，不仅需要恒心和毅力作支撑，而且也是对他们阅读求真与求通的动机的检验。

其次是储存式的阅读。只有积累，才能厚积薄发。南宋文学家陆游曾说：“书到用时方恨少，事非经过不知难。”这两句诗是讲读书与实践，也就是知与行的问题，解决“少”必须多读，解决“不知难”就要躬行。阅读不能只是解决一时之需，而是要不断地充实和完善自我，以备终身之用。那么，怎么才能把阅读获得的知识积累下来呢？人的记忆分短暂的记忆和长时间的记忆，位于大脑丘脑和内侧颞叶之间的海马体对记忆扮演重要的角色。只有极少数人的记忆力是天生的，绝大多数的人是由后天训练而养成的。

我已到耄耋之年，虽然老迈多病，但记性仍相当于中年人的记忆力，这是我坚持锻炼的结果。我认为记读书笔记，既可以锻炼记忆力，又能够积累阅读的收获。每一年我要记两本读书笔记，大约10万字，现保存有百万字的读书笔记。我经常写作，甚至写作万余字的教育文章，不出书房就

① 但汉松：《阅读究竟是怎么一桩事》，《南方周末》，2015年12月10日。

能够把参考文献或注释引证齐全，凭借的就是我的藏书和读书笔记。

再次是情不自禁地阅读。情不自禁是一个成语，出自南朝梁刘遵《七夕穿针》的诗句，意思是感情激动得不能控制，个人的行为完全被某种感情所支配。一个人的阅读到了这种境界，说明读书与他的生活甚至生命融为一体，他会不由自主地阅读。古往今来，一切大学问家和学术大师，无一例外都是藏书迷和读书痴。读书要培养一种情趣，求知的过程中，要提高自觉性。林语堂先生是公认的文学大师，他就是一个读书痴，他曾经说："有价值的学者不知道什么叫'磨炼'，也不知道什么叫'苦学'，他们只是爱好书籍，情不自禁地一直读下去。"一个人有读书的心境时，随便什么地方都可以读书，无论是在学校或是校外，也无论是在休闲或是在旅途，他们都会惜时如金地阅读，从中获得无穷的快乐。

怎么养成阅读的习惯呢？大凡习惯的养成，都要从幼儿开始抓起，一个行为的反复重复，就会成为习惯，久而久之习惯就成为自然。在这个问题上，美国人把阅读作为精神休闲的方式，他们的经验值得我们借鉴的。美国人的阅读习惯既不是天生的，也不是文化基因遗传的，主要是后天习练的结果。据调查，美国小学生读书量是中国小学生的6倍，学校要求每个学生填写每日阅读的时间和书目，指导他们学会利用图书馆，帮助他们学会查找和引用文献，规定他们借书的数目和归还的时间，以养成诚信的习惯。美国许多中小学每年举行一次为期四周的"阅读马拉松"比赛（Read-A-Thon），也称为"软比赛"，不排名次，也不发奖品。阅读在许多美国中小学已经形成风尚，爱阅读、多阅读和会阅读，成为美国每个儿童引以为豪的品质和能力。他们认为，阅读既可以充实孩子们的心灵，又能够抵御他们对网瘾的痴迷，真是一举两得呀！

对于成年人来说，要养成阅读的习惯，立志永远不会嫌晚。这不是一件小事，而是关系到个人灵性的修养问题，你的修炼境界有多高，你的阅读水平就有多高。阅读一本好书，可以得到精神上的享受，阅读带来的乐趣令人陶醉。世上无难事，只怕有心人，只要我们下决心阅读，就能够养成痴迷的阅读习惯。从具体措施来说，制定一个阅读的时间表，列举一个读书的清单，床头柜摆放或随身携带一本自己喜爱的书，设计一个清静的读书场所，经常逛书店，节假日泡图书馆，等等。

我深信，无论何人只要持之以恒，如果做到了这些，一定会养成阅读习惯。然而，面对国人阅读的状况，的确令我们感到羞愧。在今年世界读书日，据有关调查显示，我国国民个人读书与藏书量，连续5年继续走低，保持阅读习惯的“阅读人”只占人口总数的5%，而人均读书也只有4.5本，不仅不能与发达国家相比，即使是在发展中国家，人均数也是最低的。在大多数国民中，不买书、不读书、不藏书，已经不是什么秘密了。

在网络上普遍流传一个段子，三年前一位印度工程师写的感言：“中国人不阅读，令人忧虑。”他从德国法兰克福飞往上海，无论在机场或是飞机上，他看得到穿梭购物的，大声喧哗的，看电影的，玩游戏机的，摆弄iPad的，都是中国人，却没有看到有中国人安静读书的。无独有偶，这位印度工程师在上海遇到一位第一次来中国的法国人，他也惊讶地问道：“为什么中国人都在打电话或玩手机？没有人看书！”这就说明不是印度工程师的偏见，他甚至发出感叹：“但我只是忧虑，如果就此疏远了灵魂，未来的中国可能会为此付出代价。”一个外国人替我们忧虑，而我们自己却还没有醒悟，一个书香之邦的文明古国，竟然滑落到如此地步，我们还不应该马上猛醒吗？

那么，造成中国人不买书和不阅读的原因是什么呢？虽然原因是多方面的，但我认为主要是在20世纪90年代初的转型中迷失了方向，高速的发展撩起了人们一股狂躁的情绪，也使得索取物质的欲望恶性膨胀，而修炼精神灵性的读书生活却淡漠了。在物欲横流歪风的冲击下，饭局代替了书局，酒店打垮了书店。有谁能够想象到，一个数万人的重点大学校园里居然没有一家书店，这哪儿还像是大学呢？印度那位工程师不是说，未来的中国可能会为此付出代价，其实，我们已经付出了代价，现在为数不少的人，道德沦丧，精神滑坡，诚信缺失等，不就是不读书造成的吗？当然，时下流行网络浏览，微博和微信使用也极其便利，但是那只是浅层次的浏览，正如曾国藩先生所说，那只是看而不是读。

我最担心的不是现在，如果我国当局不是抱着闻过而喜的态度，对中国人不读书的状况视而不见，不采取强有力的措施，那是非常可怕的。那将来付出的代价，就不仅仅是道德、诚信等方面的损失，而可能会危及中国人种智力的水平。这绝非危言耸听，未雨绸缪未为晚矣，中国人要图强，要赢得全世界的尊敬，就必须从改善阅读开始！

（本文原载《学习月刊》2017年第7期）

十八、什么是中国教育的病根

自20世纪90年代初以来，我国教育进入一个拐点，教育改革回潮，以教育发展代替了教育改革，高等教育领域里掀起了一股追求“高大全”的狂潮，一时弄得天怒人怨。除了各级教育行政领导部门以外，恐怕很少人对教育满意的。究其原因就是我国教育患了病，是狂躁病、浮肿病和虚脱病。那么，病根是什么呢？本文将从我国教育诞生和发展的过程，来剖析我国教育的病根究竟是什么？

（一）中、西方教育的不同路径

教育活动在人类史前就已经出现了，它有着与人类进化一样久远的历史。在教育界，关于教育起源有各种学说，比较受认可的是劳动起源说，其代表人物是苏联的教育学家米丁斯基。但是，笼统地说教育起源于劳动并不全面，严格地说教育应当是产生于人们的劳动、生活和社群交往之中。只有了解教育的起源，才能对教育的功能有正确的认识，从而自觉地抵制教育功利化的倾向。

从分类来说，教育可以划分为自发教育（自学）、社会教育和学校教育，它们彼此相互联系又相互补充。在西方国家，学校教育最早出现在古希腊，英文中school（学校）是由希腊文schoole演变而来的，而schoole在希腊语中是闲暇的意思。在古希腊人看来，从事劳作、战争和政治的人是很辛苦的，只有在闲暇时才能读书学习，享受学习的轻松与乐趣。直到现在，欧美国家的初级教育仍然秉持着这种自由教育的传统，主张教育必须顺应人的自然本性，既不要求学生背诵枯燥的知识，也不把考分作为学生奋斗的目标。

中世纪被称为欧洲的黑暗时期，但却在意大利诞生了早期的博洛尼亚大学，给人类送来了光明。大学是怎么诞生的呢？一些有真才实学的学者发现了某个真理，于是就到教堂或是大街的广场宣传自己的新发现，一些追求真理的青年聚拢来听讲，久而久之就形成了演讲者与听众群体。有时遇到下雨天，演讲就迁移到室内，慢慢就有了固定的教室和学生，最早的大学就这样形成了。那些发现真理的学者，既不需要保密，也不用专利垄断发明。所以，那时大学是学术共同体，既没有任何功利目的，也没有任何属于物质性的校产，完全是为了追求真理。

中国教育的发展，走着与欧美国家完全不同的道路，其功利化就是我国教育最鲜明的特征。在我国奴隶社会鼎盛时期的西周，官办学校就出现了，当时流行的说法“学在官府”就是证明。到春秋时期，孔子率先兴办私学，虽然积累了某些先进的教学方法，但“学而优则仕”却是他教育观的集中体现，也带有鲜明的功利性。自隋朝开始实行科举制，更是把孔子的“学而优则仕”制度化、普及化了。物极必反是事物发展的一条规律，鉴于科举制种种弊端，清末维新派喊出了“废科举，兴学堂”的口号，使之成为洋务教育改革的重要方针之一。

（二）一个实用主义的口号

洋务运动代表人物之一张之洞，在《劝学篇》中全面诠释了洋务教育的指导思想是“中学为体，西学为用”。在这个思想指导下，19世纪末，自西方国家引进的各类学堂多达40余所：在语言类学堂方面，有京师同文馆（1862）、上海方言馆（1863）、广州同文馆（1864）、湖北自强学堂（1893）等；在学习西方技艺方面，有福建的马尾船政学堂（1867），上海制造局附属的机械学堂（1869），天津电报学堂（1879），天津水师学堂（1881），上海电报学堂（1882），天津军备学堂（1886），广州万木草学堂（1891），天津军医学堂（1893），湖北武备学堂（1895），南京陆军学堂（1895）等。从这一批学堂看出，它们都是技艺性的，而且都是中等专科学校，充分体现了实用主义的办学思想。在19世纪末，欧美国家的大学已经存在了近八百年的历史，可是那时中国居然没有引进一所人文社会科学和自然科学的大学，以至于后来一些大学把校史溯源到这些学堂，遭到人们普遍的质疑，这是违背教育求真、求实的精神的。毫无疑问，这些弊端都是张之洞的那个实用主义口号造成的。

自进入近现代以来，我国教育的功利化不仅没有削弱，反而功利化的倾向越来越严重。最明显的是1952年的大学院系调整，这次调整的指导思想就是功利主义。调整前我国有211所大学，大学模式是英美式的综合大学，而调整后的大学数目降低到183所，变成了苏联式的文理小综合大学和单科学院。这次调整造成了极其不良的后果，具体表现为：撤销了教会大学和私立大学，造成理工分家，社会科学遭受到重创，大学丧失了独立自主权。时隔40年以后，我国大学又经历了一股大专学校合并的浪潮。让人感到莫名其妙的是，上一次院系调整是剥离，而这一次是拉郎配式的合并，似乎是对院系调整的一次“反动”，这不明显是对历史的嘲弄吗？这两次“运动”式的大学调整，都是按照行政命令行事的，以功利主义为导向，完全违背教育规律，其副作用的影响将是长远的。

在当今的中国，每年一度的高考，就是一次功利化教育的大检阅。中国的功利教育，形成了一道“陪读”“陪考”和“配送”的亮丽的风景线。这是古今中外从来不曾有过的怪异现象，每看到这些情况，我都感到痛心疾首。如果是一般农民、市民采取这些做法是蒙昧的，而大学里的年轻博士和教授们也都在搞陪读，这就是不可理喻了。这就说明功利性具有极大的诱惑力，几乎把学校、学生、家长都裹挟进去了。我曾经不止一次地追问，为什么我国在20世纪50年代、80年代没有这种怪现象。那时的教育犹如平静清澈的湖水，而现在却鼓捣成了一潭污泥浊水！我思前想后得出的结论是，90年代初是我国教育上的一个拐点，由大学合并、升格、改名和扩招掀起了一股形式主义、功利主义和攀比风，进而又波及教育的各个领域。严重的是，功利化的思想已经渗透到人们的血液和骨髓中，无论是办学者、求学者和劝学者都是以功利来衡量教育的价值。

就拿劝学而言，古时有“书中自有黄金屋、书中自有颜如玉、书中自有千钟粟”的劝诫，然而当今某些中学校园出现的劝学口号更牛，如“陪读战高考”，“就算撞得头破血流，也要冲进一本线大楼”，“扛得住给我扛，扛不住，给我死扛”，“只要学不死，就往死里学”……[①]

（三）功利性是中国教育的主臬

教育功利化与教育产业化是孪生的姊妹，对教育的破坏作用绝不可以轻估，也决不能等闲视之。功利化最大的危害是导致国人形而上思维的缺失，致使形而下的思维成为人们行事的准则。这里的“上”与“下”表示道与器或学与术，对于二者的关系，清末著名思想家和翻译家严复先生曾作过精辟的界定，他说：“盖学与术异，学者考自然之理，立必然之例；术者据已知之理求可成之功。学主知，术主行。”正因为形而上思维的缺失，才导致近代科学没有在中国诞生。这是英国著名科学史学家李约瑟于1976年提出的“难题”，也被称为“李约瑟之问”，国内外的科学史学家都致力于回答这个问题，但至今仍然没有破解，这是值得我们进一步深思的。

更为严重的是，除了中医学以外，在自然科学领域里，几乎没有一个理论是由中国人创立的。诺贝尔科学奖和自然科学一级学科领域的世界大奖长期与中国人无缘，直到2015年，我国才实现了诺贝尔生理学与医学奖零的突破，但从本质上说这个奖项只是技术，而算不上是科学。我始终认为，

① 杨朝清：《高考标语，何必渲染“悲壮”》，《人民日报》，2015年5月27日。

一个国家如果没有先进科学理论的储备，那是不可能有颠覆性的原创重大发明，到头来我们只能尾随追赶西方发达国家。例如，我国最近十多年，在高新技术领域有很多项目都做得非常之大，如高铁、个人计算机、太阳能电池板、纳米材料、超导材料、石墨烯材料、机器人、无人飞机等，但这些顶尖的技术，没有一项是我国原创发明的，我们只是利用资金和人多势众，从数量上把它们做成世界第一而已。如此下去，到头来我国还只能是制造大国，而不能成为创造大国。

教育与科学是紧密联系在一起的，没有创造性的人才，哪里会有重大原创性的成果？大学要培养出具有创造性的人才，必须要铲除功利化对教育的影响。中国需要有少数几所精英大学，其中要有一批清心寡欲、心无旁骛和安贫乐道的学者，以穷究终极真理为己任。汉娜·阿伦特是美国最具有原创性的德裔女哲学家，她曾经尖锐地指出："当大学决心于经常为国家、社会利益集团服务的方针的时候，马上就背叛了学术工作和科学自身。大学如果确定了这样的目标，无疑等同于自杀。"[①]虽然我们不能笼统地把她的观点推广到所有的大学，但对于那些极少数的精英大学而言，她的观点无疑是正确的。我国那几所庇护得像宠儿的大学，某位校长也提出要上"经济主战场"，这也是功利化的表现，他们不应当从事应用技术研究，而必须肩负起基础理论研究，以颠覆传统理论和创立科学学派为目标，其成果将成为传承数百年的经典。

---

① 孙传剑：《阿伦特论大学同情的局限性及其危险性》，《中国图书评论》，2007年第1期。

冰冻三尺，非一日之寒。我国功利化的教育有着根深蒂固的历史根源，要清除功利化的影响，不动大手术是不可能奏效的。马克思曾经说过："一个实际行动比一打纲领更重要。"[①]众所周知，现在全国有几十所所谓的超级"高考工厂"，就是这种功利化教育的"活样板"。它们不是正常的学校，而是心灵的"屠宰场"，是在摧残青少年们的身心。这些青少年没有自己的选择权，身不由己地被父母胁迫而来这些学校学习。他们有苦难言，诉说过的是"起得比鸡早，睡得比狗晚"的生活。这些所谓的"高考工厂"，公然抵制素质教育，把应试教育强化到无以复加的地步。这些学校就在有关教育行政部门的眼皮底下，为什么视而不见，不予以制止？这是典型的不作为的表现。国家教育主管部门，应当追究有关领导人的责任，整顿和改造这些学校，决不能迁就某些学生家长虚荣心和功利的思想。如果彻底整顿了，将会起到杀一儆百的作用，将有力地遏制应试教育，并将会消除功利化思想对教育领域和其他领域的影响。

（本文原载《南方周末》2017年11月23日）

① 《马克思恩格斯全集》（34卷），人民出版社，1998年，第130页。

下 篇

一、怎样看待大学生的成才

我从事高等教育工作近60年了，虽然有着年深日久的经历，但有一个问题却始终困惑着我：大学生成才究竟决定于什么？是高学历和高学位吗？但并不是每一个获得大学毕业文凭甚至高学位者，都能够成为杰出的人才；相反的，有些没有进过大学的自学青年，也有不少人成为优秀的人才。是名校和名师吗？但并不是每一个进入重点大学的人，或是师从名家的人都能够成为杰出的人才，而有些没有进入名校或师从名师的青年，也有不少人获得了极大的成功。华罗庚先生是由初中毕业生成为世界级的数学大师，师从他的学生不下百人，但得到世界数学界认可的杰出数学家，也只有五六个人（5%）[①]。这究竟是什么原因呢？

我一直不断地琢磨这些问题，经过这几年的学习与思考，终于有了一点心得。一个人成才决定或不决定于什么，这是一个问题的两个方面。经验表明，能否成才，基本上不决定于名校、名师，不决定于学历和学位之高低，不决定于是否出国留学，不决定于学习条件之优劣，也不决定于家庭是否富有。一个人是否能够成才，只能决定于自己。具体地说，决定于自己的志趣、理想和执着的精神。

根据我对国内外一些著名学者成才经验的研究，大学生们要成才，需要淡化名校情结，不要太在意专业的选择，走

① 罗旭：《创新人才岂是教出来的》，《光明日报》，2014年12月6日。

出盲目追求高文凭和高学位的误区，最重要的是要培育和强化决定成才的五个重要素质：

1. 酷爱读书，立学以读书为本。大凡智力超常的少年，生理发育都比较超前，他们共同的特点就是酷爱读书，读书就是他们生命的一部分。北宋欧阳修四岁丧父，家境贫寒，母亲四处借书供他抄书，通过自学成为“唐宋八大家”之首的大文豪，他曾说：“立身以学习为先，立学以读书为本。”因此，一个厌学的人，不爱书、不爱读书和不会读书的人是不可能成才的。

武汉大学空间物理系的毕业生刘维宁，是初三考取大学的，大三考取留美研究生。他是七八十年代的“天才少年”之一，是加拿大国家宇航局唯一的五级（最高级）科学家，现在被聘请为中国“千人计划”专家，主持由中国科学院空间中心与欧洲航天局共同发射的“夸父卫星”项目。他自识字后，就养成了酷爱读书的习惯，雷打不动，而且是跨学科的广泛阅读。就像林语堂先生所说：“一个人有读书的心境时，随便什么地方都可以读书。如果他知道读书的乐趣，他无论在学校或学校外，都会读书。”武大2014年录取的13岁的汪逸凡，从两岁就开始阅读简版的中国四大名著，正是超强的阅读能力使他连连跳级，只用5年的时间，完成了小学和中学12年的学校教育。

2. 善于自学，这是成才的关键。人类文明的传承就是从自学开始的，就大学而言，必将由现在的课堂讲授再回归到自学。因此，一个没有很强自学动力和能力的人，是不可能成为杰出人才的。自学是建立在高度自觉的基础上，有些人有天生的自学能力，而大部分人需要开发和引导。不少“天才少年”，都有较强的自学能力，例如刘维宁并不依赖大学课堂，每学期教科书和教材发下来以后，他快速地自学一遍，然后就是广泛阅读自己感兴趣的书刊，以积累和构建自己感兴趣的知识结构，反复揣摩以获得知识背后的智慧。

一直被传为佳话的典型例子，是英国大博物学家托马斯·赫胥黎，因家境贫寒8岁才开始启蒙教育，最后只读了两年书。他完全靠独立自学成为精通动物学、植物学、矿物学、医学的博物学家，精通法文、德文、意大利文、希腊文和拉丁文，曾当选为皇家学会会员，获得皇家奖章，还担任过伦敦大学的校长。①华中师范大学历史系张舜徽教授，一天校门未进过，完全通过自学成为公认淹贯博通的一代通儒。②

大量实例证明，充其量只有小学的文化程度，都已具备了自学的能力。可是，迄今为止自学仍然不能在大学普遍推广，原因在于学习者有依赖思想、意志薄弱、迷信教师。同时，现在僵化的课堂考核管理制度，也不利于大学生进行自学。面对大数据时代，在线学习使得获取教育信息更便捷，为无师自通提供了广阔的空间。当今大学的理念、以知识为中心的课程体系和教学方法都已经过时了，必须改变教育的游戏规则，从玩“知识游戏”向玩“思维游戏”转变，迎接以“大智慧之光”为理念的教育新时代③。

---

① ［英］赫胥黎：《赫胥黎自述》，江西教育出版社，2012年2月。

② 刘梦溪：《学兼四部的国学大师》，《光明日报》，2011年6月20日。

③ 刘道玉：《云时代：大学需要崭新的教育理念》，《南方周末》，2015年4月23日。

3. 超强的记忆力，是成才的基础。对待记忆力似乎存在误解，以为批评死记硬背就是反对加强记忆力。这是模糊了死记硬背与加强科学记忆力之间的区别，世界绝对没有记忆力迟钝的学术大师。例如，著名作家茅盾，年轻时能够把120回的《红楼梦》背得滚瓜烂熟。文学大师钱锺书，读书一遍能够成诵。

更为惊奇的是学术大师陈寅恪，他留学东、西洋12年却没有拿一个学位，而是博览群书，并且通晓多种语言。晚年他双目失明后，完全凭口授整理出版了《论〈再生缘〉》和《柳如是别传》，总共120万字，甚至连注释也是由他口授的。他拥有被称为“妖孽”式的记忆力。美籍华人史学大师余英时先生感慨地说：“要以全中国人的记忆力来挑战陈寅恪。”记忆力与天资有关，但主要还是后天培养的，就如俄国大文豪高尔基所说：“记忆力就如肌肉，越练越强。”

4. 文理兼修，以博取胜。我原本是一个理科至上主义者，30岁以前没有读过一本小说，认为那是浪费时间。但是，到了不惑之年，由于工作的需要，我才不得不恶补人文社科知识，其教训是极为深刻的。国学大师钱穆先生没有上过大学，从一个中学毕业生成长为国学大师。他曾经深刻指出：“今日国家社会所需者，通人尤重于专家。而今日大学教育之智识传授，则只望人为专家，而不望人为通人。夫通方之与专门，为智识之两途，本难轩轻。”

我国1951年提出“一边倒向苏联”，全盘照搬“老大哥”的经验。大学也全部采用苏联的教学大纲、教科书和专业化教学制度，完全否定了20世纪50年代以前的通才教育。自20世纪60年代初开始，为了追求高升学率，各高中陆续实行文理科分科教学，大学也随之实行按文理分科考试与录取，又进一步强化了实用主义的教育目的。从70年代末开始，包括周培源先生在内的众多教育家呼吁恢复通才教育，但60多年来依然没有清除苏联专业化教育的弊端。事实证明，文科单科独进和“学会数理化，走遍天下不害怕”的成才道路，都是行不通的。试问：一个科盲怎么能够成为穷究宇宙真理的哲学家？又怎么能够出现博古通今的学术大师？又怎样能够撰写出传世经典名著？

2014年的诺贝尔奖各奖项从10月上旬陆续公布，迄今为止114年共有889人获得这一殊荣，其中四成的获奖者来自美国。无论是就科学家或是就各类奖项的设立者，诺贝尔无疑是全世界家喻户晓的人。但是，大多数人只知道诺贝尔是发明大王，是19世纪集科学家与资本家于一身的人。可是，很少有人知道他同时也是一位颇有建树的文学家、诗人和精通5种文字的翻译家。他的自传诗《谜》，以及《赋与梦》《说教》《兄弟们》等诗作发表以后，都受到读者们的欢迎，他完全有资格成为桂冠诗人、作家和剧作家。化学家罗·霍夫曼因发明了“轨道对称守恒定律”而获得1981年诺贝尔化学奖，他同时出版了多部诗歌和散文，他的《化学畅想》一书，是把科学典故融入诗中，把文学的美与科学的美巧妙地结合起来，这类例子多得不胜枚举。因此，无论是学校、家长或是在读的大学生们，都不要太在意专业的选择，走出专业化教育的误区，打好厚实的文理知识基本功。

5. 悟性是学习的最高境界，是开启智慧的根本途径。什么是悟性？我国大多数人可能比较陌生，所谓悟性是一种感悟的思维能力，它具有偶发性、跳跃性和创造性的特点。一般说，它的表现形式有：未卜先知、举一反三、去伪存真、触类旁通和心有灵犀等。例如，9岁的高斯，利用等差级数瞬间就算出了1+2+3+4+5+……100累加数值为101×50=5050，这就是悟性；7岁的曹冲脱口说出称象的办法，震惊了满朝文武大臣，也是悟性；7岁的司马光破缸放水救同伴，还是悟性；目不识丁的僧人慧能，悟出一副偈语从众僧中胜出，成为五祖弘忍衣钵的传承人，并创立了禅宗顿悟学派，这些都是他大智慧的表现 。

1994年，刘维宁心血来潮，尝试性地参加了一次美国GMAT考试，结果得了740分（满分是800），同时被哈佛大学、斯坦福大学、芝加哥大学等5所顶级大学录取为工商博士研究生，但他最终没有弃理学商。740分是什么概念？从概率上说，大约99.5%的考生低于这个分数，也就是说只有0.5%的考生才能达到这个分数。对于一个空间物理学家来说，他能够考得如此高的成绩，靠的也正是悟性。其实，学生们学习优劣的区别，不在于通宵达旦的用功，也不在于分数之高低，而在于悟性之有无。悟性与知识多寡无关，与学历、学位无关。一个人无学历而有悟性，能够更有效地获取有用的知识，甚至创造新知识。反之，有学历甚至高学位而没有悟性者，是绝对不能成为杰出人才的。

每一个生理发育正常的人，都有潜在的悟性，需要开启方能够显现出来，但僵化的教育制度，把大多数人的悟性给窒息了。那么，怎么开启悟性呢？古人曰：学必悟，悟而生慧。学习的本质是悟道，悟通天下，悟得智慧。所谓悟道就是获取隐藏于知识背后的智慧。悟性重在悟，它是在无功利、无压力、无恐惧的心境下，通过自学、自问、自疑、自答、自赏、自娱等一连串的顿悟过程而获得的。因此，无论是“天才少年”或是适龄青年，也无论是大学生或是没有机会读大学的人，只要具备了上面五个方面的素质，都是能够成为杰出人才的！

以上是我关于学习素质论的基本观点，由此就能够很好解释为什么进名校和从名师的人有的能成为杰出人才，而有的却不能；民国时许多没有进名校甚至没有机会上大学的人，却也能够成为杰出的人才。这其中，最重要的区别，就是学习者是否掌握了成才的这些重要素质。

（本文原载《光明日报》2015年1月6日《教育周刊》，后被多家报刊转载）

二、怎样看待我国高考制度的改革

2017年是恢复全国统一高考40周年，厦门大学教育学院院长刘海峰教授来函称："您是恢复高考决策的重要亲历者，希望您为《教育与考试》杂志撰写一篇文章，这对于人们思考和推动大学入学考试改革，将会有重要的参考价值。"我回复说："高考改革是全国上下都非常关注的问题，也是一项非常困难的改革任务，我愿意思考这个问题，如果有所心得，我将写成文章投寄贵刊。"

在恢复高考20周年时，中央电视台《东方时空》记者胡维捷和摄影记者刘洪波专程来武汉，于10月10日和11日对我进行了采访，他们后来制作了《鎏金的岁月》（1978—1998）电视片，于11月20日在该台黄金时段播出；同时正式出版了《20年记忆——中国改革开放20年人物志》一书。为了纪念恢复高考30周年，2007年5月26日，我在北京又接受了凤凰卫视"口述历史栏目"主持人曹景行先生的访谈，该访谈以"1977：亲历恢复高考决策"为题，于6月9日和10日连续播出，后来《新民晚报》又于2007年6月10日和11日分两次全文刊出。《教育与考试》是全国刊载以考试为主的学术刊物之一，我却之不恭，故特回忆恢复全国统一高考的经过，不揣冒昧地对于我国近年高考改革进行评析，并对未来大学入学考试与录取办法，谈谈个人的一孔之见，以抛砖引玉。

（一）恢复全国统一高考的历史功绩

教育是受“文化大革命”破坏的重灾区，粉碎“四人帮”后，全国各条战线都面临着拨乱反正的任务，而教育战线的拨乱反正尤其艰巨。当时的政治形势是，华国锋同志还是党中央主席，他提出的“两个凡是”[①]还没有被推翻，教育战线上的“两个基本估计”[②]也仍然在起作用，“高举毛主席的伟大旗帜”和“坚持无产阶级专政下的继续革命”等口号依然充斥在全国各报刊上。在这种情况下，教育战线各基层单位的拨乱反正根本无法进行，渴望中央召开教育工作会议，澄清诸多是非界限，消除人们心中的“余悸”，否则拨乱反正就无法进行。

正是在这种形势下，我奉命被借调到国家教育部，参加筹备全国教育工作会议的工作。1977年4月15日，我携带简单的行李到国家教育部报到，在教育部大楼二层一间办公室住下，既是办公室又是卧室，开始了两年“临时工”的生涯。显然，我是抱着临时观点，希望全国教育工作会议结束后返回学校重操旧业。可是，我万万没有料到，一个月后中央组织部行文任命我为教育部党组成员兼高等教育司司长。对于

---

① “两个凡是”是指“凡是毛主席作出的决策，我们都坚决拥护；凡是毛主席的指示，我们都始终不渝地遵循”。

② “两个基本估计”是指“从解放到‘文革’这17年，毛主席的无产阶级革命路线基本上没有得到贯彻执行，教育战线资产阶级专了无产阶级的政；‘文化大革命’前17年，我国广大知识分子的大多数的世界观基本上是资产阶级的”。

这个任命，我丝毫没有思想准备，也不想接受。为此，我专门到中组部向直属机关干部司张长庚司长反映，说我不适合担任教育部的领导工作，更何况我的党员组织关系、工资关系和家眷都在武汉大学，怎么可以任命我担任教育部的领导职务呢？他回答说："这些关系不在北京并不影响对你的任命，随后把这些关系和家眷迁来北京就是了。"我无可奈何，只得心不情愿地顾全大局，并开始履行艰巨的拨乱反正工作。

面临着百废待举的局面，拨乱反正从哪里入手呢？没有调查就没有发言权，于是我把高教司的改革与筹备全教会结合起来，先后到辽宁、天津和北京郊县作调查。在顺义县调查时，该县管教育的革命委员会姜副主任的讲话，让我受到震撼，他说："虽然大学恢复招生了，但按照'十六字'招生方针[①]，工农子弟仍然得不到上大学的机会，其实就是四个字'领导批准'。这是以权谋私的方针，走后门的方针。我们要求恢复"文革"前的统一高考，农民子女不怕考，你们查一查"文革"以前上大学的还是工农子女占多数。"他的一席话启发了我，再联想到现在的工农兵大学生，他们文化程度差异悬殊，不恢复统一高考，就无法保证教学质量，这使我看到了高等教育拨乱反正的突破口。

我履职3个月后，正好邓小平同志也恢复了工作，他主动请缨，请求中央指派他抓教育和科学这两个重灾区的工

---

① "十六字方针"是"四人帮"骨干分子迟群和谢静宜抓北大和清华试点时提出的，指"自愿报名、基层推荐、领导批准和学校复审"。这个方针已经写进了1971年《全国教育工作座谈会纪要》，中共中央批准，毛泽东圈阅。

作。大概是7月底，教育部得到通知，说邓小平将召开一个教育和科学的座谈会，要教育部和科学院各挑选15名学者参加会议。教育部党组指派我负责挑选和通知赴会人员。我与高教司吴镇柔处长商量确定了16个专家，以老年为主，也有中青年的代表。他们是：北京大学的周培源、沈克琦，清华大学的潘际銮、何东昌，复旦大学的苏步青，南开大学的杨石先，天津大学的史绍熙，吉林大学的唐敖庆，南京大学的苗永宽，武汉大学的查全性，上海交大的吴建中，西安交大的程道晋，北京农业大学的沈其益，中国科技大学的温元凯，中山医学院的宗永生，中国医学科学院的黄家泗。中国科学院也选派了17位专家，总共33人参加会议。我与科学院的吴明瑜同志被委任为会议的秘书长，分别负责会议代表的食宿与会务工作。会议代表下榻在北京饭店，会议是在人民大会堂四川厅举行，晚上大都安排了文化娱乐活动。

会议代表于8月3日报到，座谈会于8月4日正式开始，除了与会代表外，方毅副总理，中国科学院副院长李昌，教育部部长刘西尧、常务副部长雍文涛等部门的领导人也参加了会议，总共约70人。座谈会由邓小平亲自主持，在他的启发下，代表们解放思想，发言踊跃，内容广泛地涉及如何看待17年的“黑线专政”、恢复国家科委、落实知识分子政策、加强基础理论研究、归还被查抄的文物和书稿等。在代表发言过程中，邓小平多有插话，会议有议有决，开得生动活泼。三天很快过去了，来自武汉大学的代表查全性一直没有发言，5日晚他找到我说：“会议开了几天，听了其他人的发言很受启发，我本想讲的，别人都讲了，你看我讲点什么好？”我说：“你来得正好，我原打算把推翻‘十六字’招生方针作为高等教育拨乱反正的突破口。”于是，我向这位代表建议，希望他明天发言就讲这个问题。他说：“是呀，大家都没有提到这个问题，这的确是一个重要问题，我明天就提出恢复全国统一高考问题。”他当晚做了认真准备，8月6日上午他就这个问题慷慨陈词，得到了汪猷、吴文俊、王大珩等代表的支持，最后邓小平充分肯定了他的发言。本来，当年的招生工作会议早在7月5日在太原已经开过了，但邓小平说：“看准了的，就马上改，开过了招生会议，重新再开一次就是了。”

就这样，由邓小平同志一锤定音，一举推翻了“十六字”招生方针，同时也恢复了“文革”前实行的全国统一高考招生制度。8月13日到9月25日，在北京又紧急召开当年的第二次招生工作会议，由于争议很大，意见难于统一，又开创了长达44天的会议记录。在会议争执不下的关键时刻，邓小平又亲自找教育部刘西尧、雍文涛、李琦谈话，严肃指出：“教育部要争取主动，你们还没有取得主动，至少说明你们胆子小，怕跟着我犯错误。你们要放手去抓，大胆抓，招生会议尽快结束。”经邓小平再一次拍板，招生工作会议结束了，并正式启动了恢复全国统一高考的命题、统考与招生工作，从而揭开了教育战线拨乱反正第一个战役的序幕。

从以上的经过说明，推翻“十六字”招生方针和恢复统一高考，并不是一帆风顺的，甚至是冒着极大的政治风险。但是，这项重大拨乱反正的举措却得到了全社会的拥护，有着深厚的群众基础，尽管恢复高考时间紧迫，但是1977级和1978级的考试与录取工作进行得非常顺利。虽然恢复统一高考既不是改革，也不是创新，但它在特殊时期，却具有不可估量的意义，可以说是功在当代，而利在千秋啊！

在我看来，恢复全国统一高考的意义主要表现在：第一，有力地推动了拨乱反正，为十七年教育战线恢复了名誉，是推翻“两个凡是”的前奏。众所周知，“两个凡是”和“两个基本估计”就像两个紧箍咒束缚着人们的头脑，尤其是被斥之为“臭老九”的广大的知识分子。既然毛主席圈阅的“两个基本估计”被推翻了，人们质疑“两个凡是”也就是顺理成章的了。果然，9个月以后，也就是1978年5月11日，《光明日报》发表了《实践是检验真理的唯一标准》的评论员文章，从而导致了解放思想的大讨论，它是五四运动后的第二次思想解放运动，为后来的改革开放扫清了思想障碍。时隔1年零7个月，也就是1979年3月19日，中共中央才正式决定，撤销毛泽东圈阅的1971年的《全国教育工作会议纪要》。这就充分说明恢复全国统一高考是超前的，中央也顺应了广大人民群众的愿望。

其次，解放了大批农村知识青年，尤其是出身不好所谓的“可以教育好”的知识青年。从1967年到1977年，全国下放的知识青年多达1600多万，从1970年开始以招工、病残和独生子女的形式，差不多有半数的知识青年回到了城市。到1977年，仍然有800多万知青滞留农村，而大部分是属于“可教育好”的子女，他们是招工回城无望的群体。真是天赐良机，全国统一高考恢复了，他们欣喜若狂，奔走相告，机遇给他们带来了命运的转机。虽然恢复高考的第二次招生会议争论非常激烈，但最后的招生文件却十分开明，报名考生的出身、婚否和年龄都没有限制，这就为不拘一格选拔人才提供了广阔的空间。1977年报名考生570万，录取了27.8万；

1978年，报名610万，录取40.2万；1979年，报名460万，录取28万。在这三届中，由知青考取的大学生占有相当大的比例，他们渴望知识、有理想、有抱负，从他们之中涌现出了大批优秀的人才，成为政界、学术界、企业界的中坚力量。我在20世纪80年代说过一句话："这三届学生是从石头缝里蹦出来的，所以有强大的生命力，将来也一定会担当大任。"

再次，极大地扭转了学校的风气，进而带动了社会风气的转变。在"文化大革命"中，学生中普遍流行着"读书无用"的论调，曾经出现过"白卷英雄""不懂ABC照样干革命"等反面的典型。在教师中也流行着"教书倒霉""理论危险"，一些留学苏联的副博士将证书烧毁，以示与资产阶级划清界限；也有不少教师把书籍当废纸卖掉，以表示永不再当教师的决心。凡此种种思想，既不符合国家建设"四化"的需要，也违背了时代精神。要纠正这些错误思想，马克思曾说过："一步实际行动比一打纲领更重要。"[①]而推翻"两个基本估计"就是一个最有力的行动，它与恢复统一高考是因果关系。它们表明文化革命一去不复返了，知识分子不再是"臭老九"，而是工人阶级的一部分，是建设现代化的依靠力量。这个行动使学校读书蔚然成风，争当科学家重新成了广大青少年们的美好理想。同时，恢复高考又极大地带动了社会风气的转变，尊重知识、尊重人才成了全社会的时尚，那种诋毁知识和鄙夷知识分子的邪气也一扫而光！

① 《马克思恩格斯全集》（34卷），人民出版社，1998年，第130页。

（二）对我国近年高考改革的冷思考

在特殊历史时期，恢复全国统一高考，曾经起到过非常重要的作用。但是，这个举措既非改革又不是创新，仅仅只是恢复了“文革”以前的大学的考试与招生制度而已。因此，我们不应当故步自封，也没有必要以功臣自居。我国是一个人口众多的国家，幅员辽阔，各地区的经济、教育和文化差异极大，于是统一高考的各种弊端也逐步暴露了出来。主要表现为：一是一次考试定终身，使不少人失去了二次选择的机会，不免留下终身的悔恨。二是完全以分数高低录取，既强化了应试教育，又扼杀了许多人的创造能力。三是忽视了各地区教育水平差距，出现了高考移民，其手段无所不用其极，助长了不正之风。四是各种巧立名目的加分，乱象丛生，权与分的交易，如北京大学在北京市录取的学生，40%都是加分投档的。五是学生负担重，以至于在备战高考时出现了“吊瓶班”“赤膊班”，带着吊针进考场，使相当多考生的身心受到摧残。六是不同水准的大学，用一张试卷，难于适应不同水准大学录取学生的需要。七是大学在各省市的招生数额，完全由教育部分配，这就造成了招生中的“马太效应”，北京市就是最典型的例证，甚至引起了各省市的公愤。有鉴于此，全国上下对高考改革议论纷纷，强烈要求改革统一高考与招生制度。

为了顺应民众的要求，大约从1998年开始，国家教育部先是推出了“3+2”，后又演化为“3+X”高考改革方案。[1]所谓“3”是指语文、数学、英语三门课程，它们是我国基础教育历来所强调的主课；而X=1、2、3，是指物理、化学、生物或政治、历史、地理等六门课程，文理科不同的考生可以任选，有关省市也有一定的机动性。国家教育部于1999年先在广东省试点，到2001年又在北京等十个省市扩大试点，至2002年在全国普遍实行。应当说，“3+X”高考改革方案的出发点是好的，目的在于使大学能够选拔优秀的人才，也有助于中学推行素质教育。但是，这些良好的愿望并没有体现出来，每年的高考依然使广大考生闻风丧胆。在我看来，“3+X”高考方案仍然没有走出单纯考知识的窠臼，也没有能够减轻考生的负担。其实，这是一种玩积木式的考试改革游戏，虽然有加有减，但并没有改变游戏的规则，而且“X”变成了一个“大箩筐”，什么东西都往里面装，不仅不便操作，而且也造成了某些混乱。

扩大大学自主办学权，一直是各大学强烈的要求，在千呼万唤的情况下，国家教育部终于在2003年，出台了扩大高等学校招生自主权的试点方案。当年经教育部批准试点的大学只有22所，自主招生的人数仅占该校招生总数的5%，申请的学生必须参加全国统一高考，分数达到生源所在省市确定的与试点学校同批次控制分数线，申请的学生可以享受降低10到60分录取。至今，这个改革方案已经实行了13年，2017年试点大学将扩大到90所，而且又出现了普通自招、特色自招等多样化的形式。但是，经过十多年的试点，始终褒贬不

① 朱文琴：《3+X深化高考改革方案》，《光明日报》，2000年3月22日。

一，质疑与争议之声不绝于耳，甚至不少学者发出感叹："自主招生究竟何去何从？"[1]

2009年10月，北京大学又推出了“中学校长实名推荐制”，此举刚一公布，立即遭到教育界的质疑。他们纷纷指出，这是一个噱头，是北京大学抢夺优质生源的借口，是挂羊头卖狗肉。这个措施一抛出，我就通过媒体指出：“校长实名推荐制”不是改革举措，过去一直也有这种推荐的办法。但是，北京大学把这种办法提到改革的高度，不仅令人愕然，而且存在诸多不公平的隐患。被指定的有推荐权的39所高中，相对于15681所普通高中来说，后者显然受到不公平的待遇。照理说班主任、任课教师和教务主任更了解学生的真实情况，但他们却没有推荐权，显然也是不公平。[2]在一片质疑声中，教育部却鼓励北京大学试行推荐制。然而，我认为强行推行，肯定是要失败的，现在不是已经销声匿迹了吗？

据报道，2010年11月20日，清华大学率先成立了7校高考联盟，打出的招牌也是扩大招生自主权，这些大学是清华大学、中国人民大学、中国科技大学、上海交通大学、浙江大学、南京大学、西安交通大学。明眼人一看就知道，清华大学是要占山为王，它不与一路之隔的北京大学搞联合，就是要争老大的地位。然而，北京大学也不甘示弱，时隔一天也宣布成立7校联盟，它们是北京大学、北京师范大学、北京航

① 赵阿娜：《自主招生何去何从》，《人民日报》，2013年4月8日。

② 何美杰等：《刘道玉痛批校长实名推荐制》，《长江商报》，2009年11月18日。

空航天大学、南开大学、复旦大学、厦门大学、香港大学，后来武汉大学、华中科技大学、四川大学、兰州大学、中山大学、山东大学也纷纷加入，于是组成了13校联盟与之抗衡。教育界诙谐地戏称前者是“华约”，后者为“北约”[①]。没有加入这两个联盟的大学，生怕自己被边缘化，于是由上海同济大学倡导成立了“卓越联盟”，它们是同济大学、东南大学、北京理工大学、大连理工大学、天津大学、重庆大学、哈尔滨工业大学、华南理工大学、西北工业大学等9所大学。那一阵子，人心惶惶，不去分辨是非，追问这些联盟是否符合教育规律，而是盲目地跟风，媒体一时也难于判断是与非。

这年12月10日，我接到山东《大众日报》记者逄春阶的电话，他说希望到武汉对我进行采访，我以身体欠佳婉拒了。他随后又发来短信写道：“最近大学招生联盟搞得很热闹，我社总编辑指示我们说，武汉大学刘校长是敢于说真话的人，他头脑清醒，看问题基本上都是正确的，你们就高考联盟问题去听听他是什么看法。”虽然我并没有答应他们来采访，可是逄春阶等二人已经买好了机票。在这种情况下，我没有办法再拒绝他们，否则太不合人情了。12日上午，我约请他们在家中交谈，就高考联盟、大学扩招、大学办分校等问题谈了一个半小时。我明确地表示：“我不赞成‘华约’和‘北约’，他们的目的是掐尖，但招收尖子人才靠智慧，他们有智慧吗？我断定高考联盟搞不下去，注定以失败

① “华约”是指1955年成立的华沙条约组织，有8个成员国；“北约”是指1949年成立的北大西洋公约组织，有16个成员国。

而告终，因为烦琐哲学必定遭到唾弃。”[①]果然不出所料，鉴于大学招考联盟的恶性竞争，同时也增加了考生和大学的负担，国家教育部于2015年宣布解散全国的各种大学招考联盟，这是顺应了民心的要求。

2014年9月3日，国务院颁布了《关于深化考试招生制度改革的实施意见》，浙江和上海闻风而动 ，抱着“先改革先受益”的理念，于9月下旬公布了《考试招生综合改革方案》，由此又拉开了我国新一轮高考改革的大幕。[②]据介绍，浙江的高考综合改革方案，大致包括以下几点核心内容：一是正式高考只考语文和数学两科，每科最高为180分；二是英语既不参加统一高考，也不参加学业水平考试，而是参加每年两次的社会考试，取最高分纳入高考总成绩；三是不再分文理科考试，物理、化学、生物、政治、历史、地理也不参加统一高考，而参加一年多次的学业水平考试，取三科成绩乘以0.8，最高为240分。据浙江有关部门报道，试点进行顺利，平稳推进，有些方面初见成效。但是，这项试点从一开始就有争议，也有评论认为是改革的闹剧。此外，高考改革的方案层出不穷，如广东版、北京版、辽宁版，让人们目不暇接。

综上所述，近20年的高考改革是极其不平静的，大有八仙过海之势。但总的说来，并没有走出困境。归纳起来，主

---

① 于国鹏、逄春阶：《我不赞成“华约北约”》，《大众日报》，2010年12月17日。

② 孙光明：《浙江高考综合改革试点的实践、问题与展望》，《高考改革研究》，2016年第7期。

要有以下的问题：首先，从指导思想上看依然是把高考当作指挥棒，如语文和数学的分值又从150分提高到180分，生怕学生不重视，而物理、化学、生物、政治、历史、地理等课程的学习，也把它们列为每年两次的学业水平考试。总的说来，与国外和民国时期的高考相比，现在的考试科目太多，考试太频繁，学生负担太重。其次是依然还是考试知识，没有走出按分数高低录取学生的窠臼，并没有淡化中学的应试教育。三是独立自主招生没获得突破，是否享有自主招生权和自主招生的比例仍然牢牢地被教育部所控制。究其原因，主要是高考改革的指导思想不解放，认为考试科目越多和考试越严格，就越有利于选拔人才。其实，恰恰相反，我国之所以出不了杰出人才，就是因为频繁的考试把学生考傻了，窒息了他们的好奇心、想象力和创造力。

（三）大学招生要重录而不重考

我国大学招生考试的路在何方？对此，人们议论纷纷，甚至有人认为我国高考改革是一个无力和无解的问题。我认为，悲观是毫无道理的，只要我们端正高考改革的指导思想，遵循教育规律，顺应民心，一定能够制定一套相对公平、合理和简化的高考方案，并且以立法形式长期固定下来，决不能再朝令夕改，也不能再搞那些劳民伤财花里胡哨的改革方案了。我国高教界，总有那么一些好事者，他们也是打着改革的旗号，提出一些烦琐的招考方案，其实只不过是瞎折腾而已。我国大学不能再折腾了，需要稳定和宁静的环境，以专心致志地做学问。

对我国高考改革，我始终是关注的，但过去却很少发声，原因是这个问题既复杂又太敏感。但是，经过近20年多方面的尝试，现在似乎能够看出端倪了。因此，国家教育主管领导部门，应当总结正反两方面的经验与教训，集中群众的智慧，制定相对公平合理的高考改革方案。我愿借此机会，抛一孔之见，以求教于教育界同人。

我认为比较明确的有以下几点：

1. 实践证明，全国统一高考是相对公平、公正和合理的方案，相对地说考试成本低，考生负担轻。作为改进的是，每年春（3月）夏（6月）各考试一次，每次成绩具有同等的效力。此外，任何单独考试、各种名目的联考、社会考试、学业水平考试都是不必要的，因为无法证明它们比全国统一考试更高明。在高考问题上，一定要去繁就简，简单就是美，简单最真实，简单容易操作。

2. 全国高中取消文理分科教学，高考取消文理分科考试，以彻底消除从20世纪60年代初开始的单纯追求升学率造成的弊端。从人才成长规律看，青少年应当坚持全面发展、文理兼备，试问：一个科盲怎么能够成为哲学家呢？同样的，没有良好的人文素质，也是不可能成为一名优秀的自然科学家或工程师的。至于极个别的偏科且有特长的考生，通过面试考核，以自主特招的方式来解决。

3. 考试科目为语文、数学、英语和综合素质，考试日期为两天。我坚决主张把英语纳入全国统考的科目，理由是基于三点：一是中国人的英语普及水平，不仅在世界无可比性，而且在亚洲也是最差的国家；二是一个国家的语言文字与思维方式有密切关系，提高英语水平有利于学习借鉴欧美国家的思维习惯，有助于国人从模仿思维向创造思维转变；三是40年高考的经验证明，把英语纳入高考是必要的，我国国民英语水平有所提高，与把英语纳入统考有密切的关系。

综合素质不仅包括“3+X”中的“X”涵盖的6门课程有关知识，而且还包括好奇心、联想力、悟性、竞争与合作意识等。也许，有人说这样一来，将会导致学生不认真学习“X”包含的课程了。我不赞成把考试当作指挥棒，其实“X”包括的那些课程，只要有高小文化程度的人，都是可以自学的。一个公认的事实是，学校里学习的课程，在以后的工作中都是用不上的，既然没有用，又为何要耗费精力呢？

4. 大学招生中的不公平，一直是备受诟病的问题。这些不公平主要表现在两个方面：一是教育部直属大学在学校所在地与外地，尤其是在边缘省份的招生名额分配不公。我国有18个省市拥有985工程的大学，北京有8所，7个省市只有1所，而居然有13个省、自治区没有1所985工程大学。我把这个不公称为招生中的“马太效应”。例如，2005年北京的985工程大学在北京招生的比例高达50%，这样一来北京的考生400多分就能被录取，而外省市的考生600多分尚进不了北京大学。另一个问题是城市与农村考生之间的不公平，以至于全国重点大学农村学生的比例越来越少。解决的办法是，把985工程大学所在省市招生比例控制在20%，80%的招生人数分配给外省，名额按各省应届毕业生的人数按比例分配。至于城乡考生不公的问题，已经引起了某些大学的重视，解决的办法是各校拿出一定的名额，以特招的方式向农村考生倾斜。当然，这些都是权宜之计，最根本的还是加大对边缘省市的教育投资，支援优秀教师，着力建设当地高水平的大学。

从制度上来说，我建议大学招考实行三权分立制度，相互制约与相互促进。我所说的“三权”是考试权、录取权和监督权。

首先是考试权。国家组建独立（不隶属于教育部）的考试院，它作为公益性的服务机构，对全国负责。该院组建一支教学水平高、秉公办事和有敬业精神的专业考试队伍。他们负责调查研究，科学地设计与高中教学水平相符的考题，并建立试题库。他们的职责是：组织每年的两次高考、阅卷、评分；向考生颁发考试成绩证书；向教育部通报全国全部考生的成绩；向各省市教育局通报该省市考生的成绩；向各大学分别通报相应有关考生的成绩等。

其次是录取权。各大学拥有完全独立的自主录取学生的权力，既不需要教育部批准，也不再受教育部划定的录取比例的限制。每所大学有权根据本校招生的人数，根据国家考试院提供的信息，划定本校的录取分数线，以及特招和加分的政策。各大学组建精干的招生班子，招生干部要有辨别人才的智慧。铁面无私、秉公办事，敢于抵制招生中的任何不良行为。招生工作人员相对稳定，收集和设计面试的题目，建立面试的题库，组织好每一年的招生面试工作。

再次是监督和稽查权。从宏观管理来看，国家教育部本来应当是监督教育公平和稽查教育腐败。因此，建议由教育部和国家监察部联合组建高考与招生督查委员会，专门受理高考和招生中舞弊和权力寻租的事件，制定最严格的惩处条例，关于高考和招生中的任何行贿、受贿、拉关系、走后门和不当加分等腐败行为，做到一次见光死的惩处。而且，国家稽查委员会对各大学加分特招的学生，建立专门档案，跟踪调查，如果三年以后不能证明其当初加分的理由，要追究当初批准加分者的责任。我国大学教与学及其有关的人数，可能占到全国人口的1／10，我相信从高考和招生的腐败抓起，将有助于扭转整个社会的风气，重建我中华民族传统美德。

统一高考与大学录取，就其重要性来说，后者永远是最重要的。因为考试是机械的，按照分数高低录取只是加法的运算，而凭智慧辨别人才才是真正的选才之道。在这方面，美国常春藤大学的招生经验，值得我们借鉴。这些世界一流大学，每年有100人左右的专业的招生人员，他们训练有素，深谙辨别人才之道。他们的工作不仅限于短短的招生期间，而是要用半年到一年的时间考察学生。在面试时，平均每个学生要面试一个小时。那么，他们在面试时，都是必要的，但更重要的是，在面试中面试官会发现你陈述的破绽，会试探学生知错认错的诚信，也许会测试你随机应变的悟性，等等。[①]

我们应当看到，在招生中的公平与公正都是相对的。不久前，美国斯坦福大学招生官理查德·肖（Richard H. Shaw）回答：招生究竟看重什么？是考试成绩，是性格，是课外奖项，是多才多艺的证明？他在给被拒学生的公开信中所说："首先，一切都是相对的。"他举了一个例子，1975年加州Sunnyvale的一名叫安德鲁·菲尔（Andrew Fire，1959— ）的学生被拒，他有些沮丧，但他后来被加州大学

① http://edu.sina.com.cn/a/2017-05-01.

伯克利分校录取，毕业后他到MIT获得博士学位，最后成为约翰·霍普金斯大学教授，因为发现了控制基因信息流动的基本机制，与克雷格·梅洛（Craig C. Mello）共同获得了2006年的诺贝尔生理学或医学奖。为此，他告诫学生："真正能够影响我们一生的，并不是你在哪里上的大学，而是你在那里学到了什么，以及你与他人的与众不同之处。"①

美国常春藤大学都拥有悠久的历史，他们形成了一套相对稳定的招生与录取制度，既然他们都认为公平是相对的，何况我国是一个人口众多的大国呢？所以，我们应当认识到没有十全十美的高考方案，考试与录取中的公平、公正、合理也都是相对的。问题的关键是要杜绝高考与招生中的各种腐败现象。大学应当是圣洁之地，要荡涤一切污秽龌龊的现象，建设精神文明的高地。同时，学生以及他们的家长，都要树立正确的教育价值观，少一些虚荣心，力戒功利主义，淡化名校情结，走出专业选择的误区。我们一定要看得长远一些，从中学到大学仅仅只是人生的一个驿站，人生的道路还很长。无数的事例都说明，名校和名师并不能决定一个人的成功与否。每个人都是自己命运的设计者、承担者和主宰者，只要沿着自己的理想执着不懈地追求，即使没有大学的学历和学位，只要修炼出了灵性和悟性，把握住了创业的灵感和机遇，他们也是能够获得成功的！

（本文原载《教育与考试》杂志2017年第3期）

---

① ［美］理查德·肖：《斯坦福大学写给被拒学生的公开信》，《青年参考》，2017年3月29日第15版。

三、怎样创新中国教育价值观

20世纪90年代初，是中国高等教育发展史上的一个重要拐点。在盲目追求“高大全”的错误思想指导下，我国高等教育界呈现了超常规规模速度的发展，西方发达国家往往需要50到100年才能完成的高等教育大众化，我国却仅仅用了8年的时间就实现了，这是以牺牲质量而换得数量的发展。

这种跨越式发展，虽然对推进中国教育事业的发展起到了某些作用，却也产生了一系列严重的问题，教育质量出现了严重的“泡沫化”。一些学校在规模和楼宇上求“大”，却严重缺失大师与大校风范。全国数百所大学轰轰烈烈地进行了一场教学假评估；不少学校盲目圈地造城，新建楼堂馆所，不惜债台高筑；一些高校行政化现象较重，官本位思想当道。而不断曝出的名师评选作假、教学评估造假、学术剽窃，乃至查处的高校经济贪腐现象，实在令人痛心。高等学校学术殿堂本是全社会的道德高地，人们尤其难以容忍其中的每一缕乌烟瘴气。

造成这些问题的原因，与这些年教育价值观出现偏差或缺失有直接关系，教育领域直接或间接地追求“产业化”，教育领导部门完全以“教育工程”思维（亦即计划经济思维）指导工作，这些都违反了教育规律。一个明显的例子是：素质教育喊了20多年了，但直到今天，从学校、学生到家长，无不还在强化应试教育。原因何在？因为学校要提高升学率，教育行政部门要大扩展，家长们望子成龙，学生们想出人头地，而出版单位则忙着兜售教辅书籍和高考秘籍来赚更多的钱……教育影响着每一个人，但大部分人还是置身教育改革外，不管是主动还是被动，残酷的现实就是：人们还在集体“维护”应试教育。

所谓教育价值观，一方面表现为教育的价值取向、教育价值的追求，以及凝聚教育价值的目标；另一方面表现为教育价值的尺度和准则，是人们评判教育价值有无、高低和大小的标准。教育价值观是教育和学校工作的生命和灵魂，如果价值观错了，那么对教育中的许多是与非、好与坏，都会得出截然相反的结论。

人们常说，父母是孩子的第一个教师，可是家长们往往在向孩子灌输什么价值观呢？是分数还是能力、是诚信还是伪装、是学会质疑还是做乖孩子、是享受快乐还是加码补课、是尊重孩子的志趣还是包办代替、是陪读还是培养自立……家长的教育价值观影响着孩子们的成长。同样，学校是传授价值观的地方，如果学校开错了药方，更会在学校教育价值观与社会价值观之间形成恶性循环。因此，我呼吁家长们，请放飞你们的孩子吧！呼吁各级学校的教师们，请解放你们的学生吧！

总的来说，目前我国的教育价值观中，既有传统的也有现代的，既有正确的也有错误的，但传统的教育价值观仍占据着绝对的主导地位。而这种传统教育价值观，是以儒家文化价值观为核心，具体表现为：重实用而轻理论、重文凭而轻能力、重传统而轻创新、重视教育（形式）的工具价值而忽视教育的内在价值。自古以来，读书做官是文化人的基本价值取向，孔子的“学而优则仕”更是强化了教育的功利性。

值得注意的是，中国社会目前存在一股人心浮躁和利欲熏心的不良风气，拜金主义、功利主义和个人主义大大影响了教育价值观。本文开头所列出的大学种种乱象，都是形式主义和势利价值观造成的。可惜的是，很多大学都怕自己吃亏，也纷纷跟风跑，居然没有一所大学敢于站出来抵制错误的潮流。这是趋同思维造成的更大的恶果，也暴露了一些大学的功利主义、虚荣心和浮肿病。

俗话说，治漏找因，治乱除根。教育价值观是导致我国教育诸多问题的根源，重建我国教育价值观刻不容缓。建立正确的教育价值观，必须要使教育回归到本来的功能上。教育是以人为中心的事业，从根本上说，教育意味着启蒙人、解放人。从这个基本点出发，正确的教育价值观应当是：呵护自由、培育兴趣、学习掌握知识、启迪智慧、树立诚信、享受快乐。为了建立这样的教育价值观，必须反对注入式的教育，反对分数挂帅，反对文凭至上，反对功利主义，反对广告和一切商业行为对教育的干扰，使教育回归到“原生态”，也即专心致志地育人和做学问的“冷环境”，而任何“热环境”都会使人们头脑热膨胀，导致学术浮躁、浮夸和造假。

真诚希望我国各级各类学校，能够认真地进行反思，在树立正确的教育价值观方面，勇敢担当起自己的责任，切实采取有效的措施，不辜负国家和时代对我们的期望！

（本文以“名家笔谈”原载《人民日报》2013年10月10日）

四、怎样走出选择专业的误区与烦恼

人生不如意的事十有八九，每个人都会有烦恼的时候，每年高考后填报志愿，就会令许多考生和家长陷入烦恼之中。

2011年秋天，我接到一个电话，来电者是我大学的同窗好友。他开门见山地说道："老同学呀，我遇到了一个高级烦恼，请你帮帮忙，解除我的烦恼。"

"老同学，你有何烦恼，而且是高级烦恼，不妨说来听听。"

"事情是这样的。我的小孙子是武汉市外语学校高三的学生，成绩名列前茅，已被免试推荐上北京大学。事情是明摆着的，如果有关系就能被录取到好的专业，如果没有熟人，可能就得进入大家都不愿意学习的冷僻专业。因此，我希望你帮帮忙，能否疏通一下北京大学的关系。"

"啊，原来是这个烦恼！依我看，老兄大可不必为此而烦恼，更不应成为你的高级烦恼，以至于陷入寝食难安的地步。"

"那你答应帮我的忙了，简直太感谢你了！"

"不，我帮不了这个忙，我离开大学领导岗位已经20多年了，不仅北京大学，即使是武汉大学的领导层，我也说不上话了，怎么能够为你的小孙子疏通关系？但是，我可以解除你的高级烦恼，那就是你不必把选择专业看得太重了，专业是死的，而人是活的。如果不能进入到自己喜爱的专业，并不影响自己学习所喜爱的专业，何况到大学后还可以转换专业，通过考研究生又可以第二次转换专业，甚至还会有第三次或更多转换专业或学科的机会，人的一生都是在不断地选择，不断地实现自我。总之，专业不能决定一个人的前程，而只有兴趣才能决定一个人的命运。”

“哎呀，老同学哇，你这么一说，我豁然开朗，高级烦恼没有了。我一定把道理讲给小孙子听，让他正确对待专业问题，支持他选择自己的志趣，重要的是设计自我和超越自我。”

其实，为选择专业而烦恼的何止我的老同学！每年高考填报志愿时，千千万万的高中毕业生和他们的家长都为填报志愿而烦恼，他们四处奔波，疏通关系，各校的班主任们也为学生们填写志愿支招，目的都是为了选择自己称心如意的专业，成为通向自己的美好前程的起点。可是，我国绝大多数的高中毕业生们，在对待专业的选择上，普遍存在着模糊的认识。各大学的招生工作人员，少有作正确宣传和解释的，更没有从教学制度的改革上，为确保广大的学生们的志趣而创造必要的条件。

什么叫专业？“专业”一词自古有之，但是作为一个职业的概念，还是近代资本主义生产兴起以后的事。随着资本主义生产的发展，特别是各种机器的广泛的使用，生产过程愈来愈复杂，于是出现了社会的分工，人们的职业也愈来愈专业化。与此同时，教育培训机构，也出现了分专业培养所需要的人才。但是，专业化培养人才的模式，还是在1951年高等学校院系调整以后，我国高等教育实行全盘“苏化”而形成的，包括教学大纲、教学计划和培养专门人才的方针，甚至连考试成绩也采用苏联的“五级”计分标准。

院系调整至今已66年了，但全盘“苏化”的后遗症，至今没有完全消除。其中，专业化培养人才的做法，把大学混同于职业技术培训机构。近30年以来，尽管教育和科学界人士不断呼吁要淡化专业，实行大专业和宽口径的通才教育，但是阻力重重。目前，我国大学中的专业设置不是减少了，而是越来越多、越来越窄了，专业总数比20世纪80年代增加了一倍多。例如，一些大学设置了诸如电子信息、国际会计、国际软件、国际商务、物流管理、节目主持等专业，大多都是名不副实，实际上是以时髦的专业名称招揽学生，也误导了很多的学生。

专业化的思想，在我国已经根深蒂固，一直扭转不过来，因为专业人才的思想有着广泛的社会基础。一年一度的高考一结束，考生们及其家长们，都转入到选择专业的“热战”之中，选择所谓的好专业就成为人们头等大事，似乎选择到一个好专业，就等于拿到了“金饭碗”。但实际情况并不是这么一回事，学历史的成了哲学家，学哲学的成了企业家，学外语的成了生物学家，学中文的成为数学家，学化学的成了小说家、画家，学经济学的成了歌唱家，学法律的却成了业余数学无冕之王……这种例子简直多得不胜枚举。

那么，高考考生究竟怎样选择专业呢？根据我多年的观察，我国高中毕业生在填报入大学志愿时，一般存在着父母包办，或者班主任越俎代庖，或者是赶热门专业的浪潮，或者是随大流，等等。但是，也有极少数学生按照自己的兴趣填报专业的，但也有未能如愿以偿而苦恼者。依我之见，无论是父母或是学校的班主任，或任课教师，都要做一个开明的人士。在指导学生填报志愿时，一定要尊重学生的志趣和选择权，切切不可包办代替。我们须知，是学生选择他们自己所喜爱的专业，是他们自己学习，而不是我们代替他们学习。至于说到热门专业，也必须具体人具体分析，对张三可能是合适的，但对李四并不一定是合适的。而且，任何热门专业也都是相对的，热与冷也是会发生变化的，热过头了就成了冷门了。例如，20世纪80年代初，在徐迟先生报告文学《哥德巴赫猜想》的影响下，曾经出现过数学热，但后来就不热了；90年代初，又曾经出现过法律和经济热，但全国各校一窝蜂地都设立了法律和经济专业，于是这些专业培养的人就过剩了，大部分毕业生难于找到对口的工作。

面对着市场经济，我们必须转变选择专业的思想，过去那种“一次考试定终身”和“一次选择定终身”的时代，必定一去不复返了。在高等教育已经大众化（部分省市已经实现了普及化）的形势下，升大学竞争的激烈程度已大大地缓解了。也就是说，现在我们有了更多的上大学的机会，也有了更多的选择权。在选择专业的时候，我们一定不要委屈自己，要做到：我学习我选择，我选择我喜欢，我的学习我做主，我的未来我主宰。我想如果每个学生做到了这几点，相信他们都能够找到自己的至爱，能够成为优秀的人才。

一个人的命运到底是由什么决定的呢？是选择一个好的专业，抑或是别的什么东西？当然，一个人成功的因素是多方面的，既有主观的努力，也需要客观的条件。但是，有一点是肯定的，那就是不是决定于专业，而是决定于个人的志趣，有了自己的爱好，就会有执着追求理想的目标，进而就会获得事业上的成功。在科学发展史上，在我们身边，有着无数的事例可以说明这一点。史蒂夫·乔布斯是学什么专业的？比尔·盖茨是学什么专业的？马克·扎克伯格是学什么专业的？说得更远一些，托马斯·爱迪生是学什么专业的？诺贝尔是学什么专业的？高尔基是学什么专业的？达·芬奇是学什么专业的？世界级艺术大师齐白石是学什么专业的？毛泽东是学什么专业的？他们大多数人没有上过大学，都是自学成才的。他们的成就是由志趣决定的，而与学历和学位无关，也与专业无关。因此，专业决定命运，学历至上，以文凭高低论英雄的思想都是有害的，必须转变不合时宜的错误观念。需要指出的是，现在大学中的专业、课程体系都沿袭两三百年了，早已陈旧过时，已不适应新形势的需要，应当通过改革予以更新。

我常常接待不少在读的大学生，他们不少人为自己没有找到喜爱的专业而烦恼。他们问道："我现在不知道喜欢什么，也没有特别的爱好怎么办？"我回答说："一个人的兴趣形成需要有一个过程，随着知识的丰富和阅历的增加，会逐步形成自己的所喜爱的专业。为了及早地形成自己的兴趣，应当多读书，多观察周围的事物，对生活要有激情，不断地激发自己的想象力。这样会逐步形成自己所喜爱的事业，然后执着地去追求它，每一个人都是能够大有作为的。"

有一个典型的例子，对我们选择自己喜爱的事业是颇有启发的。文森特·凡·高是荷兰著名印象派画家，他出身于牧师家庭，早年热衷于宗教，16岁到一家美术行当小职员。由于受到环境的熏陶，到了27岁时他开始对绘画发生兴趣，于是他到了法国南方，执着地欣赏大自然，专心致志地绘画。1888年到1889年，是他思想升华的一年，他创作了《向日葵》《卧室》《星月夜》等不朽的作品，使他成为闻名遐迩的绘画大师。目前，世界拍卖价格最高的18幅画中，凡·高就占了4幅，《加歇医生》肖像拍卖价高达8250万美元。可是，凡·高不仅兴趣形成得很晚，而且他的生命很短暂，他只活到37岁，也就是说他的创作期只有10年，但他却成为名垂千秋的艺术大师。这再一次说明，不是学历或学位成就了他的事业，而是兴趣决定了他的命运。

在现实大学专业化教育体制下，那些刚入学的大学生应当如何对待专业学习呢？通过统一高考和划线录取的大学生，无非是两种类型：一类如愿以偿地被录取到自己所喜爱的专业，他们应当珍惜自己难得的机会，努力去实现自己的理想。但是，人们的专业兴趣也不是一成不变的，随着知识面的扩大和视野的开阔，又可能对别的学科产生了兴趣。因此，每个大学生应当适时地调整自己的兴趣，努力追求自己的至爱；另一类是没有被录取到自己所喜爱的专业，不免有一种失落感，甚至会不安心学习。我奉劝后一类的学生，你们大可不必闹专业思想情绪，可以积极设法转入所喜爱的专业。如果转专业的目的没有达到，也不用气馁，把专业当作一种“载体”，着重训练自己的学习方法和思维能力，同时不要放弃自己的兴趣，尽最大的努力把自己的兴趣发挥到极致。兴许，最后你的成功不在你所学的专业，而你的兴趣却助你获得了成功。这种例子是屡见不鲜的，例如周锴博士是西方哲学博士，是名师赵林的高足。但是，周锴却对音乐指挥和作曲有着浓厚的兴趣，由他组建的武汉大学爱乐乐团，曾经数次荣获国内和国际爱乐演唱的金奖。他本人也被全国唯一有指挥专业的大学聘任，他把西方哲学和艺术结合起来，无论是演唱或是教学，他都获得了极大的成功。

另一个例子是叶自强，他本是武汉大学经济与管理学院的学生，但他挚爱声乐，虽然他没有被国内音乐学院所录取，但从没有放弃自己的至爱。他于2006年毕业，参加了法国音乐学院在中国招收学生的考试，他以自己的文化素质和声乐的专业知识及突出的演唱技巧，被法国杜埃国立音乐学院录取。那次参加应招的有来自北京和上海的音乐学院的学生，但他们都没有竞争过叶自强。这就是志趣决定志向，而志向驱动执着精神，有实力才有竞争力。

也许，有人说这些都是特例，但特例造就特殊人才，试问：古今中外的那些杰出的人才，又有哪一个不是特例呢？这就是说特殊人才是由特例造就的，而通例只能培养普通型人才。这再一次证明，决定每个人命运的是志趣和志向，希望正在面临选择专业的高中毕业生们，要及早地发现和培养自己的志趣，重要的不是选择一个自己并不十分热爱的时髦的专业。我相信，只要你们作出了正确的选择，执着地去实现自己的志向，每个人都能够成为杰出的人才！

（本文原载《学习月刊》2012年第7期）

五、怎样发现和培养自己的志趣

我毕生热爱教育，经常接待大学生们的来访，也时常与他们通信，这既是我了解当代大学生们情况的渠道，也是我保持思想不至于僵化的最好办法。在与他们的交往中，有些同学对我说："我们不知道自己的兴趣怎么办？"也有的学生问道："我们不知道如何寻找自己的兴趣怎么办？"这些问题虽然已经过去很久了，但是我并没有忘记他们的提问，并一直在琢磨如何解决这些问题，如果我能够提出一些有益的建议，帮助那些为寻觅志趣而困惑的学生，那将是一件有意义的事。

情趣、兴趣、志趣，虽然他们有相近的意思，但它们并不完全是相同的概念。情趣是形容性格，兴趣是形容嗜好，志趣是形容志向。兴趣与爱好都是指自己喜欢做的事，兴趣是爱好的基础，而爱好是兴趣的必然表现，它们都是在学习、工作和休闲中逐步培养起来的，而且有时又因为环境的改变， 个人兴趣会发生改变，但爱好一旦形成后具有相对的稳定性。我们认识和分清这些概念，以便从实践中寻觅到自己的志趣，因为志趣是决定一个人成功的关键。

（一）有理想才有志趣

青年人的特点是：朝气蓬勃，对新事物敏感，富有进取精神，总是站在时代潮流的前端。但是当代的青年也有明显的弱点，那就是：懒惰、怕艰苦；缺乏责任心和奉献精神；依赖父母，贪图享受；受功利化思想影响严重；得过且过，没有远大的理想等。苏联著名教育家苏霍林姆斯基说过："一个精神贫乏的人，其兴趣也是贫乏的。"[①]因此，一个人要形成自己的志趣，必须要有丰富的精神生活，时时刻刻加强精神灵性的修炼。

志趣的形成时间，每个人都不相同，有的人在幼儿时期就形成了自己的志向，但大多数人是在青少年时形成的，也有的人是在壮年以后。总之，有志不在年高，关键是在确立了志向以后，要始终不渝地去实现自己的理想。

欧拉是瑞士的天才数学家，从小父亲希望他成为传教士，他被送到教会学校，但不循规蹈矩的表现，使他被学校开除了。他因祸得福，从此痴迷于数学，好在父亲并没有强迫欧拉，任其按照自己的兴趣进行学习。他不满10岁，开始自学代数，13岁上大学，仅用两年时间就获得了巴塞尔大学的学士学位，17岁获得硕士学位，18岁开始发表论文，19岁以论船桅的文章获得巴黎科学院的奖金，此后几乎年年获得各种奖励。

欧拉聪颖过人，是18世纪的天才数学家、物理学家和天文学家，其成就无人可以比拟。在数学领域，他的成就几乎涵盖各个数学分支，如代数、分析、数论、几何、三角、拓扑等，几乎就是一个数学全才。科学无国界，他虽然是瑞士人，但只在瑞士生活了20年。由于他的声名远播，在俄

---

① ［苏］苏霍姆林斯基：《关于个人的思考》，湖南教育出版社，1985年10月，第123页。

罗斯圣彼得堡科学院当了31年的院士，在德国柏林科学院当了25年的院士，三国学术界都以他为骄傲，他是真正的数学英雄。

对于一个痴迷数学的人来说，学术就是他的生命，甚至可以不顾命地工作。1735年，为了计算彗星的轨道，他连续工作了三天三夜，这导致他的左眼失明，这时他才28岁，真是非常不幸。1766年他右眼也失明，从此在黑暗中研究数学17年。有谁能够想象得到，在双目失明的情况下，他凭口述出版了几本书和400篇左右的论文。他一生出版了886本书（论文），这是一个天文数字的成就，是以生命换得的学术成就。他逝世以后，俄罗斯圣彼得堡科学院整理他的著作就用了47年，这该是多么丰富的学术宝藏啊！

人们把欧拉与阿基米德、牛顿、高斯并称为世界数学界的“四杰”，而高斯则称赞他说：“研究欧拉的著作，永远是了解数学最好的方法。”正因为如此，他获得了“所有人的老师”的赞誉，他的成就，他的理想，他的献身科学的精神，永远是我们学习的榜样。

（二）好奇心是志趣之源

俗话说，水有源，树有根。那么志趣的源头在哪里呢？我认为就是好奇心，有了好奇心就会对某个事物产生兴趣，继而形成自己的志向，并执着地去追求它们。

众所周知，爱迪生（Thomas Alva Edison，1847—1931）是美国著名的发明家，是“世界发明大王”，但是，他只在小学读了3个月的书，就是因为向老师提出了一个“为什么1+1=2？”的问题，被老师认为愚笨而被撵出了学校。那么，这位文化程度极低而贡献又极大的人，其成功的秘诀是什么呢？概括地说，就是一颗好奇心，还有一个保护他的慈爱的母亲。

爱迪生被学校开除以后，他的妈妈南希承担起了教育他的全部责任，她相信儿子是可以教育好的，并暗下决心一定要把儿子培养成为天才。她从启发儿子自学开始，使他养成了自学的良好习惯。南希发现儿子喜欢物理和化学，于是她就购买了当时很有名的《派克科学读本》，这是一本科普启蒙读物，既深入浅出地阐述科学知识，又有科学小实验。爱迪生妈妈南希自豪地说：“我骄傲，我有一个有好奇心的儿子。”①

一个失学的儿童，经历了许多磨难，他在火车上卖过报，卖过水果，挨过打，遭受过白眼。但是，这一切都没有泯灭他的好奇心和从事发明的意志。1868年，他获得了第一个发明专利，1876年创办了他的“发明工厂”，1879年创办了照明公司，1880年他发明的白炽灯上市。他一生发明留声机、电灯、电报、电影等产品外，还在矿业、建筑业、化工等领域里也发明了许多成果，总共获得了1600多项专利，是世界上发明成果最多的人，实至名归地获得世界“发明大王”的称号。我们可以斩钉截铁地说，他的每一个发明成果，都是由一个好奇心而引发出来的。

1912年，瑞典诺贝尔评奖委员会评选出爱迪生与另一个

① 陈济众编著：《中外名人传记丛书——爱迪生》，江苏文艺出版社，1999年。

塞尔维亚裔美国发明家特斯拉（Nikola Tesla，1856—1943）共同为物理学奖得主。可是，两人因为直流电与交流电的争论，都拒绝与对手共同获奖，于是当年的物理学奖就颁发给了瑞典的物理学家、发明家达伦。但是，爱迪生虽然没有获得诺贝尔奖，并不能抹灭他的发明贡献，人们依然感谢他给人类带来光明，尤其是他发明的留声机、电话和电报，被视为人类感官功能的一次革命。

另一个充满好奇心的发明家当数马斯克（Elon Musk，1971—　），他被称为科技狂人、梦想家、冒险家、野心家、火星人、钢铁侠等，普遍认为他将是乔布斯之后能够改变世界的人。马斯克出生于南非，童年过得并不幸福，17岁移民到加拿大，后来在美国宾夕法尼亚大学获得物理学和经济学的双学位。那么，他是怎样成为一位百科全书式疯狂的发明家的呢？这要源于他广泛的阅读，他阅读的速度和数量惊人，他每天要读两本不同学科的书，例如科幻小说、哲学、宗教、编程、名人传记、物理学、经济学、工程学、产品设计、商业、能源、未来学……他不仅博览群书，而且能够融会贯通，举一反三，从中发现好奇的思想，诱发出一些颠覆性的创意，从此走上了不归的、疯狂的创造之路。

难能可贵的是，他一次又一次的冒险，在被认为“不可能”的质疑声中，用惊人的成就让反对者刮目相看。他涉足多个顶尖技术领域，如互联网支付贝宝（Paypal）、能源（Slarcity）、汽车（Tesla）、火车（Hyperloop）、航空（Space X）、太空（火星移民）等。尤其让人们赞叹的是，2018年2月7日，马斯克的公司将一枚重型“猎鹰”火箭发射成功，“猎鹰”的体量是高70米，宽12.2米，重量为1420.8

吨，这项成果的风头甚至盖过了美国国家航天局。

美国南加州大学教授格莱葛评论道："这家私营公司的表现比任何政府都要好。"情况的确如此，世界绝大多数国家都不能发射火箭，而美国一个私营公司居然把迄今最重的超级火箭发射到太空，再次显示了美国民间高精尖技术的惊人的实力。在这枚重型火箭上，还搭载了一辆特斯拉跑车，6个月以后，将进入火星轨道，绕太阳飞行10亿年，它可能成为人类最后的纪念物。

马斯克的巨大成功，源于他具有的特质：宏伟的视野，极端的好奇心，疯狂的梦想，破釜沉舟的勇气，坚持不懈的毅力。此外他还有一条"独门的秘籍"，即著名的"第一性原理"。马斯克是当今稀世之才，美国《滚石》杂志曾评论道："推动历史巨轮前行的人形杠杆，每百年只会出现几个。"

（三）寻觅志趣的途径

俗话说，世上无难事，只怕有心人。人们志趣的形成，也贵在"有心"，只要人们专注，任何情况下，都能够寻觅到自己的志趣，执着地追求和实践自己的志趣，就可能成就一番伟大的事业。概括地说，我认为以下途径，将有助于形成各人的志趣。

1. 热爱是志趣之母。仁心无涯，仁心无敌，爱的力量是巨大的，她可以教育人，改造人。由此，热爱是最好的老师，是志趣之母。一个人应该有仁爱之心，爱惜生命，热爱生活，热爱大自然，热爱一切美好的事物，同时热爱也是发明创造的原动力。

众所周知，胰腺癌的可怕性是因为两点：一是没有早期诊断，一发现就是晚期；二是没有特效药物，因此死亡率非常之高。不幸罹难此症而逝世的名人有电脑天才乔布斯，意大利男高音之王帕瓦罗蒂，著名免疫医学家斯坦曼等。因此，发明快捷早期诊断胰腺癌的方法，是拯救这类病人的希望。有谁能相信，发明这种方法的竟然是美国一名在读的高中生，他就是美国马里兰州克兰韦尔市年仅15岁的杰克·安德拉卡（Jack Andraka）。

他的发明动机是源于爱心，因为叔叔患了胰腺癌，他想要拯救叔叔的生命。他对一种巴基管（Bucky tube）十分感兴趣，这是一种碳纳米管，它具有高强度和高导热性。他突发奇想，把巴基管材料和间皮素的抗体涂在滤纸上，制成了检测血液中间皮素含量的试纸。血液中间皮素越多，电子信号越弱，就如化学pH试纸一样，检测癌症的准确率高达90%，耗时仅需要5分钟，速度比旧方法快了158倍，成本便宜了2667倍，已经达到了开发使用的阶段。他不准备上大学，决心要把“神奇的试纸”推向市场，造福广大患者。

但是，安德拉卡从事这项发明，也不是一帆风顺的。在研究中，需要扫描电子显微镜检测涂层，他发出了197份寻求合作的信函，但都被拒绝了。欣喜的是，约翰·霍普金斯大学肿瘤学教授尼尔班·迈特拉教授慧眼识才，允许安德拉卡在自己的实验室做研究，终于使他获得了成功。这位教授评论道：“杰克就是今天的爱迪生，走着瞧吧，他将给这个世界带来更多的发明和惊喜！”鉴于他的重大发明，他获得了2012年英特尔科技竞赛大奖，也受到了奥巴马总统的接见，成为世界瞩目的天才少年。

2. 广泛阅读觅志趣。阅读使人充实，反思使人能够获得知识背后的智慧，这已是一个获得共识的规律。在18、19世纪，有不少全才式的科学家，但现在这种人物却成为稀有元素了。究其原因，不能不归结于现今大学的狭窄的专业化教育，我真心希望当今的有识者改变这种专业化的教育，大胆实行全才教育，造就当今的全知天才。

詹姆斯·马奇（James G. March，1916—2018）是多个学科领域里的大师，他是商学院、教育学院、政治学院、社会学学院的教授，在人文社会科学领域，几乎是无所不知，被称为全知教授（professor of everything）。2003年《哈佛商业评论》评出“大师中的大师”，彼得·德鲁克排名第一，詹姆斯·马奇排名第二，第三名是赫伯特·西蒙（诺贝尔经济学奖获得者），第四名是约瑟夫·熊彼特（创新理论的创立者）。

那么，马奇是怎样成为“大师中的大师”的呢？这与他的工作阅历和广泛阅读有关，只有广泛的阅读才能通晓多学科知识，方可成为全知教授。他于1953年获得耶鲁大学博士学位，然后相继在卡内基工业学院、加州大学任教，自1970年后一直在斯坦福大学任教。他阅读的书籍非常广泛，喜爱看电影和小说，从中获得灵感。他的代表作是《马奇论管理——真理、美、正义和学问》，它虽然不是一部畅销书，但绝对是一本管理学的经典，捧读之后涤荡心灵，发人深思，回味无穷，这就是经典名著带给我们的智慧和乐趣。

3. 随机而捕获志趣。《红楼梦》第四回秦可卿房间中有一幅《燃藜图》，其左右配有一副对联：“世事洞明皆学问，人情练达即文章。”所谓的洞明也就是随时随地留心，人们的志趣的形成也需要事事留心，那么就可能捕获到自己的志趣。亚当·施特尔茨纳（Adam Steltzner）是美国航天局喷气推进实验室的工程师，担任“好奇号”火星探测器进入、下降和着陆阶段的首席工程师，他为这项工程立下了汗马功劳。那么，他的志趣来自哪里呢？原来，他在儿童时期在旧金山海湾玩摇滚乐时，他就注意到星空会随时间流逝而发生变化，这让他对宇宙产生了浓厚的兴趣。10年以后，他如愿以偿地进入喷气推进实验室工作，实现了儿时的理想。他说：“我喜欢学习，喜欢智力上的挑战，而且在内心中我是一个探索者。”①

我一生中先后两次形成过我的志趣，年轻时想做一名诺贝尔式的发明家，中年时被推向大学校长的位置。这时明知再想做发明家已不可能，于是我立即转变思维，选择研究教育学作为自己毕生的追求。这也是随机的选择，眼看不可能实现的理想，如果再痴迷地等待下去，只能枉费心机。当大学校长与研究教育学是符合逻辑的决定，这既有利于校长按照教育规律办学，又有了自己的学术追求，可谓一举两得。

从实践中我认识到，教育是值得为之献身的伟大事业，为此我舍弃了曾经挚爱过的金属有机化学研究，也多次谢绝了堪为高官的委任。热爱教育是许多人挂在嘴边的一句口头禅，但是要真正做到热爱教育并不是一件简单的事。我的体会是，要把教育当宗教信仰，当作情人去拥抱，当作生命去呵护。我不谦虚地说，我做到了，无论是身处逆境或是遭受

① 黄永明：《好奇号的7分钟》，《南方周末》，2012年8月9日。

到病痛，我都不改初衷。正是在这种精神的驱动下，我四十年如一日地研究教育，总共出版了教育著作23本，发表教育文章300余篇。

我十分欣赏宋朝王令的诗句：“子归夜半欲啼血，不信东风唤不回。”我真心地励志教育改革，一直不停地呼唤教育改革。在任职期间我是一头躬耕牛，勤奋地进行教育改革实践；在被免职以后，失去了教育改革的舞台，继而我变成了一只杜鹃鸟，不停地呼唤教育改革，希望换回教育改革的春天，期盼未来有人能够颠覆中国保守的传统教育！

六、怎样读懂“我”字

人老了，怀旧之情不禁油然而生，有必要反思自己走过的道路，正如古希腊哲学鼻祖苏格拉底所说：“未经过反省的人生是不值得过的。”[1]所谓反省，就是检讨自己的思想和行为，实事求是地评价自己的对与错和得与失，并从人类社会撷取精华，矫正自己，充实自己，这样才能获得有意义的人生。

怎样反思自己？自己是谁？自己就是“我”。我对于“我”字十分好奇，为什么古代先贤要把第一人称造成“我”的形状？许慎的《说文解字》的解释是：“双戈向背，兵器也。”另一解释为：“我倾斜也，由戈由禾会意。”它们的意思是说，我用于自己身上，自己称自己。北宋著名文字学家徐锴在《说文解字系传》中解释为：“取戈，自持也。”戈就是兵器，氏族社会时代要持戈战斗。但那时都与“禾”的财产联系在一起，表示要以武力保护私有财产。对于他们的释义，我仍然不解，为什么第二人称的“你”和第三人称的“他”，都用单立人作偏旁，而唯独“我”字以戈为偏旁？又为什么以“武器”来蕴意“我”字呢？我带着这些问题请教武大文学院资深教授宗福邦先生，他解释说，人类历史发展是先有语言而后有文字，之所以用

① 傅佩荣：《哲学与人生》，上海三联书店，2011年3月，第101—105页。

武器寓意“我”字，大概是“武”与“我”同音或近音的缘故。又据甲骨文专家的解释，古人以戈作“我”的偏旁，表示以戈自卫、自傲和自豪之意，同时古时口语“我”与“戈”发音相近。

在英语中，古代英语第一人称是用Ic来表示的，后来逐渐演变为用一个字母I，并且无论是在句首或是句子中，它都是用大写的I。于是，有人说这是英国人个人至上主义的表现。其实，情况并不是这样的，因为在句子中，小写的i字，容易与前后的字母连拼在一起，从而失去了第一人称独立的意义。在俄语的33个字母中，是以最后的一个单字母 я 表示第一人称，其蕴意是表示谦让，个人的利益永远放在最后。对比英语和俄语的第一人称都是单字母，又引起我对汉字“我”字的狐疑。“我”字有着诸多的不便，如在查找字典时，“我”字的偏旁是什么？撇、横、竖、点、捺等都不是，偏旁并不十分明显，初学者也颇感头疼。过去，乡村私塾的秀才，教学生认字读半边，而“我”字的半边是什么？这也难倒了白字秀才。在百思不解的情况下，我自解其惑，这大概是造字的先贤有意把“我”字复杂化，意味着读懂“我”字并不是一件容易的事。

袁枚是清代的大才子，与赵翼、蒋士铨合称乾隆时代“诗人三大家”。他曾经说，知人难，知己更难。一个人活一辈子，学一辈子，知天知地，最难的是知自己。就算天赋过人，勤勉不已，可能到最后才能明白自己是什么人。为什么知己难，为什么读懂“我”不容易呢？

根据我的见解，主要有两个原因：首先是不能严于解剖自我，更难以无情地忏悔自己。我国文学大师鲁迅先生曾经提出要“更无情地解剖自己”，正因为如此，他具有无私无畏的勇气，不仅著作等身，而且敢于无情地鞭挞腐败的政府。勇于解剖自我，就是不仅看到自己的优点，更要敢于揭露自我的缺点，尤其是见不得人的阴暗之处。17世纪法国启蒙思想家卢梭，曾经出版了《忏悔录》一书，这是他解剖自己的自传，把自己丑恶的灵魂赤裸裸地暴露在世人面前，例如他偷过东西，勾引过女人，与大他12岁的华伦夫人私通，玩弄性施虐癖，等等。卢梭热爱自由，他宁肯拒绝国王提供的丰厚的年金，同时他认为真才是第一重要的，离开了真，善和美也都是虚伪的。

世界上美与丑并存，而人也是一样，金无足赤，人无完人。据我所知，世界上还有两本《忏悔录》，一是罗马神学家圣·奥古斯丁，二是俄国列夫·托尔斯泰，他们也都不愧为率真的伟大人物。然而，大千世界芸芸众生，为什么只有三本《忏悔录》呢？因为绝大多数的人都有扬善隐恶的本性，喜欢赞美之词，而听不得半点批评的声音，所以这些人就不能真正地认识和暴露自我。

其次是人有两个“我”，平时展示的是角色的我，而隐匿了自主角色的“我”。美国有一个特立独行的学者，他叫乔治·赫伯·米特。在某些方面，他有点像中国的孔子，虽然他学问渊博，但终生没有著书立说。他像孔子一样，死后由学生们根据他讲课的记录，整理出版了好几本著作。他有一个最具影响力的观点：人的自身是由“我（英文Me）和自我（I）”这两部分组成。[①]也就是说，每个人都是由他自身的角色（独立行为）和扮演的角色（角色行为）所组成。我们可以拿演员来打比喻，一个演员所扮演的角色，是根据剧本和导演的要求，无论他扮演的是正面或反面人物，这时他就是“角色的我”，而不是他的本我。问题的关键就在这里，人们之所以很难认识“我”，就是因为他们常常展示的是“角色行为”的我，从而掩盖了真实的自我。例如，时下流行的说套话、假话，就是“角色行为”的典型表现，可惜的是，这些人并没有回归本我，认识到说套话和假话是可耻的，也是要付出代价的。

“认识你自己”——这是镌刻在希腊圣城德尔菲圣殿上的一句箴言，希腊的哲学家们常常用这句话来规劝世人。泰勒斯是“古希腊七贤”之首，他也是世界第一个哲学家、科学家和天文学家。有人问他：“什么是最困难的事？”他回答说：“认识你自己。”读懂“我”字与“认识你自己”，这是从不同的角度提出的同一个问题。既然这个问题既重要又如此难于回答，那我们究竟如何才能认识或者是读懂“我”字呢？

首先是实事求是，正确地评价自我，科学地设计自我，成功地实现自我。有人说，“最先和最后的胜利是征服自我。只有科学地认识自我，正确地设计自我，严格地管理自

---

① ［美］黄全愈：《素质教育在美国》，广东教育出版社，2000年12月，第38页。

我，才能站在历史的潮头开创崭新的人生”。[①]一个人能否正确地设计自我，关键是实事求是地回答：我究竟是一个什么样的人，我有什么长处和短处，我能够成就什么样的事业？一个人如果正确地回答了这些问题，那就算是认识了自己，就能够取得事业上的成功。

例如，艾萨克·阿西莫夫是俄裔美国著名科幻小说家，他与法国儒勒·凡尔纳和英国赫伯特·威尔斯并称为世界科幻小说史上的“三巨头”。他于1948年获得美国哥伦比亚大学生物化学博士学位，并于1951年被聘为波士顿大学医学院生化助理教授，专事生物化学的研究。但是，他并没有陶醉于眼前的职务，而是对自己做了冷静和客观的分析，并得出结论：“我不大可能成为一流的科学家，但我可能成为第一流的科幻小说家。”他读懂了“我”字，于是义无反顾地离开了生物化学实验室，回到家中专事科幻小说创作。他一生创作了500部科幻和科普小说，7次获得雨果奖，3次获得星云奖，2次获得轨迹奖，它们都是由美国为激励科幻小说创作而设立的。[②]在人生的选择中，舍弃是痛苦的，如果当舍而不舍，就可能招致终身的痛苦。令人欣慰的是，阿西莫夫做了聪明的舍弃，从而造就了一位世界最负盛名的科幻小说大师，这也是世界读者的幸运。

其次是要从社会的角度认识自己，因为人是社会的人，任何人都不能脱离社会而存在，也不可能离开他人的帮助而

① 王长沛、陈爱苾编著：《怎样进入21世纪——21世纪的教育》，科学技术文献出版社，1995年2月，第96页。

② ［美］阿西莫夫：《人生舞台》，上海科学教育出版社，2000年12月。

成功。众所周知，埃隆·马斯克是当今最著名和最疯狂的发明家，迄今为止，他创办了PayPal、Tesla、SpaceX和 Solar City 4家企业，价值分别都超过10亿美元。从发明创造的历史来看，任何一个发明的成果，最先都是来自于个人的创意，但实现其创意则必须要善于依靠团队的力量。例如，今年2月5日，美国私营太空探索技术公司，发射63.8吨的“猎鹰”重型火箭成功，这令世界所有的太空技术公司刮目相看。[①]同时，这也意味着登陆和移民火星，已不再是遥远的梦了。这么一项巨大的工程，绝不是马斯克个人力所能及的。为了完成这项艰巨的任务，马斯克在加州霍桑镇创办了拥有1500名工程师的SpaceX工厂，他们为“猎鹰”重型火箭发射成功作出了贡献。

马斯克没有满足已有的成功，正如他所说的：“别让任何事阻扰你前进，去创造奇迹！”这不，他又创立了一家新的公司——神经识网，其目的是将人的思维直接输入计算机里。他的这个创意是来自于输入与输出的不对等。于是，他要把人的思维直接载入计算机中，彻底淘汰键盘、鼠标和控制板等配件，这样就会实现思维与计算机的同步。马斯克的一个又一个的奇思妙想是怎么来的呢？从他创业轨迹来看，他是遵循了“第一性原理”的思维方法。简单地说，第一性原理就是用物理的眼光思考世界，抛弃已有的成见，一层一层剥开表象，直接从本质出发思考问题。马斯克算是真正地认识了自己，所以他总结出的第一性原理，值得每一个创业

---

① 郭爽：《“疯狂”的科技推动者埃隆·马斯克》，《新华每日电讯》，2018年2月6日。

者借鉴，以便更好地认识和设计自我。

再次认识自己，不仅要有鸿鹄之志，还要有实践其理想的能力和毅力，这二者缺一不可。约瑟夫·熊彼特是奥地利裔美国经济学家，他29岁时创立了创新理论，一举成为世界著名的经济学大师，1950年1月8日逝世，在弥留之际他留下让人深思的遗言："行动——光有理想和理论是不够的，只有行动起来，努力改变现状，才是真正对理想的拓荒。"①

纵观人类的创业历史，我们发现一个值得注意的现象，创建伟业的人始终只是极少数。这究竟是什么原因呢？我认为就是理想与实践不能做到统一。也就是说，有些人空想联篇，但没有实际能力；也有些人踏踏实实地工作，但又没有远大的理想，所以他们都不能成就伟业。然而，那些能够创建伟业的人，无疑就是实践了熊彼特遗言所说的，光有理想和理论是不够的，只有行动起来，将理想和理论付诸实践，那你就是真正地认识了自我。

罗丹是法国19世纪最伟大的雕塑家，是欧洲雕塑艺术的创立者。但是，他年轻时三次报考巴黎艺术学院，都被拒之门外。然而，他没有灰心丧气，而是用一把雕刀砥砺前行，功夫不负有心人，最终他成为迄今世界雕塑界无人望其项背的雕塑大师。他从40岁开始，接受了制作《地狱之门》的艰巨任务，耗时37年，虽然塑造了186个不同类型的人物形象，但终究没有完成《地狱之门》这幅巨作。尽管如此，其中的

---

① ［美］杰克·贝蒂：《管理大师德鲁克》，上海交通大学出版社，1999年，第153页。

《思想者》、《吻》和《爱娃》等都是独立的佳作，是足以使他名垂青史的。[①]

那么，罗丹究竟是怎么取得巨大的成就的呢？这不能不归结于他正确地认识了自我。他知道从事雕塑是靠窥见到美的眼光和雕刀，他把二者巧妙地结合起来了。当他获得成功之后，有人问他在什么地方学来的雕塑？他说：“在森林里看树，在路上看云，在雕塑室里研究模型学来的。我到处学，只是不在学校里学。”[②]这并不是他对学校的偏见，而是说明学院式的教条，不仅无助于创造，反而会窒息人们的创造灵感。

从罗丹的回答可以看出，他像许多低学历的大师们一样，如莎士比亚、达·芬奇、富兰克林、爱迪生、华罗庚、齐白石、钱穆、陈寅恪等，正确地认识了自我，也认清了他从事职业的特点，没有被追求高学历和高学位的虚荣心所裹挟，也没有被功利化的利益所诱惑，因而他们读懂了“我”，进而开创了自己辉煌的人生，这是非常值得人们借鉴的宝贵经验。

---

① 沈大力：《从“地狱之门”进入到艺术天堂》，《光明日报》，2017年2月5日。

② 朱光潜：《谈美》，安徽教育出版社，1997年2月，第140页。

七、怎样进行有效的自学

人们的学习，不可能是“他学”，而从来都是自学。所谓“他学”是指由他人代替自己学习，或为他人而学习，或被强迫学习，例如，由他人代替做习题和考试，这些都是舞弊行为，其恶果是将断送自己的美好前程。自学是学习者自主行为，通过自己观察、阅读、理解和实践，以达到自己掌握知识、理论和技能的目的。早在30年前，联合国教科文组织就指出：“自学，尤其是在帮助下的自学，在任何教育体系中，都有无可替代的价值。”[①]自学是一个广泛的概念，既包括没有上大学通过自学成才的人，又指在校的大学生不依靠课堂讲授学习，通过自学而达到教学计划的要求者。这些都说明，自学是普遍的学习方法，也是最有效的学习方法。

（一）人类自学的历史

人类的自学与人类进化有着同样久远的历史，可以肯定地说，当人类进化为“智人”以后，自学也就随之出现了。人类为了适应恶劣的环境，需要改造自然环境，驯服野生的“六畜”，改良谷物，制作工具和御寒穿着等。要完成这些劳作，他们需要观察、自学和交流，经过几十万年的进化和

① 联合国教科文组织国际教育发展委员会编著：《学会生存》，上海译文出版社，1979年10月，第274页。

传承，人类才一步一步地走进了现代的文明，开创了人类的新纪元。

在人类自学的道路上，文字、印刷术、印刷机和书籍的发明，是自学最关键的前提条件，它们为人类自学提供了可能。据记载，在5000到6000年前，两河流域的苏美尔人发明了世界最早的楔形文字，也被称为钉头文字，可惜这种文字已经失传了。我国汉字是源于象形文字，距今已有3000多年的历史。有了文字，最早一批识字的文化人，就将人类的观察资料和生产与生活经验记录下来，为后来的人自学提供了资源。

在学校诞生以前，公元前7世纪古希腊曾经出现了以泰勒斯为首的“七贤”，他们是：梭伦（Solon，前638—前559），他是政治家、立法者和诗人；泰勒斯，他是哲学家、天文学家、自然科学家；奇伦（Chilon，前6世纪），他是政治家、检察官；毕阿斯（Bias，前6世纪），他是哲学家、辩论家和律师；佩里安德（Periander，前665—前584），他是伟大的政治家，热心于科学和艺术；毕塔库斯（Pittacus，前650—前570），他是政治家；克莱俄布（Ckeobulus，前6世纪），他是哲学家、教育家。实际上，古希腊的学者远远不止这七个贤人，还有许多哲学家、数学家和艺术家，他们都是靠自学、观察和顿悟而成才的。

众所周知，泰勒斯是世界第一个哲学家、天文学家和自然科学家。他观察天象时，还演绎出了一个关于“仰望天空”的故事，一个夜晚他与女仆人在观察天空，他不慎跌进一个坑中，仆人戏谑他连地上的事都看不清楚，还想知道天上的事。然而，德国哲学家黑格尔却为泰勒斯解除了尴尬，他说："只有永远躺在坑里的人，才不会掉进坑里。"他还说："一个民族要有一些仰望天空的人，他们才有希望；一个民族只关心脚下的事，注定没有未来。"[①]泰勒斯死后，人们在他的家乡米利都建立了墓碑，上面写着"这里站着最有智慧的天文学家泰勒斯，他是米利都和伊奥尼亚的骄傲"。

比"古希腊七贤"稍微晚一些，我国春秋时代，也出现了老子、孔子、孟子等诸多哲学家、思想家和兵家等学问大家。那时，只有官府才有学校，他们都不可能进入这些学校，人们的成才也都是靠自学。《史记·仲尼弟子列传》中曾记载，陈子禽问子贡："仲尼从哪里得来这么广博的学问啊？"子贡说："文王、武王的治国思想并没有完全丢掉，还在人间流传，贤人记住它的重要部分，不贤的人只记住它的细枝末节，无处不有文王、武王的思想存在着。先生在哪里不能学习，又何必要有固定的老师呢？"因此，孔子的学问来自于自学、观察和感悟，用孔子的话来说是："我非生而知之者，好古，敏以求之者也。"[②]

人类学校大约诞生于公元前2500年的埃及，中国学校诞生于公元前1000多年的商朝，欧洲学校诞生于公元前8到公元前7世纪。学校的诞生，自然促进了学习的发展，使更多的人得到了受教育的机会。但是，无论任何时候

---

① 姚国华：《一个民族要有关注天空的人》，《21世纪报道》，2007年9月4日。

② 杨伯峻：《论语译注》，中华书局，1980年10月，第72页。

或任何国家，即使有了学校，也不可能所有的人都能够进入学校，依然还是有人依靠自学而获得必要的知识和技能。即使进入到学校的人，他们学习好坏的差别，也在于他们是否善于自学，因此自学永远是最有效的学习方法。

应当说，人类进入到现代社会，科学技术的普及，各种学习书籍的传播，学习工具的广泛使用，这些都更有利于进行自学。尤其是随着信息社会的到来，以计算机为主的网络技术的普及，将使自学变得更加容易和普及。近年出现的移动学习，将掀起一场学习的革命，其核心是推动自学的普及。所谓移动学习（Mobile Learning），是指一种在手持移动计算设备的帮助下，能够在任何地点和任何时间由学习者进行的学习。它的意义在于，挑战传统的学习，促进自学的广泛开展，使终身学习成为现实。[①]

2012年被称为“慕课年”，这一年在美国创立了三大网络教育机构，开创了“慕课”教育的新时代。这三大巨头是：Udacity、Coursera、edX，它们联合掀起了“慕课”革命。Udacity是由美国斯坦福大学的特伦于2012年创立的线上大学，Coursera也是斯坦福大学的吴恩达和达芙妮·科勒合办的，而edX是由哈佛大学和麻省理工学院共同创办的。2012年10月，美国《时代》周刊对“慕课”进行了深度报道，探讨了“慕课”带来的冲击，这些冲击是有利于学生自学，减轻家长学费负担，并且倒逼现行大学进行彻底革命。

---

① 胡德维：《移动学习掀起革命》，《光明日报》，2013年10月5日。

人类数千年学习的历史证明，最初就是始于自学，学校出现以后才主要通过讲授来学习。但是，人类又面临终身学习的任务，必将以自学替代讲授，网络学习就使这种可能变得越来越现实。因此，人类学习的路径必将是：自学—讲授—自学。一切识时务者，一定要看清这个趋势，迎接这个时代的到来！

（二）自学是成才的必由之路

我朦胧地感觉到，就流水线上培养的人才来说，当然是由大学培养出来的人多。但是，从世界各领域最杰出的人才来看，肯定是自学成才的多。这一点常常不被人们所看到，这是因为人们只见树木而不见森林，而那些靠自学成才的人，就像浩瀚的森林，像宇宙的繁星一样多。如果要做细致统计那些自学成才的杰出人才，我们一定可以编撰出一部自学成才的百科全书。

在我国古代，自学成才的典型人物当数北宋欧阳修，他通过自学成为“唐宋八大家”之一的大文豪。原来，他4岁丧父，母子孤苦伶仃，无奈投奔在湖北随州做官的叔父，但他并没有施以援助。母亲郑氏担负起教育儿子的任务，由于买不起纸笔，只能以沙滩为“纸”，以芦苇秆为“笔”，就这样到6岁时，他已经认识了几千个字。这时母亲已经不能胜任教育儿子的角色，于是到处借书让他自学，他10岁开始写诗，通过刻苦自学，一步一步成为北宋的政治家、文学家、诗人，著作甚丰。最后，他官至翰林学士、枢密副使、兵部尚书等，卒后由皇帝谥文忠公，这是对他为官和治学的最高评价。

一个初中生怎么成为中国的爱因斯坦呢？美国数学家贝特曼著文对华罗庚这样评价道："他是中国的爱因斯坦，能够成为全世界所有著名科学院的院士，被美国芝加哥科学技术博物馆评为当今世界88个数学伟人之一。"这是极高的评价，迄今我国数学界尚无第二人获得这样的荣誉。

华罗庚（1910—1985）出生于江苏金坛县，我曾经被邀请担任该县科学和经济发展的顾问，参观过华罗庚的母校——金坛中学。这里真是人杰地灵，秀丽的江南水乡给我留下了深刻的印象。华罗庚只在这所中学读到初中毕业，因为患伤寒病致使左腿残废，后被这所中学聘为庶务员。但他非常乐观，身残志不残，并戏谑地说："我要以健全的大脑代替不健全的双腿。"他的毅力十分顽强，一直坚持自学不辍，因而落得一个"书呆子"的诨名。

1929年他刚19岁，在《科学》杂志上发表了《苏家驹之代数的五次方程解法不能成立的理由》，正是这篇文章引起了清华大学数学系主任熊庆来先生的注意。1930年的一天，熊庆来先生在办公室，手上拿着华罗庚的那篇文章，不禁拍案叫绝。他向周围人问道："这个华罗庚是哪个国家的留学生？他在哪个大学教书？"一个江苏籍的教师回答说："他哪是大学的教师，是金坛中学的庶务员。"熊庆来先生认定，华罗庚必是奇才，当即决定把华罗庚调到清华大学数学系当助理员。

真是天赐良机，华罗庚在清华大学一边工作一边学习，仅用两年的时间完成了他人需要8年才能完成的学业，再次显示出他的惊人的学习能力。1936年清华大学选派他赴英国剑桥大学深造，他的导师是著名数学家哈代（H. G. Harold，1877—1947），鉴于他的突出数学天分，哈代建议他用两年就可以拿到博士学位。但是，华罗庚谢绝了哈代的好意，他说自己来英国是为了求学问，不是为了得学位。真是功夫不负有心人，在两年时间内，他发表了20篇高质量的论文，论质量每一篇论文都可以拿到一个博士学位。其中，一篇是关于“塔内问题研究”，他提出的理论被国际数学界命名为“华氏定理”，后来他又提出了“华氏不等式”和“华—王方法”。

1938年，华罗庚回到了战乱中的祖国，在西南联大任数学系教授，培养出来诸如杨振宁、李政道等优秀的人才。后来，他受邀赴美国普林斯顿大学和伊利诺伊大学数学系任教，在国际数学界有着极大的影响。1950年回到祖国，先后担任中国科学院副院长，中科院数学研究所所长，中国科技大学副校长、数学系主任等职。他在数学研究、人才培养和社会活动中，都作出了杰出的贡献，是国际数学界真正的学术大师。

一天校门未进过的国学大师，这是真的吗？这是千真万确的，这位大师就是华中师范大学历史系教授张舜徽（1911—1992）。张舜徽出生于湖南沅江县，他不仅没有上过大学，甚至连一天校门也没有进过，完全靠自学成为淹贯博通、著作等身的一代通儒。那么，张先生是怎样通过自学而获得成功的呢？意志、勇气、毅力是张先生为学成功的秘诀。他认为：“才赋于天，成学于己”，“识一半在天，一半在己”。为了将自己治学的经验传给后学，1992年以81岁高龄撰写了《自学成才论》（上下篇）[①]，由《中国文化》刊载，此距他逝世仅有两周时间，可见先生寄语后辈之殷切。其中，他写道："科举可以选拔人才，而人才不一定出于科举"，"学校可以培养人才，而人才不一定出于学校"。这是张先生的切身感受，也是真知灼见，应当引起教育界的深刻反思，现在的大学再不改革，真的是误人子弟啊！

在世界范围内，自学成才的名人，更是不胜枚举。威廉·莎士比亚（W. Shakespeare，1564—1616）是英国文学史上首屈一指的诗人、剧作家，他只有小学的学历，可是他创作了37部剧本，154首十四行诗，迄今400年没有超越他的戏剧大师。意大利达·芬奇（Da Vin ci，1452—1519）是文艺复兴"三杰"之一，画家、科学家、发明家，也是世界上最后一位全才，可是他只有相当于初中的学历。美国发明家爱迪生只上过3个月小学，被老师认为愚笨不可教育而开除，可是他自学成才，获得了1600多项发明专利，成为世界上发明成果最多的人。

草根出身的美国总统林肯（Abraham Lincoln，1809—1865），仅仅只是读了12个月的书，他领导了美国南北战争，宣布废除农奴制度，成为美国历史上最伟大的总统之一，也是第一个遇刺的总统。1863年11月19日，宾夕法尼亚葛底斯堡国家公墓揭幕，悼念长达5个月的葛底斯堡战役牺牲的将士，林肯在最后一刻被邀请参加，他在火车上用香烟盒背面写了一份致辞。他的致辞仅有3分钟，听众有1.5万到2万人，结果大获成功，评价是"太令人敬佩了"，成为美国历

① 刘梦溪：《学兼四部的国学大师》，《光明日报》，2011年6月20日。

史上最伟大的演说之一。

我们仅仅列举了少数几个自学成才的事例，说明自学是成才的必由之路。同时，我们必须反思当今的高等教育，任何一个具有小学文化程度的人，都是能够自学成才的，现在各级学校按部就班地进行学习，不是浪费青少年们的宝贵光阴吗？这种“少、慢、差”的等级制的学校教育不应当彻底改革吗？

（三）自学的有效方法

纵观人类自学的历史，可能只有极少数人的自学能力是先天的，而绝大多数人的自学能力是后天养成的。因此，自学方法是可以养成的，是有规律可循的，也是有诀窍的。自学是艰苦的思维磨炼的过程，意志、勇气和毅力是支撑自学的三个精神支柱。由此，任何人只要具备了一定的阅读和理解能力，养成了自学的习惯，他们都是能够通过自学而成才的。根据我的观察与研究，以下的方法可以供有志于自学的人们参考。

1. 逐段解析法。这是著名哲学家邓晓芒教授采用的方法，他原来只是湖南长沙市的一名初中毕业生，1964年被下放到离长沙千里之遥的江水县当农民，度过了整整10年的农耕岁月。当时，他只携带了《辩证唯物主义》和《共产主义运动中的“左派”幼稚病》，在劳动之余，他开始阅读这本晦涩的理论著作。对一个初中生来说，读不懂是很自然的。但是，他并没有放弃，发明了“逐段解析法”，即逐段分析中心思想，力求读懂。他正是运用了这个方法，通过自学以同等学力考取了武汉大学西方哲学史专业的研究生，先后获得了硕士和博士学位。他现在是研究康德哲学的权威，他向学生开设康德原著研究课程，一开始学生们也听不懂，他也是采用了这种句读和段落解析法。

2. 泛读与精读结合法。我们都知道，善于学习的人，他们首先是泛读，把课本或著作快速地浏览一遍，这就是观其大略。然后，再进行精读，以掌握书中的要义。我们常常发现，有的学生复习功课一遍又一遍，但是仍然不能考得好的成绩，而那些善于学习的人，他们复习一两遍，却能够考得高分，其区别就在于他们是否掌握泛读与精读的诀窍。

3. “三点式”的自学法。我在主政武汉大学时，就提倡大学生自学，如果自己认为不听课能够跟上教学的进度，学生有权不上课。这个想法是源于我自己大学学习的体会，虽然我上大学时并不是很宽松，但是我并不依赖课堂。我喜欢自己阅读，更愿意自学，并且发明了“三点式”的自学法。所谓三点式，就是在自学中要抓住重点，深究疑点，攻克难点。一本教科书，其内容十分广泛，并不是从头到尾都重要。由此，学习者一定要分清这几点，如果掌握了这个技巧，我们的学习效率就会大大地提高。

自学虽然是有效的学习方法，但是在我国各级学校中，尤其是在大学中，是很难加以推广的。原因是多方面的，有教学制度的限制，有教师的保守思想，也有学生们的依赖思想。学校要维护学籍管理制度的权威性，生怕课堂失控，总是依靠点名或考核的方式把学生限制在课堂上。教师往往认为，学生不听课是学生对自己不尊重，如果允许学生不听课，自己就会失去权威。大学生们认为，只有一课一课地跟着教师的讲授，才能获得好的考试成绩。其实，这些顾虑都是多余的，教师和学生从课堂上解放出来，学生才能成为学习的主人，发挥其学习的主动性和积极性。学生自学，并不是取消教师的作用，而是转变教师的角色，他们将在更高的层次上对学生的学习与科学研究进行指导，更好地培养高质量的人才。自学是成才必由之路，我们要顺应时代的潮流，切勿被时代所淘汰！

八、怎样创造性地学习

谈起学习，人们自然而然地想到在学校里接受教育。什么是教育呢？这似乎是一个人所皆知的问题，其实并不是每个人都理解教育的真谛。联合国教科文组织国际教育发展委员会在《学会生存》一书中指出："教育中最没有人怀疑的教条是关于学校的说法：即教育等于学校。"[①]这种观念在我国教育界表现得尤为突出，通常是把教育看作是单纯传授知识。本来，汉语中的"教育"是由教和育两个词组成的，它们分别代表两层意思和两种不同的学习方式。据《说文解字》的解释是："教"，上所施，下所效也。"育"，养子使作善也。[②]这就是说，教是由外而内的传输；而"育"是发育，即发自于内的生长过程。因此，成功的教育应当是施教者和受教者双方的互动过程，而且外因通过内因而起作用。因此，只有正确地理解教育和学习的内涵，最充分地调动学习者的主动性和积极性，才能实施创造性的学习。下面，我仅就大学生如何创造性地学习，谈一谈我个人的认识与体会。

---

① 联合国教科文组织国际教育发展委员会编著：《学会生存》，上海译文出版社，1979年10月，第124、274页。

② 黄国昌、黄秦胜：《现代教育的功能》，幼狮书店，1979年，第10页。

（一）制定正确的学习策略

无论做任何事情，都必须讲究策略，如打仗要制定克敌制胜的军事策略，国与国之间的交往要注意外交策略，市场竞争要采取正确的商业策略……同样的，大学生的学习，也必须要有正确的学习策略，事实上大学生学习好与不好的重要区别就在于他们是否有正确的学习策略。

我们应该承认，在过去很长的时期内，我国各级各类学校的教育是不重视学习策略的，这是造成相当数量学生学习效果不佳的主要原因。教师们不向学生们教授学习策略，而几乎所有的学生对学习策略十分陌生，当然也就谈不上掌握正确的学习策略了。现在，我们已经进入到以知识经济为特征的21世纪，面对着汹涌澎湃的信息汪洋大海，在世界范围内已经掀起了学习革命的浪潮。在这种形势下，我们的教育再不重视向学生们传授学习的策略，无论如何已不再是可取的了。

策略是什么？它是根据形势发展而制定的行动方针和斗争的方式，这么说来，似乎只有那些身居高位掌握方针政策的人，才需要研究和运用策略。其实，这是一个误解，事实上每一个人无论是在工作或是在生活中，都自觉或不自觉地应用某种策略，无非是正确或不正确而已。因此，每一个人要想争取成功，都必须讲究和应用正确的策略。

同样的，我们谈论学习，无论是学校里的学习或是自学，都必须掌握正确的学习策略，只有这样才能达到我们所期望的学习目的。

什么是学习的策略呢？关于这个问题，已经是近年来教育学、心理学界研究的一个热点，而且各家之言也是众说纷纭，莫衷一是。[①]总的来说，大多数的学者把学习策略当作学习的原则、方法、过程和步骤，虽然它们也部分地从某个侧面揭示了学习策略的特征。但是，我认为这些观点不仅没有从战略的高度看待学习的策略，而且也没有阐明学习策略的本质。

那么，到底学习策略的本质是什么呢？依我之见，学习策略是战略问题，而学习方法、过程、步骤等都是战术问题。因此，学习策略与学习方法不同，它是贯彻于学习的全过程之中，它从更高的层面上对学习的效率起着宏观的指导与控制的重要作用。从本质上说，我宁愿把学习策略看成是一种内隐性心理素质的特征，它是一种智慧、韬晦、计谋和艺术等。它们之所以是内隐性的，是因为它们是以概念性的形态而存在的，有时甚至是只能意会而不能言传的。我认为，只有从这样的高度上来理解和制定学习策略，我们才能发挥学习策略在学习中的巨大的指导作用。

一个正确的学习策略，应当包括哪些内容呢？

策略之一就是，选择你自己真正感兴趣的学科或专业学习。兴趣为什么是学习的策略呢？这是因为离开了学习兴趣的学习是枯燥的，也是不能获得成功的。这正如美国教育学家卡尔·罗杰斯所说的："我只知道只有一个人想学，他才

---

① 刘电芝、黄希庭：《学习策略研究概述》，《教育研究》，2002年第2期，第78页。

会去学。”[①]每一个人怎样才能自觉自愿地去学习呢？这就要取决于兴趣，有了兴趣才会有信念，有了信念才会执着地去追求。所以，信念既是学习的策略又是学习的动力，一个缺失信念的人，是不会获得学习成功的。

爱因斯坦是20世纪最伟大的科学家，他的才华和贡献，至今还没有人能够超过他。他十分热爱物理学，尽管大学毕业后过着落魄生活，但他一直没有放弃对物理学的研究。后来，经人介绍在专利局找到了一个小职员的工作，虽然他未能进入到主流的物理学领域，但他仍然执着地研究与思考物理学的问题，并且于1905年创造了“爱因斯坦奇迹年”[②]。在这一年，他一连发表了5篇论文，在布朗运动、量子论和狭义相对论三方面作出了杰出的贡献，其中任何一项都可以获得诺贝尔奖。他的伟大成就，就是源于对物理学的热爱，无论是在生活落魄或是用非所学时，他始终都没有改变对物理学的热爱，这是他成功的最根本原因。

因此，我建议每一位大学生都要认真检查一下，你们到底是为什么而学习。是受父母之命或是为了赶时髦而学习呢，或是为了好找工作而学？如果仅仅是为了赶时髦或找一份好工作，那你们就不可能学好。因此，我希望你们认真地考虑一下，你们现在所学的专业是不是你们所喜爱的，如果是，那你们就要执着地去追求它；如果不是，那你们就要放

---

① ［美］利奥·巴斯卡利亚：《爱和生活》，生活·读书·新知三联书店，1988年，第9页。

② ［美］约翰·施塔赫尔：《爱因斯坦奇迹年》，上海科技教育出版社，2007年4月。

弃它，去选择你们所喜爱的专业，不然你们不仅是浪费金钱而且也是在浪费生命。也许，有人认为我是夸大其词，其实这正是人们所忽略的一个重要的学习策略。

策略之二就是，要树立明确的学习目标。无论做什么事都必须要有明确的目标，正确地选择目标是使自己立于不败之地的重要策略。为什么学习的目标是学习的策略呢，因为一个人一旦有了建立在自己兴趣上的目标，他不仅获得了巨大的动力，而且还能够大大地提高其学习的效力。美国伊利诺伊大学社会学研究中心通过研究发现，有明确目标与无目标的人相比，其学习与工作效率可以提高10%到40%。

在20世纪80年代初期，在改革大潮的推动下，那时的武汉大学充满着活力，每个学生都有着积极上进的强烈欲望。他们一进校，就给自己设定了目标，那就是一定要考出国留学研究生，即使不行，也一定要考国内最好的研究所或重点大学的研究生。坦率地说，无论是论学术水平或是师资力量，我校并不是排在最前列的，但是这些学生们由于有了明确的目标，所以我校考取出国留学生的比例，在全国名列前茅。很明显，这些学生所取得的优异成绩，就是目标策略在学习中所取得的巨大的作用。

策略之三就是，要调动全部的学习感官。什么是学习的感官呢？众所周知，人有五官，即耳、目、口、鼻和身体，它构成了人们认识客观世界的五觉，这就是听觉、视觉、味觉、嗅觉和触觉。人对客观世界的认知，无论是直接的知识或是间接的知识，无不都是通过这五种感官而获得的。

1997年《学习的革命》一书的中文版出版，这是由新西兰的戈登·德莱顿和美国的珍尼特·沃斯合作撰写的。正像作者在导论中所说："我们需要一场学习革命，与技术、知识和通信爆炸相适应。"学习革命的意义就在于最大地提高学习的效率，"任何人都可能更快地学习几乎一切东西——通常无论在什么地方都可以加快5到20倍——通常无论什么年龄都可以提高效率10到100倍"。

那么，怎样才能达到快速而有效的学习呢？这就要求保持最佳的学习状态，也就是使用你的所有的感官。据统计，普通的学生善于用视觉学习者占29%，用听觉学习者占34%，而用触觉学习者占37%。很明显，如果我们做到了五官并用，那么我们的学习效率就可以成倍地增加。例如，你一天可以读四本书并记住书中的要点，用4到8周时间可以掌握一门外语，用10周时间赶上已落后了三年的学习进度。这并不是天方夜谭，而是已经有人实现了，问题是是否真正地进入到最佳的学习状态。

可以肯定地说，一切最成功的科学家、创造发明家，他们都是运用全部感官思考的。[①]例如，墨西哥最伟大的现代摄影家曼奴艾尔·阿尔雷斯·布拉沃，被称为世界级的艺术大师、现实主义领路人。他为什么获得如此高的荣誉呢？这是因为，他的镜头展现的总是超现实的世界，所以他是大师中的大师。墨西哥著名诗人、诺贝尔文学奖获得者帕斯用了一首诗评价布拉沃："眼睛在思考，思想在看，视觉在触摸，文学在燃烧。"乍一看，这似乎是胡说八道，其实这就是伟人不同凡响之处，这首诗再好不过地体现了布

---

① ［新西兰］戈登·德莱顿、［美］珍尼特·沃斯：《学习的革命》，生活·读书·新知上海三联书店，1997年，导论第13页，第102页。

拉沃全方位地运用五官思考的特点，这也是成功的最主要的原因。

（二）选择最有效的学习方法

什么是方法呢？方法一词来源于希腊文metodos（英文是method），它的本意是指研究和认识事物的途径。毛泽东也曾经用很形象的比喻说明方法的重要性，他说："我们的任务是过河，但是没有桥或没有船就不能过。不解决桥或船的问题，过河只是一句空话。"①

大学生的任务是学习，同样地也必须解决学习的方法问题，否则就不能很好地完成学习任务。古今中外，许多成功的科学家和大学问家，发明了不少有效的学习方法。例如，孔子的"温故而知新"读书法，南宋学者陈善的"出入读书法"，鲁迅的"泛览与专精"结合法，毛泽东的"三复四温"式读书法，法国启蒙思想家卢梭的"三步法"（储存、比较、批判），爱因斯坦的"忘却法"（不应当记忆的要忘掉）……如果要罗列的话，可以毫不夸张地说，完全可以编纂一部名人学习方法大典。

但是，教育上有一个约定俗成的原则，那就是教无定法，学无定法。因此，再好的学习方法，那是他人创造的，只能借鉴而不能照搬，而适合自己的学习方法，只能由自己通过实践去创造。更何况，现在人类已经进入到了21世纪了，过去建立在以记忆为基础的学习方法，已不再适应创造

① 《毛泽东著作选读》（上册），人民出版社1986年8月，第63页。

性的学习需要了。

我认为，在讨论学习方法时，我们不应该局限于微观上具体的方法，而应当从宏观上选择那些对创造性学习起普遍指导作用的方法。什么是创造性的学习方法呢？根据我十多年的研究与思考，我于1999年设计出了在大学实施创造教育的模式，即自学、课堂讨论和科学研究结合的方法。为了表述简便，我用三个英文字母表示，即SSR模式（第一个S表示Study independently，第二个S表示Seminar，而R代表Research）。为什么说这三种方法是创造性的学习方法呢？这是因为这三种学习的方法，都体现了独立性学习、独立思考和独立研究，而这些都需要具有创造性的能力。

第一，关于自学的方法，这是学习的第一要法。我们只要回顾一下人类的学习历史，当以传授知识为功能的学校还没有出现的时候，自学就是人们最基本的学习方法。难怪联合国教科文组织在论述自学的重要性时认为，人类是自学的过去、讲授的现在和自学的未来。这就说明，自学将是未来社会的主要学习方式，当然也应当成为大学里主要的学习方法。

古今中外许多杰出的科学家、大学者和成功的人士是靠自学而获得成功的。例如，俄国的高尔基只读过三年小学，他把社会称为《我的大学》，通过自学获得了丰富的知识，创作了许多不朽的名著，成为举世闻名的大文豪；美国的爱迪生只在小学读了3个月的书，被校长称为愚笨生赶出了学校，他刻苦自学，后来拥有1600多项发明成果的人，是迄今全世界发明成果最多的人之一；丘吉尔在“二战”时两度出任英国首相，是英国百年历史上最有影响的人物之一，可是他中学毕业时是一个劣等生，报考军事院校三考三次落榜。在投考无路的情况下，他随军到了印度。经过一番痛苦的反思后，他下决心要勤奋学习，尽管印度天气炎热，甚至热得汗流浃背，但他仍矢志不移，广泛地涉猎历史、地理、哲学、文学、数学，从而养成了良好的自学习惯，最终成为传记作家、历史学家、书评家、小说家，并获得了1953年诺贝尔文学奖。

在我国无论是古代或是现代，都有无数杰出的人物是通过自学而获得成功的。例如，齐白石只读过几年私塾，12岁学木工，15岁学雕花木工，27岁开始学绘画，通过刻苦自学，成为国画大师，在诗词、书法、篆刻方面也出类拔萃；叶圣陶只是个中学生，他通过自学成为一位大文学家；现代剧作家曹禺，年轻时三次报考医学院，三次失利，后来他刻苦自学，广泛阅读中外戏剧作品，最终创作出了《雷雨》《日出》等名著；华罗庚14岁开始自学数学，19岁开始撰写数学论文，25岁成为世界闻名的数学家。华罗庚先生根据自身的体会说："历史上每一个发明创造家都离不开自学，光是教师问什么学生答什么，是创造不出什么新东西的。"[①]

综上所述，自学无论对于在校的大学生或是社会青年，都是普遍适用的、有效的学习方法。所以，联合国教科文组织肯定地指出："自学，尤其是在帮助下的自学，在任何教育体系中，都具有无可替代的价值。"[②]

---

① 《华罗庚谈自学》，《人才》，1981年第7期，第14页。

② 联合国教科文组织国际教育发展委员会编著：《学会生存》，上海译文出版社，1979年10月，第274页。

但是，一种有效的学习方法，为什么至今不能在大学里普遍地推广呢？主要是对于自学还存在着阻力，它既有来自教师方面的原因，也有学生方面的原因。

从教师方面来说，是因为大多数教师不明白教师的作用到底是什么，他们以为学生都自学了，还要教师干什么？他们似乎认为教师的作用就是上课、辅导、批改作业、对学生进行考试，把学生束缚在课堂上，对不听课的学生实行点名、扣分甚至取消考试资格的措施，一味地搞师道尊严那一套。其实，这是对教师作用的极大的误解，在1200多年以前，唐代文学家韩愈就说过："师者，所以传道、授业、解惑也。"这是对教师作用全面科学的论述，涵盖了伦理道德、专业知识和解答疑难问题，并不是单纯地灌输书本知识。从现代教育理念上要求，教师的主要作用在于"导"，即指导学生自学、思考和科学研究，培养他们的独立分析和解决问题的能力，特别是创造性的能力。按照这个要求来衡量，现在大多数的教师是不适应的，必须转变教育观念，提高自己的学术水平和教学的技能。

从学生方面来说，他们之所以不能采用自学方法进行学习，是因为他们自幼就是接受灌输式的教育，他们已经习以为常了，对教师存在依赖思想，总以为按部就班地听教师讲授，学得快一些、应考保险一些。根据我的调查，凡是具有一定阅读和理解能力的中等文化程度的学生，都是能够进行自学的。例如，安徽农村少年赵梅生，由于家境贫寒没有上学的条件，从小学三年级开始自学直至高中，并于1996年以634分的高分考取了中国科学技术大学。

又如，我的长子刘维宁，他从初三越过高中考取了重点大学，而高中的全部课程仅仅用了40天自学的。在大学期间，他依然是采取自学，每学期新教材发下来，他就自学，基本上不上课，大考大玩，小考小玩，门门功课的成绩都是优秀。他大学三年级时，又提前考取了留美研究生，25岁就获得了空间物理学博士学位，现在已是国际空间物理指导委员会的主席。每一位善于自学的学生，他们共同的体会是，自学是一种艰苦的思维活动，自己提出问题，自己解答问题，即使再难的问题，也不要轻易地问老师，要相信通过自己刻苦的思考是可以攻克的。既然一个小学生和中学生能够自学考取大学，那么每一个大学生都是可以自学的，关键是要丢掉依赖思想，发扬刻苦钻研的精神，如果做到了这些，那么每一个大学生都是可以通过自学而获得成功的。

第二，关于课堂讨论问题，这是砥砺思想最有效的方法。这种教学方式是美国哈佛大学于1904年首创的，目前已经被许多发达国家的大学普遍采用，特别是对于研究生的培养具有很重要的作用。它与课程讲授最大的不同是，具有双向交流的作用，以达到思想相互砥砺、集思广益和举一反三的目的。这是灌输式的讲授所不能达到的，所以它是一种创造性的学习方法。

怎样开展课堂讨论呢？有效的做法是，在自学的基础上，集中同学们提出的各种问题，从中选择一些有代表性的、有一定难度的问题，有计划、有目的地在教师的指导下进行。每次参加讨论的人数不宜太多，以30人左右为宜，营造民主自由的氛围，要保证讨论的热烈奔放，甚至是激烈的辩论，因为这是产生创意的最佳条件。在讨论中，包括教师在内的任何人都不能谋求权威，要尊重和保护每个人发表意见和坚持自己学术观点的权利。

可是，课堂讨论这种学习方式，目前在我国大学中并不十分流行，即使有些学校或某些课程也间或开展一些课堂讨论，但很难说有什么实质性的收获。这是因为中国人的个性所致，主要是：迷信思想，对教师和权威的崇拜，不敢向他们提出挑战；讲情面，不好意思对他人的观点提出疑问或是批评；怕出丑，总是担心提问不当，怕别人笑话。因此，无论是课堂讨论或是正式的学术讨论会，往往都是提一些表皮或枝节问题，很难在实质性的问题上展开思想交锋，这是与西方国家学术讨论会根本不同的。

因此，要想使课堂讨论成为一种创造性的学习方法，必须解放思想，拉下情面，敢于争鸣、敢于批评、敢于标新立异，才能真正砥砺思想，从而激励出创造性的思想火花，达到培养创造性能力的目的。

关于科学研究，这是学习的最高境界。诺贝尔物理学奖获得者李政道先生曾说："我们的研究领域，是没有路牌的地方。真正的学习是要没有路牌也能走路，最后能走出来。这才是学习的本质。"很明显，在教学中不仅要讲授知识，而且还要创造新知识；不仅要传授假说，而且要验证假说；不仅要学习定律，而且要寻找定律。要达到这些目的，必须引导大学生参加科学研究，从研究中学习，在科学研究中培养创造性的能力。可是，传统的教学制度总是把传授知识与科学研究割裂开来，似乎研究只是专门研究机构里人员的事。所以，保守的教学制度压抑了学生的创造性，这就是为什么我国大学不能造就杰出人才的主要原因。

其实，大学生思想活跃，爱提问题，精力充沛，往往并不满足于书本知识。每一个开明的教师，应当把学生吸收到自己的研究团队中来，指导他们进行研究，通过研究来学习，以达到增长才干和出成果的双重目的。事实上，在科学发展的历史上，有许多重大的发现与发明，就是一些在读的大学生作出来的。例如，天才的纳什，21岁在普林斯顿大学读书时，就创建了均衡理论规律，在仅仅27页的博士论文中，阐明了后来被称为“纳什均衡”的博弈理论，并且在40年以后获得了诺贝尔经济学奖。他不仅是天才，而且具有传奇的人生经历，以他为蓝本的传记电影《美丽心灵》也荣获了奥斯卡金像奖。①

现在，我国大学生中开展科技发明的人逐渐地多了起来，这是一种十分可喜的现象。例如，东北师范大学美术学院的学生卜一，他在两岁半就表现出了绘画的才能。2000年9月，他考取了这所学校电脑美术专业。进校不久，他就感到老师讲授的内容吃不饱，觉得很苦恼。一天，他在玩电脑游戏时，突然一个灵感像闪电似的出现了：与其消磨时间，何不研究制作三维动画片呢？他把这个创意告诉要好的同学，意欲邀请他们参加，但他们摇头，表示不参加；他告诉老师，遭到了冷遇。但是，这一切没有动摇他的决心，于是他全身心地投入到三维动画片的研究之中。经过了13个月的刻苦研究，他最终完成长达44分钟的三维动画片《玛雅石》。消息传出，震惊了京城，震惊了中国的CG界，并且最终他与

① 曾佳：《在与命运的博弈中找到均衡》，《中国金融家》，2005年第7期。

一家公司签下了360万元的片约。[①]

应当说，在大学生中蕴藏着巨大的创造潜力，目前开展的科技发明活动仅仅只是停留在自发的阶段。问题是，应该把大学生的科学研究纳入教学计划，按照SSR的模式对大学生进行培养。唯有如此，才能有计划地、自觉地把大批的学生培养成为创造性的人才。

（三）争取最佳的学习效果

学习的目的究竟是什么？这似乎是一个不言而喻的问题，但是我敢说大多数的学生并没有真正明白这个问题。有人认为，上大学是为了获取合格的文凭，有的是为了考研究生或出国留学，更多的人可能是为了找到一份称心如意的工作。但是，我认为这些虽然也是我们应该达到的目标，但它们只是表面的，如果不能树立正确的学习目标，即使获得了优秀的学习成绩，获得了研究生的学位或一份满意的工作，那也不一定能保证获得事业上的成功，在创业道路上实现自己人生最大的价值。

什么是最佳的学习效果呢？是高分？是渊博的知识？我看都不是。根据我几十年的体会，我觉得方法比知识重要，能力比分数重要，成果比文凭重要。因此，每一个善于创造性学习的学生，都要正确地设计自己的学习目标，并且千方百计地去实现自己的目标——掌握科学的思维方法，培养独

① 雪杉：《卜一：签下360万元动画片约的大三学生》，《源流》，2004年第3期。

立分析和解决问题的能力，作出创造性的成果。

首先，关于掌握思维方法问题。17世纪法国著名的科学家笛卡尔，不仅是解析几何的创始人，而且还是一位百科全书式的大学者，他精通数学、物理、生理学、心理学、音乐、哲学等。他曾写了一本书叫《方法论》，认为："最有价值的知识是方法知识。"[①]为什么这样说呢？这是因为，谁都知道在学校里传授的知识，在以后实际工作中，绝大多数是无用或者是用不上的。因此，应当重视科学方法的学习，因为方法是进一步获取有用的知识甚至是创造新知识的工具。但是，目前在大学的教学中，又不重视科学方法的传授。怎么解决这一困难呢？我认为，除了开设各种专业基础理论和知识的课程以外，还应当开设科学方法方面的选修课程。联合国教科文组织外联助理总干事德·纳伊曼曾说，如果现在人们用80%的时间传授知识，用20%的时间获得学习方法和研究方法的话，这种比例一定要根本转变过来，甚至应该把这个比例倒过来。但是，要做到这一点又是非常困难的，似乎应当对现在大学里的课程设置进行一次革命。

作为一个学习者来说，在这种革命尚没有到来时，我们不能等待，应该自己主动安排自己的学习。一方面，可以阅读科学方法方面的参考书，自觉地去掌握个人需要的方法论知识；另一方面，要善于通过教师的课程讲授，从具体的专业知识中归纳出科学方法问题。例如，在学习外语时，你可以学习联想法、归纳法和类比法等；学习化学时，可以掌握

① 丁晶：《最有价值的知识是关于方法的知识》，《成都商报》，2014年9月10日。

辩证法、置换法和逆向思维法；学习生物学时，可以推导出演绎法、仿生法；学习数学时，要训练自己的逻辑思维方法和立体思维方法；等等。最关键的问题是，自己要做一个方法学习的有心者，这就是古人所说，处处留心皆学问。

其次，要不断地训练自己的实际工作能力。能力是与书面知识相对应的，它已不再是一种理念性的东西，而是已经转化为人的一种能动的素质，成为他可以承担某项工作的力量。一个人的能力是多方面的，如阅读能力、写作能力、演说能力、调查研究能力、交际能力、合作共事能力、独立分析和解决问题的能力和创造能力……在所有这些能力中，每一种能力都担负着某一种功能，但最高级的能力就是创造力。

怎样才能获得自己所需要的各种能力呢？最重要的是要参与，要从实践中增长才干，这才干就是能力。例如，只有不断地写作，才能提高创作能力；只有经常参加演讲比赛，才能提高雄辩的能力；只有独立调查研究，才能提高分析和解决问题的能力；只有具有了创造性的素质，才能从事创造性的工作。所以，大家在校学习期间，一定要把培养能力放在首位。

再次，在学习期间，要积极地争取出成果。也许，有人把学习与出成果分为两个互不相干的阶段。其实，这是保守的教育理念，正是这种思想妨碍了大学生创造性的发挥。正确的做法应当是，把学习与研究结合起来，以学习带动研究，以研究促进学习。这就是说，把在学习中发现的问题，自己进行独立的研究，通过研究以达到更深刻地理解书本知识，并能够实现举一反三的目的。成果是一个广泛的概念，包含着丰富的内容，如文学创作、科学技术发明、实验仪器和技术的改进、社会调查报告、经济与技术咨询、编著书籍……总之，凡是有问题的地方，就有研究，矢志不移地求索，就会获得成功。

最后，我想就知识、能力和成果的关系作一个总结。它们彼此的关系是：知识是构成能力的基础，而能力是知识人格化的一种素质；能力是获取成果的保证，而成果是能力物质化的形态。我想，如果我们每个大学生明白了这三者的关系，并且能够自觉地按照这三要素创造性地学习和研究，那么每个人都会成为成功的人！

（本文原载《湖北函授大学学报》2006年第1期）

九、怎样做一名开明的教师

教师是以传授知识和经验为职业的群体，他们是随着学校的诞生而出现的。那么，世界最早的学校是什么时候诞生的呢？据可查的资料，最早的学校出现在公元前2500年的古埃及，中国最早的学校产生于公元前1000年的商代。其实，学校的诞生也是一把双刃剑，它既有利于教育的规范化和批量化地培养人才，但又出现对学校的垄断，造成教育的不公，也滋生了人们对学校的迷信和依赖，以至于形成了一个亘古不变的教条“教育等于学校”。[①]

我国长期以来，都是赞美教师是“太阳底下最光辉的职业”，是“人类灵魂工程师”。但是，人们却很少注意到“教师之职业性的习惯是因循保守”。这种保守性表现在他们“既可以阻碍才赋的发展，自然也能够促进才赋的发展”。[②]这种保守性是怎么造成的呢？这是因为教学活动是一种重复性的脑力劳动，重复既可以达到“温故而知新”的目的，但也可能导致“故步自封”的保守思想。正如联合国教科文组织所指出的：“教学活动本身，如同司法活动一样，倾向于重复过去，倾向于形式化、公式化、标准化。这种双重性的特征在迅速变革时期尤为显著。于是，教育看来既是

① 联合国教科文组织国际教育发展委员会编著：《学会生存》，上海译文出版社，1979年10月，第124页。

② 贾馥茗：《英才教育》，台湾开明书店，1976年3月，第96页。

反对社会变革的，同时又是推动社会变革的。”①

学校的教育活动主要是通过教师来实施的，因此一个开明的教师，将是决定教育成功的关键。那么，怎样才能成为一名开明的教师呢？我认为，教师要自觉地学习教育学、心理学，更新教育理念，率先实现自我解放，做一个符合新时代要求的开明教师。那么，教师的自我解放应当从哪里做起呢？我认为，主要的是从师道尊严的权威下解放出来，以建立民主、平等、质疑和争鸣的学术风气；从传统的灌输式课堂中解放出来，提倡学生自学、思考和研究，不再以点名、扣分约束学生必须上课；从迷信分数的教育价值观中解放出来，重点是开启学生的悟性以及隐藏在知识背后的智慧。

（一）教师既是先生又是学生

教育过程始终伴随着教育者与受教育者之间的互动，他们究竟应当构成什么关系，这直接关系到教育的有效性。“师道尊严”是一句流传了2300多年的名言，在《礼记·学记》中有云：“凡学之道，严师为难。师严然后道尊，道尊然后民知敬学。”究竟怎样看待这条教育原则，问题并不在字面上的理解，而是在执行这个原则时往往偏离它的主旨。实际上，两千多年以来，这条教育原则始终没有得到很好的贯彻，既有谋求权威的教师又有辱没教师尊严情况的发生。时至今日，这个问题仍然没有统一的认识，可以说是一个歧

① 联合国教科文组织国际教育发展委员会编著：《学会生存》，上海译文出版社，1979年10月，第5页。

义最大的教育论题。赞成者高呼："要回归师道尊严，让师道尊严永存！"反对者痛斥："师道尊严可以休矣，必须肃清其影响！"其实，在这两种极端的认识之外，还有大批不温不火和不偏不倚的人群，我本人就是其中的一分子。具体问题具体分析，应该是我们看问题的科学思想方法，切忌主观片面性。我们可以把师道拆开来分析，师有良师、庸师和恶师之分，凡是有真才实学、为人师表和诲人不倦的教师，都堪为良师；而有些动辄体罚和刺伤学生心灵的就是恶师，难道对后面这些教师也要敬重吗？再说到"道"，它涵盖一切伦理、学理和方法的知识，但亦有正确与谬误之别，对于已经被实践检验的科学真理，一切来自于实践的真知，我们当然要学习和尊重。但是，对于伪科学和那些剽窃与抄袭之作，我们不仅要坚决摒弃，而且还应无情地揭露和批判。

就我国的国情而言，我们不能不正视一个不被人们注意到的深层问题，那就是在我国学术界始终没有形成平等和自由争鸣的风气，在某种程度上窒息了我国学术界的创造性。从根本上说，其原因就涉及师道尊严的问题，大多数学生对老师是顶礼膜拜，对老师的"道"也不敢提出质疑，更无人有胆识向老师发起挑战，对他们不当的学术观点或是学说提出批判。在这一点上，我国知识界与欧美国家是完全不同的，他们师生之间不仅直呼其名，而且能够平等地争辩任何问题，没有闪烁其词和顾及情面的问题，这是值得我国深刻反思的。

目前，我国大学教师队伍近亲繁殖现象十分严重，而且越是重点大学就越发严重，因为他们夜郎自大，对于来自非重点大学的毕业生，向来是不屑一顾的。当前，某些重点大学的教师大多是三世同堂，甚至有四代同堂的。更有甚者，在一些大学中流行“夫妻店”和“父子兵”式的课题组，甚至有儿子做老子的研究生或是博士后，他们以家族独占了科研资源。其实，这种科研组织不仅仅是利益问题，还存在着严重的排他性。试问：这种家族制的研究，怎么能够建立民主和自由的学风呢？

俗话说，矫枉必过正，既然师道尊严阻碍了我国大学自由民主学风的建立，那么我们就应该反其道而行之。早在20多年以前，联合国教科文组织就指出：“教育能够是，而且必然是一种解放……在驯化的教育实践中，教育工作者总是受教育者的教育者。在解放的教育实践中，教育工作者作为受教育者的教育者必须‘死去’，以便作为受教育者的受教育者重新诞生。”[①]我国人民教育家陶行知先生曾撰写《小先生》一文，论述学生可以做先生的道理。他说：“自古以来，小孩是在教人。但正式承认小孩为小先生是一件最摩登的事……小孩的本领是无可怀疑。我们有铁打的证据保举他们做先生。”[②]1950年12月29日，毛泽东在为湖南第一师范校训题词也写道：“要做人民的先生，先做人民的学生。”这些都说明，教师与学生是相互学习的，也就是教学相长、能者为师的关系。因此，无论以何种形式维护师道尊严，或者谋求教师的特权都是不可取的，我们必须从这一道紧箍咒中解放出来，以建立新型自由平等的师生关系。

---

① 联合国教科文组织国际教育发展委员会编著：《学会生存》，上海译文出版社，1979年10月，第191页。

② 《陶行知全集》（卷2），湖南教育出版社，1985年1月，第638页。

（二）必须改革“三中心”的教学模式

杨·阿姆斯·夸美纽斯（Johann Amos Comenius，1592—1670）是捷克著名教育家，他被称为教育学之父，也有人把他称为教育史上的“哥白尼”，表明他在世界教育史上举足轻重的地位。[①]1632年出版的《大教学论》，是他的代表作，标志着教育史上独立教育学的出现。他的主要贡献是首次提出学校工作制度，建立了课程体系，编写教科书，特别是实施按班教学的制度。在17世纪出现按班授课不是偶然的，是与当时资本主义的兴起相联系的。由于工业和商业的发展，对人才的要求急剧增加，于是要求普及教育，扩大教育规模，提高教育的效率。夸美纽斯看到了这种发展趋势，从理论上和操作上论证了班级教学的可行性，于是以班级教学制度代替小农经济个别教学，从而顺应了时代发展的要求，这是教育进步的表现。

又过了170多年，另一位教育学家对于推进教学制度的改革，也作出了功不可没的贡献，他就是德国教育学家约翰·赫尔巴特（Johann Friedrich Herbart，1776—1841）。1806年，他的《普通教育学》问世，从而奠定了他的教育理论基础。在近代教育史上，没有任何一位教育学家能够与之比肩。他曾提出：“学校以课堂为中心，课堂以教师为中心，教师以书本为中心。”然而，美国实用主义教育学家

---

① 刘传德：《外国教育家评传竞选》，北京师范大学出版社，1993年7月，第38页。

约翰·杜威（Johan Dewey，1859—1952）却批判赫尔巴特的“三中心”是传统的、守旧的，遂提出了自己的“新三中心”（以儿童、经验和活动为中心）[①]。

但是，杜威的“新三中心”并没有得到广泛的认同和推广，倒是赫尔巴特的“三中心”却在全世界流行，成了统治世界各级学校的教育模式，而且固若金汤，迄今没有任何模式能够替代它。那么，究竟怎样看待赫尔巴特的“三中心”呢？联合国教科文组织早在30多年以前，在一份调查报告中就指出：“教学内容和教学方法几乎在全世界都受到指责。教学内容受到批评，因为它不符合个人的需要，因为它阻碍了科学的进步和社会的发展，或者因为它和当前的需要脱了节。教学方法受到批评，是因为它们忽视了教学过程的复杂性，不是通过科学研究进行学习，也没有充分地对思想态度的训练作出指导。”[②]

既然教学内容和方法遭到全世界的指责，为什么没有引起教育界人士的注意，为什么不进行改革呢？这正说明教育界的保守性，人们见怪不怪，只是适应它，而不愿意彻底去改变它。时至今日，又有不少的有识之士站出来，大声疾呼，发出抨击的声音。例如，美国麻省理工学院教授、edX总裁阿南特·阿格沃尔批评道：“教育在过去500年中实际上（本质上）没有什么变化，上一次变革，是印刷机和教科书。”美国X大奖创始人、奇点大学执行主席彼特·戴曼迪

① 杜复平：《教育理论价值构建取向》，《教学与管理》，2012年第4期。

② 联合国教科文组织国际教育发展委员会编著：《学会生存》，上海译文出版社，1979年10月，第98页。

斯更尖锐地指出："标准化是教育规则，统一性是教育的结果。同一年龄的所有学生使用相同的教材，参加相同的考试，教学效果也按照同样的尺度评估。学校以工厂为模仿的对象，每一天被均匀地分割为若干时间段，每段时间的开始和结果都以敲钟为号。"大学僵化到如此地步，大学不进行根本性的改革，怎么能够适应新形势的需要呢？

为什么说"三中心"的教育模式是过时的呢？这是因为，无论是课堂、教师或是教材，都是以知识为基础，现在的课程体系已经沿用了几百年，早已陈旧过时了。在20世纪末，法国一个教育家曾预言，21世纪最重要的也是最困难的任务是让教师闭上他们的嘴。叶圣陶先生是一位开明的教师，人们感叹"要向叶圣陶那样做老师"。[①]他是从一个中学生自学成为著名的文学家、教育家的，一生从事文学创作和教育工作，因此他对课堂教学的弊端看得最透。他在20世纪60年代就指出："凡为教，目的在于达到不需要教。"在拨乱反正时期，他又重申："教师教任何功课（不限于语文）'讲'都是为了达到用不着'讲'，换句话说，教是为了用不着'教'。"[②]华东师范大学教育学家叶澜在一次会议上也指出："在课堂上，教师要封住自己的嘴，让自己少说一些，留出空间给学生。"[③]这些见解都是十分开明的，也是具有前瞻性的，说明"三中心"的教学模式早已过时，必须以

---

① 苏雁、李锦：《像叶圣陶那样做老师》，《光明日报》，2017年4月20日。

② 《叶圣陶语文教育文集》，科学教育出版社，1980年10月，吕叔湘序文，第717页。

③ 1999年8月25日在新基础学校第一次教学研讨会上的发言。

一种新的理念和模式取而代之。

“三中心”的教育模式，为什么能够沿袭数百年？这里有一个如何看待知识的问题，17世纪英国哲学家弗朗西斯·培根（Francis Bacon，1561—1626）有一句名言：“知识就是力量。”于是知识万能论就盛极一时，“尊重知识”“知识改变命运”等口号也都流行了起来。其实，知识并不等于力量，只有当知识被转化为智慧时，它才能成为力量。因此，准确的说法应该是，智慧才是力量。这个道理已经为无数的事实所证明，包括正面和反面的事例都是屡见不鲜的。

例如，史蒂夫·乔布斯既没有显赫的背景，也没有高深的学历，他在私立里德学院学习了6个月就休学了，但他却是最富有智慧的人之一。在这个世界上， 有两个人因苹果而改变世界，他们的故事是家喻户晓的。一是牛顿，他因苹果而发现了万有引力，这是17世纪自然科学最伟大的发现之一，从而对物理学、力学和天文学的发展起了巨大的推动作用；二是乔布斯创办了苹果公司，颠覆了电子计算机的概念，进而以“苹果”把世界玩得跟着他转，他不仅是美国而且也是世界最伟大的创新家之一，他是一个创新狂，一个永恒的颠覆者。乔布斯的成功启示我们，教育必须彻底改变，智慧是超越知识的，各级学校都要把开启学生的智慧作为根本的目标。

教育的根本改变，必然伴随教师职能的转变。我们可以设想，如果学校的教师真的都闭上了嘴，那学校的教育应该怎样进行，教师们的任务又是什么呢？对于这个问题，我思考了10多年，最近我形成了一个崭新的教育理念，从而颠覆了迄今为止以传授知识为主的教育理念。这个理念就是“大智慧之光”（The light of great wisdom）的理念[①]，我认为教育的真谛是解放和启蒙，亦即解放学生的头脑和双手，解放他们的个性和智慧。我国教育的主要问题是，知识灌得太多，而智慧开启得太少，这就是杰出的人才冒不出来的根本原因。

如果确立了“大智慧之光”的理念，整个教育游戏规则都需要改变，即从玩“知识游戏”转向玩“思维游戏”。与此同时，教师们的职能必须转变，他们就从课堂上解放出来了，也就自然而然地要闭上嘴，将不再是满堂灌。他们的主要职责是开启学生的智慧，进行个性化的精英教学，指导学生的自学、反思和创造性的研究。同时，他们还将编写有利于学生自学、思考的教材，设计能够激励学生思想碰撞的课堂讨论。我们可以展望，“大智慧之光”教育时代的到来，将是人类智慧迸发的时代。

（三）要正确地对待分数

我国教育界广泛流传一句顺口溜：“考，考，教师的法宝；分，分，学生的命根；抄，抄，学生对付考试的绝招。”这是我国教育的流行病，而且已经成为沉疴痼疾，似乎已经无人能够改变这种状况。尽管国家教育当局，喋喋不休地高喊实施素质教育，但是素质教育口号喊得震天响，而

---

① 刘道玉：《云时代，大学需要崭新的教育理念》，《南方周末》，2015年4月23日。

应试教育考试却硝烟弥漫，全国各地都有所谓的“高考工厂”或是“示范学校”，它们都是在各级教育行政部门的眼皮底下，不仅得不到遏制，反而是众多的学生家长趋之若鹜。这些现象说明考试的功能已经异化，不仅误导了学校的教师、学生，也误导了广大的学生家长。

从本来意义上说，考试的功能是为了检查教学的效果，既帮助教师发现问题和改进教学，也督促学生努力学习。可是，现在学校的考试已经成为学生们求学路上的关卡，各种考试越来越多，诸如平时小考、期中考试、期末考试、毕业考试、中考、高考等等。考试与评判考试的结果是密切相联系的。我国自汉代开始，评定考试成绩使用等级制，先是只有合格与不合格两级，后来又逐步细分为四级（甲、乙、丙、丁）和五级（优、良、中、可、劣）。我国科举考试沿袭了1300多年，也是以等级区别优劣的，而且一份试卷多人评阅，以多数人的评分定准，相对的还比较公平。光绪二十八年（1902）清政府管学大臣张百熙拟定了《钦定学堂章程》，其中规定：“评定分数以百分为满格，通过各科平均计算，每科得60分为及格，60分以下者为不及格。”[①]自清朝末年，我国各级学校考试都是采用百分制，期间虽有短暂地更迭，但基本上一直是沿用百分制。

所谓百分制，是属于绝对评价计分，与等级制评分是相对应的。百分制是把考试成绩划分为100个等分（从0到100）。满分为100分，90～100为优秀，80～89为良好，

---

① 舒新城编：《中国近代教育史资料》（上册），人民教育出版社，1983年8月，第212页。

70～79为中等，60～69为及格，而60分以下者为不及格。在实际评判中，评分可以细化到0.5分。这种细化的评分办法，看起来似乎很严格，但实际上并不科学。比如90分属于优秀，而89分就只能是良好，60分为合格，而59分就是不合格。这种差之毫厘，但对评价学生的好坏，却产生了迥异的效果，甚至决定了他们的命运，这怎么能说是公平的呢？

1951年我国提出“一边倒向苏联”，在教育上也“全盘苏化”，不仅教学大纲、教学计划和教材全部使用苏联的，而且也以“五级计分制”代替百分制。所谓五级计分，就是以“5、4、3、2、1”五个等级来评价学生的学习成绩。我上大学时，正是全盘苏化时期，教师还是以百分阅评试卷，然后再换算成五分，换算的办法是：5分相当于90～100，4分相当于80～89，3分相当于70～79，2分相当于60～69，1分相当于60分以下者。实际上是换汤不换药，在中国近现代史上，百分制在国人的思想里根深蒂固，这是与中国人教育价值观偏离相联系的。

由于中苏关系恶化，从20世纪60年代中期开始，我国各类学校又恢复了百分制，而且一直沿用至今。既然分数代表了学习好坏的区别，于是分数就成了学生们追求的唯一目标，甚至成了他们学习唯一的价值观。中国的学生家长们都有“望子成龙”的情结，于是自己孩子考试的优异成绩，也就成了他们所希望得到的回报。因此，考试与分数就成了束缚学生和家长们的紧箍咒，使得教育的功能和真正的价值发生了异化。

一般来说，中国学生有三个“心结”，即满分、状元和名校，他们成了绝大多数学生和家长们的追求，这是与欧美国家受教育者们完全不同的价值观。“状元”本是一个被遗忘的历史名词，在清末废除科举以后，“状元”一词也基本上销声匿迹了。可是，自20世纪90年代初以后，这个历史名词又复活了，连篇累牍地出现在各种媒体上，什么文理科状元、高考招生争抢状元、培养状元的秘籍、状元经验报告会、状元谢师宴……值得指出的是，这些现象在新中国成立前没有，新中国成立初期没有，80年代也没有，而偏偏出现在90年代这个时期。为什么？我认为，90年代初是我国教育史上的一个拐点，由于大学合并、升格和扩招，从而掀起了一股大跃进的歪风，并导致狂躁病、浮肿病和虚脱病。应当说，状元的复活，就是这几个病态的综合反映。近20多年，全国新办了许多城市小报，它们出于猎奇的需要，在掀起状元热方面，起到了推波助澜的恶劣作用。

从根本上说，追求状元、高分和名校，都是偏离了教育的真正价值观。其实，状元、高分和名校，都与成才没有线性关系，实际上都是虚荣心的反映。要使教育回归到正确的轨道，必须把广大学生以及他们的家长们从分数的奴役下解放出来。谁都知道，分数并不代表一个人的真才实学，高分低能的现象比比皆是。分数只是一个符号，十多年以前，一个获得高考状元的学生就道出了状元的心境，他说状元不代表什么，如果再考一次，可能状元就会易主了。这是实事求是的态度，说明考试无常，每个人在不同的地点、不同的时间、不同的试题和不同的身心状况下，都会有不同的发挥，而获得的分数也有很大的差异。因此，一定要淡化分数，重点要培育学生的自学能力，开启他们的悟性，进而引导他们获得决定每个人成功与前程最重要的智慧。

但是，解放学生先要解放教师，只有教师不再以分数论英雄，学生才会放弃分数至上主义；只有教师不把考试当法宝，学生才不会视分数为命根，也才会从源头杜绝抄袭和舞弊的行为。分数是枯燥的数字，教师评判学生的优劣，不能仅仅凭分数，而应当凭智慧，在动态中客观和公平地考核学生。教育学上有两句约定俗成的名言：能够深入浅出的教师是可怕的教师；能够浅出深入的学生是可怕（是指学习能力很强）的学生。因此，我希望每一个教师都要成为开明的老师，从师道尊严、课堂和分数这三个紧箍咒的束缚中解放出来，做一个智慧型、开明的教师，以培养出能够引以为荣的杰出人才为骄傲！

（本文原载《教师教育论坛》2015年第7期）

十、怎样觅得创新创业的灵感

自2015年以来，“双创”一词走红大江南北，所谓“双创”是指大众创业和万众创新。2015年6月11日，国务院以国发〔2015〕32号文件，颁发了《关于大力推进大众创业万众创新若干政策措施意见》。接着，2016年9月27日，国家发改委又发出了《关于做好大众创业万众创新活动的通知》。霎时间，各种创业公司、创客空间、孵化器等如雨后春笋般地冒了出来，一股“双创”浪潮席卷全国。应当说，这种现象是值得称道的，对于我国从制造大国向创造大国转变，对于推动经济持续发展都是有重大意义的。但是，凭一时的热情是不够的，也是不能持久的。因此，我们必须从感性认识上升到理性认识，廓清大众与万众的异同，深刻理解创业与创新内在的关系，才能把“双创”活动深入和持久地开展下去。

一般说来，大众是指现代社会一种未组织化的群体，是大众社会的主体，他们数量巨大，具有高度的分散性和异质性。万众是千千万万人群的简称，也包含广大群众之意，但往往具有专门的指称，如万众一心、万众欢腾、万众同庆、万众翘首等。其实“双创”一词包括的大众和万众，它们具有相近的意思，具有重复和加强语气的作用，无非是指参与创业与创新活动的人数之多和规模之大的意思。

那么，创业与创新的含义是什么，它们之间的关系又是什么？一般地说，创业有广义和狭义之分，从广义上说是指普及意义上的活动，如建个厂、开个店、摆个摊都是创业，不仅能够自谋生计，还能够解决他人的就业，为国家增加税收，造福于社稷。从狭义上说，创业专指创建新的产业，尤其是高新技术产业。那么，何谓创新呢？“创新”一词最早出现在1912年，首创人是奥地利裔美国经济学家约瑟夫·熊彼特，他在《经济发展理论》中说：“创新的通义是要建立一个新的生产函数，也就是把一种从来没有的生产要素和生产条件的新组合，引进到生产中去。”因此，我们可以看出，创新的根本特征是“新”，它是从旧到新和从无到有的过程。

从创新与狭义上的创业关系来看，创新是创业的前提，没有创新何以有新产品、新技术和新方法的诞生呢？纵观一切发明创造成果的取得，最初都是源于一个新创意或称为灵感，而且是一个人的灵感，然后依靠集体的力量把新创意付诸实践，创建一个规模和经济效益可观的高新技术产业，这几乎是一个普遍的规律。因此，寻觅创新的灵感，就是创业至关重要的因素。

什么是灵感，它有哪些特征？一般地说，灵感是指在文学、艺术和科技活动中瞬间产生的、富有创造性的意念，也称为灵感思维。它是人的大脑一种特殊的机能，是思维发展到高级阶段的产物，是人的高级感知能力，是从事发明创造的必要前提。从灵感的属性来看，它有以下的特点：一是突发性的，是在不经意状态下瞬间产生的；二是新颖性的，如新思想、新观点、新点子、新方案、新见解等；三是非逻辑性的，它不是按计划、循常规而出现的；四是稍纵即逝，它是一位不速之客，也是一位骄傲的客人，请之不易，而遁之又无影无踪；五是公平性，灵感不需要投资，对所有的人都是公平的，任何人都有获得灵感的权利。

灵感与普通感知是不同的，前者不是通过人的五官（视觉、听觉、嗅觉、味觉和触觉）而获得的，它是通过精神交流，或是由五官综合作用而获得的，我们通常把它称为“远隔思维”。那么，灵感究竟产生于何处呢？科学家们通过研究发现，启动人的灵感部位叫“扣带前回”，它位于靠近脑门的地方，也叫作布罗德曼叶区，这是一块风水宝地，正是产生灵感之源。脑门位于眉毛的上方，在大脑额叶的内侧，一个靠近脑沟的地方。俗话说“眉头一皱，计上心来”，这是因为皱眉头刺激了“扣带前回”，激发了灵感的产生。

人的灵感无处不在，无论何时何地，也无论从事何种活动，都有可能闪现出灵感。问题是，人们是否有一个“准备的头脑”，能够及时捕获到稍纵即逝的珍贵的灵感？其实，灵感既稀缺又浪费极大，几乎每个人都有过灵感闪现的经历，只是他们没有觉察到，并在不经意中溜失了。因此，每一个有志于发明创造的人，都要时刻准备着，把瞬间闪现的灵感紧紧地抓住。有不少作家、作曲家和发明家，他们在床头柜放一个笔记本，或者随身带着笔记本，将瞬间闪现的灵感记录下来，他们都是对待灵感的有心人。

为了说明灵感无处不在，无论从事何种活动，都有产生灵感的可能，我不妨略举数例，以启迪和开阔人们的思路。

途径之一，看电影联想，发明了第一款手机。当今在人们生活、工作、社交、通信和娱乐中，手机已经是须臾不可缺少的工具，一部智能手机可以打电话、发微信、接发邮件、拍照、听音乐、看视频、支付消费款额，等等，几乎无所不能。但是，马丁·库柏于1973年发明的第一款手机却是非常笨拙，那时叫蜂窝电话，也称为“大哥大”，重量1公斤，只有单一通话功能，充电10个小时只能用35分钟。别瞧不起这个“笨老大”，它的发明却开创了无线电通信的新纪元。那么，库柏的发明灵感来自哪里？原来，库柏在观看电影《星际迷航》时，看到考克船长用一部无线电话打电话，他的大脑立即“触了电”，于是大声尖叫起来：“这就是我需要的！”经过3个月的潜心研究，他发明的移动电话成功了。当年4月3日，他在纽约大街上给贝尔实验室的竞争对手恩格尔打电话，宣布他的发明成功了，也宣告无线电通信新时代的到来！

途径之二，通过观察，创作了风靡全世界的《圆舞曲》（Waltz）。肖邦是波兰19世纪伟大的作曲家，也是世界上广泛受欢迎的作曲家。他一生创作了21首《圆舞曲》，而《瞬间圆舞曲》，也称《小狗圆舞曲》或《一分钟圆舞曲》，是他在世最后的作品。他创作的灵感是来自于对小狗的观察，一次他去探望朋友、情人乔治·桑，在客厅看到一只小狗咬着自己的尾巴团团转，这情景激发了肖邦的创作灵感，马上走到钢琴边坐下，立即谱出了《瞬间圆舞曲》。这首乐曲篇幅短小，速度极快，淋漓尽致地表现了调皮小狗旋转的姿态。

途径之三，在轻松和惬意的玩耍和游戏中，常常伴随着灵感闪现，不要错过捕获那些稍纵即逝的灵感的机会。1816年9月13日，是法国医生雷奈克（René Laennec，1781—1826）发明“听诊器”的日子。这个重大的发明居然是从儿童做游戏获得的灵感。有一天，他到卢浮宫广场散步，看到几个儿童在玩耍，一个孩子在一根长圆木的一端刻画密码，而另一个孩子在木头的另一端能够听到声音。于是，他马上来了灵感，用纸筒作出了最早的听诊器，起初叫“医学小喇叭”“独奏器”，几经改进最后定名为“听诊器”。这个发明不仅使雷奈克名声大振，而且造福亿万人民，真是功德无量！

途径之四，逆境励志，苦难也能产生灵感。明朝正德元年（1506），王阳明因反对宦官刘瑾而遭厄运，受廷杖四十棍后被贬谪到贵州荒僻之地龙场。王阳明沿途遭到刽子手一路追杀，九死一生到达龙场，甚至为生计而劳作。他处于极度的困顿和痛苦之中，每日静坐思索，心力交瘁，几乎到了崩溃的边缘。突然一天夜晚，他从梦中惊醒，如魔鬼附身一样地尖叫了起来：“啊，是了，是了，圣人之道，吾心自足，向之求理于事物外误也。”这就是著名的“龙场悟道”，也是“心学”的开端，是中华文明史上的一颗璀璨的明珠！做圣贤是王阳明自幼立下的志向，他因心学的创立而实现了自己的夙愿，成为我国古代继孔子、孟子、朱熹之后的第四位圣贤！

途径之五，爱心的滋润，是灵感产生的沃土。由爱心激发出灵感的例子很多，如1996年诞生的克隆绵羊多莉，发明者之一基思·坎贝尔的父亲患了糖尿病，双目几近失明，他研究克隆技术，就是希望能够利用克隆技术制造新药，以拯救父亲的生命。同样的，检验胰腺癌的纳米试纸的发明，也是出于爱心。美国16岁的杰克·安德鲁卡因为叔叔患了胰腺癌十分悲痛。胰腺癌没有早期检测的方法，一旦发现就是晚期，也就等于宣布死亡。于是，他决心要研究快捷的检测方法。他在有关专家的帮助下，用了一年多的时间，发明了用涂覆间皮素的纳米试纸。检验一次仅仅5分钟，花费3美金，准确率达到90%以上。他放弃了上大学，决心把这项发明推向市场，以造福广大的患者。

当然，获得灵感的途径绝非仅仅限于上面几种，我只是举例说明而已。可以毫不夸张地说，在一切场所和活动中，都有可能出现灵感，如读书、旅游、散步、冲浪、洗漱、睡梦等，都是触发灵感的客体。我们倒是需要知道，灵感是怎样通过客体而激发出来的？激发灵感的中介又是什么？这个中介就是好奇心和联想，好奇心是洞察灵感的“心灵捕手”，而联想则是全部思维活动的机制。美国发明家爱迪生一生获得了1600多项发明专利，成为世界获得发明专利最多的人。他的成功，令他的母亲南希非常自豪，她感慨地说：“我骄傲，我有一个有好奇心的儿子。”可以毫不夸张地说，爱迪生的每一个发明，都是由一个好奇心进而诱发出具有新意的灵感而获得的。

在当今创业的大潮中，有不少青年人跃跃欲试，争当一回弄潮儿，这是应当得到人们称赞和支持的。我们应该看到，我国只有创业者多了，求职者才会少，这是缓解大学毕业生就业难的根本之道。但是，作为一个创业者，必须具备三个素质：一是始终保持一颗好奇心，这是创新和创业的前提，没有好奇心的大脑就像是一座干枯的水坝，任凭它多么巨无霸，终究是发不出电来的；二是一定要有一副“有准备的头脑”，否则即使灵感闪现了，也不被你所察觉和捕获；三是一定要有一双勤快的手脚，有创业点子的人不少，但成功的创业者并不是很多，其区别就在于能否把灵感付诸实践，创建一份巨大的、有经济效益的实业。

有一句古谚说："世上无难事，只怕有心人。"一个创业的有心人就是指有决心、恒心、爱心、心灵、心计和心眼儿。我们与成功的创业者的区别在于，他们比我们多了几个心眼儿，所以他们成为创业的佼佼者。每一个创业者既要海阔天空和百无禁忌地想，又要勤勤恳恳和脚踏实地地干，这样的创业者才能够拥抱成功和喜悦！

（本文原载《光明日报》2017年6月13日）

十一、我们需要怎样的校园文化

教育与文化息息相关。从广义上说，教育属于大文化范畴，而校园文化则是文化建设的具体内容之一，是大学精神的具体体现。现在人们常常说硬实力和软实力，而校园文化当属于软实力的范畴。文化的力量是巨大的，它能够影响甚至改变世界，因此大学的办学者应当重视校园文化的建设。

（一）自由是校园文化的核心

何为校园文化？所谓校园文化，是以校园为主要空间，以学生为主体，以课余的文体活动、文学艺术创作和学术研究与交流活动为主要内容的群体文化。建设高水平的大学，需要从硬件和软件两方面加强学校的建设。硬件包括教师队伍、图书期刊资料、教学与研究的仪器设备、计算机网络和教学与研究需要的建筑物等。大学的软件包括办学理念、大学精神和校园文化，以及学术诚信和师生品德的教育等。我国历来有“见物不见人”的偏向，即重视硬件而忽视软件，认为硬件看得见、摸得着，是物资性能够起作用的东西，误以为软件是虚无缥缈的，似乎是无足轻重的。有鉴于此，我就特别强调校园文化的建设，它是文化力在办学中的表现。从本质上说，文化的价值在于推陈出新，如《礼记·大学》的名句所说：“苟日新，日日新，又日新。”因此，文化的生命力就在于创造，这也是我强调校园文化建设的目的之所在。

20世纪80年代，武汉地区流行一句口头禅：“学在华工、玩在武大，吃在湖医。”这句话流行得十分广泛，自然也传到我的耳朵里了，甚至有些学生家长向我建议，要狠抓一下学风的管理，严肃课堂的纪律。但是，我心中自然有数，对这句口头禅并不以为然。问题是我们怎样看待玩，是昏天黑地地玩，还是在玩中学习，在学习中获得乐趣。例如，我校学生社团“快乐学院”，表面上是在玩，但他们是在进行学术讨论和争鸣，从中增长才干，培养了他们创造性思维能力。

当时，全国各大学纷纷出台《大学生管理规定》，其中明确规定：不许蓄长发、穿喇叭裤，不许谈恋爱等。我认为这些规定缺乏对大学生的尊重，有碍学生个性的发展。因此，我们没有制定这样的规定，对于大学生谈恋爱采取了宽容的和开明的态度，受到了大学生们的欢迎。过去学校都有统一作息时间表，规定晚上10点必须统一关灯。我认为这是不妥当的，因为大学生都是成人了，他们应当有自己作息的自由，不需要采取统一关灯。

大学生究竟应当怎样学习，是一律限制在课堂上，还是允许学生自由选择专业，允许学生自由转专业，允许学生选择自己认为合适的学习方式。那时，我们允许学生不必每堂课都必须上，只要自己觉得能够自学，就不受课堂纪律的限制。事实说明，自学是高效率的，而一堂一堂地听课是浪费时间的。30多年以后，许多大学毕业生都怀念那时的自由学风，使他们走上了创业的成功之路，如陈东升、毛振华、艾路明、于刚等。

（二）大学要成为创新的发动机

英国牛津大学前校长科林·卢卡斯曾深刻地指出："大学可以成为创新的发动机。"在谈到中西教育差别时，他指出："提出挑战性的质疑，恰恰是聪明的中国学生所欠缺的。"[①]大学要成为创新的发动机，需要创新校园文化环境的滋养，需要培育独立思考和批判精神。哈佛大学前校长陆登庭也介绍了他们的经验，他说："哈佛大学给予学生最宝贵的财富，就是自由的公共发展空间。"而且，他自问自答地说："什么样的条件才能产生最好的研究和教育？在哈佛，创新的空间随处可见。"[②]他所指的空间，就是校园文化环境，是充满创新气息的大学精神。

我们不无遗憾地说，中国还没有一所能够称为"创新发动机"的大学，我们离这一目标还差得很远。目前，我国在科学（物理、化学和生理或医学）领域的诺贝尔奖仅有屠呦呦获得一项生理或医学奖。不仅如此，几乎在所有科学和工程技术领域设立的单项大奖也仍然是零纪录，如菲尔兹奖（数学）、图灵奖（计算机）、沃尔夫奖（物理、化学）、爱因斯坦奖（物理）、戴维奖（化学）、推维茨奖（医学）、维特勒森奖（地质学）、泰勒奖（环境生态学）、普利策奖（新闻）、格莱美奖（音乐、美术）等等。这绝非是疏忽或是不公，而是我国学术界原创性缺失的表现。

---

① 温红彦：《外国校长眼里的中国大学》，《人民日报》，2002年7月26日。

② 《"创新发动机"永动》，《光明日报》，2002年7月26日。

俗话说，当局者迷，旁观者清。其实，对于中国人缺失创造力的问题，国际各界早有尖锐的评价，只是为我们充耳不闻罢了。例如，委内瑞拉驻新加坡大使阿尔弗雷德·托罗·阿迪评论说："中国人的思维受铁的纪律和条条框框的束缚，丧失了自己飞翔的能力。这样一个社会，似乎更适合于在明确的指令下繁荣，精英负责思考，其他人负责追随，而不大利于鼓励个人的创造力。"他进一步分析说："在这样的模式下，中国永远不能产生像比尔·盖茨和史蒂夫·乔布斯这样的人物，而学习一般的却是创意的天才人物。"①

那么，中国人为什么缺失批判精神呢？我认为主要原因有三：首先是儒家中庸之道的思想影响很深，许多人都无形中接受了"和为贵"和"求同存异"的传统思想。然而，在学术研究中，更应当强调求异和求不同的观点，各抒己见，营造一种百家争鸣的氛围。其次，我国古时曾有"书香之邦"的美誉，读书和思考是传统的美德。可是，在市场经济转型的过程中，很多人迷失了方向，一味地追求金钱和物质的索取，而不再沉浸于读书和思考，现在中国是世界平均读书量最少的国家之一。不少人读书蜻蜓点水，不求甚解。因而，对于各领域的学术观点，既提不出质疑，也提不出新的见解。再次，中国人思维的特点之一是同向思维，也就是趋同思维。他们信奉"附和哲学"，往往是人云亦云，随波逐流，没有或者不愿意公开自己的独立见解。从创造学上说，

① 《科技胖龙——中国创新力基准报告》，中国政策观察网，2011年3月8日。

没有异见，就不可能有创造发明。

创新校园文化的重要性是显而易见的，它是使大学成为“创新发动机”的必要条件。那么，我们怎样营造创新校园文化呢？我认为应当从三方面做起：

第一，在大学开设创造学方面的系列课程。20世纪30年代，创造学作为一门学科在美国诞生。随后，创造工程学、创造技术学、创造技法、创造教育学等，也陆续地进入美国各大学的课堂。可是，创造学于20世纪80年代初才传入我国，而且由于传统思想的阻挠，在实施创造教育方面困难重重。因此，非常有必要在各大学开设这些创造学方面的课程，借以强化创新意识，传播创造技法，弘扬创造精神，点拨创业的思路，促进大学生创业成功。我国大学毕业生创业人数仅有2%，而成功的不到1%，与美国大学生20%到23%的创业率相比，差距实在是太大了。目前，我国大学毕业生就业困难是一个客观的事实，但我们应当转变思维方法，认识到只有创业者多了，求职者就少了，就业率也自然就高了，这就是美国解决毕业生就业难的经验。

第二，普遍开展多学科的讨论会，促进交叉学科的发展。在20世纪80年代，武汉大学的学生社团多得就像是雨后春笋。其中，有一个叫“快乐学院”的社团，是那时武大创新校园文化的一个缩影。这个社团实际上是一个多学科讨论会，是由哲学、数学、中文、历史、生物、计算机科学、图书情报学、经济学等系的学生组成的。他们的确是一批既想当“九头鸟”（形容十分聪明的人），又是非常快乐的人。这使我想起了古希腊亚里士多德所说，创造源于惊异、自由和休闲，而快乐学院是符合这三个条件的，这批学生也是一批富有创造力的人。他们每周的星期三晚上，雷打不动地聚集到学生会会议室，每个人都是有备而来，既要带来新见解使其他人耳目一新，又要准备批驳别人的观点。他们的宗旨是，为了不一致才走到一起，以获得新知为最大的快乐。

我是这个“快乐学院”的顾问，常常被他们的精神所感染。他们经常辩论得面红耳赤，经常是一个人主讲，而其他的人则是群起而攻之，常常是使主讲人下不了台。但是，他们彼此没有隔阂，都是知心朋友。当年这个社团的几批毕业生，后来大都成了大学的名教授，不少人成为大企业家。应当说，这个社团是创新校园文化哺育出来的，而他们创造性的活动，又进一步丰富了创新校园文化，在物质和精神两方面都获得了丰收。这就犹如控制论的创始人诺伯特·维纳所说：“在科学发展中，可以得到最大收获的领域是各种已经建立起来的部门之间的被忽视的无人区。”[①]现在看来，这样的社团和争论的风气，应该在各大学普遍推广，使校园中的创新活动蔚然成风。

第三，设立创新奖，激励每一个创新者。创新校园文化虽然是以学生为主的，但学校的教师并不是旁观者。教师既是大学创新的主体，又是大学生们创新活动的指导者。因此，大学设立的创新奖应面向学校的每一个人，在营造创新校园文化方面永远没有旁观者。

美国著名的管理学家米切尔·拉伯夫经过20多年的研

① ［美］维纳：《控制论》，科学出版社，1963年，第2页。

究，发现了一个在法力上任何其他原则都无法比拟的管理原则。他解释说："这个原则简单、明白到几乎无法描述，但又是被大多数管理者所忽视的关键原则。这个原则是什么呢？就是奖励。"[①]美国心理学家、创造学家E. P. 托兰斯在考察了大量的创造行为之后作出一个有名的论断："要激励创造性行为必须有奖。"这与拉伯夫的观点不谋而合，真是天下英雄所见略同。

拉伯夫的发现被认为是世界上最伟大的管理原则，因为奖励是对创新的认同、肯定和支持。所以，我们要营造创新校园文化，必须奖励每一个创新的优胜者。与此同时，我们还应当奖励那些有价值的失败者，道理也很明显，没有失败哪里会有成功呢？这就是"失败是成功之母"的道理。美国硅谷之所以为世界各国所效仿，就是因为它是一个"创新谷"和"创新场"。"场"是物理学上的一个概念，它的实质是相互作用力的形态。创新一旦形成了场，说明它的作用无处不在。美国硅谷文化鼓励冒险，宽容失败，支持竞争，保护公平。可是，我国是一个对失败并不宽容的国家，所谓的"胜者英雄败者寇"就是这种思想的集中反映。而且，这种思想的社会基础非常深厚，以至于许多人因为怕失败而不敢冒险。什么是冒险？从实质上说，冒险就是一连串的追逐想象力的游戏，一旦想象力枯竭了，哪里还有创造力呢？

---

① ［美］拉伯夫：《世界上最伟大的管理原则》，科学技术文献出版社，1989年，第4页。

（三）让校园成为智慧园

根据《西方教育词典》的诠释，校园是指“学校、学院或大学的场地，与周围附近地区相区别”。很明显，这里是指有形的校园，其实文化校园，就是无形的校园，它比有形的校园具有更重要的作用。提到文化校园，自然涉及文化的含义。什么是文化？文化是流水，刀劈不断；文化是江河，昼夜不息地奔流；文化是灯塔，指引航船驶向彼岸；文化是观念，犹如人类精神原子弹，虽然它不能改变什么，但它能够改变人，而人可以改变世界。

20世纪50年代初的大学校园，是纯朴、宁静的，是一片圣洁的学术园地。我是50年代初的大学生，正赶上实施第一个“五年计划”建设，每个同学都心潮澎湃，有的发誓要当中国的牛顿，有的立志要做门捷列夫，有的女同学要做中国的居里夫人，而我的梦想是要做一个“诺贝尔式”的发明家，可以说有多少人，就有多少个理想，那时的校园就如一个“梦想剧场”。

70年代末和80年代初，推翻了“两个凡是”，出现了思想大解放，从而迎来了改革开放的春天。武汉大学一马当先，争做教育改革的先行者。那时，在武大创办的“快乐学院”后来走出了众多的哲学家、生物学家、经济学家、美学家、作家和企业家等。那时，以“快乐学院”为标志的学生社团多达400多个，其氛围就体现了文化校园。

人类已经进入到21世纪，大学的文化校园必须与时俱进，应当赋予它崭新的内容。大学校园不仅仅是书声琅琅的校园，而应当成为富有理想者的智慧园；也不能只是让学生获得知识，而是要解放他们的个性，启迪他们的智慧。

那么，就大学而言，作为智慧园的校园应当具备哪些特征呢？首先应当是开放的，校园不再是属于一所大学，应当为一些渴望学习和追求真理的人们进行旁听和游学提供方便；大学校园也不能局限地域和国界。三年以前创立的美国密涅瓦（Minieva）大学，其办学理念和模式都是不拘一格的。它没有校园、没有教师、没有考试、不收学费，而是采用复古式的游学制。在四年的学习期间，每个学生要到7个国家的大学游学，他们借用世界主要国家的优质教育资源，在游历中学知识、长才干、增智慧。不言而喻，以这种模式培育出来的人，必定是富有创造性的国际通用人才。

其次，必须重建教育价值观，从知识游戏规则转向智慧游戏规则。教育不再是为获取高分、高学历和高学位，而是呵护童年，解放个性，启迪智慧，享受创造的乐趣。唯有这样的人才，才能迎接新时代的挑战，也才能救赎危机四伏的人类社会。

再次，创新应当成为智慧园的圭臬。创新不仅仅是一个口号，而应当成为每个师生的自觉行动。一个创新的文化校园必须具备三个条件：第一是创新的风气浓郁，大学生们不仅谈论创新，而且身体力行地践行创新；第二是形成创新氛围，崇尚冒险，宽容失败，人人以创新为荣；第三是校园中创新实体遍布，既相互竞争又通力合作。当人们内心都有创新的冲动，创新成为每个人朴素的情愫的时候，创新文化不仅形成了，而且已经步入高境界了。这就是我们所追求的智慧园，相信杰出的人才在这里将会茁壮地成长！

（本文原载《齐鲁晚报》2014年10月12日，收入本书时有删节）

十二、我们需要怎样的学风

关于“学风”一词，我国古代汉语中似乎没有这个词汇，我查阅《辞海》、《词源》和《大英百科全书》也没有查到，估计是一个现代汉语语词。从网上查找，几乎一致认为“学风”一词最早是出自于《礼记·中庸》，子曰：“博学之，审问之，慎思之，明辨之，笃行之。”其实，这是一个误解，不仅《中庸》之中根本没有出现“学风”二字，而且孔子的“五个之”虽然与学风有关，但他主要是讲学习循序渐进的过程，以及学与思和知与行的关系。

最早，《汉书》中曾出现过“风气”一词。“风气”所包含的内容比较广泛，指向社会的各个方面，而“学风”则是专指与学习有关的学习态度。1941年，毛泽东同志在《改造我们的学习》一文中，提出“改造我们的学习，关键是要改造我们的学风”，这是第一次出现“学风”一词，并且他强调“学风问题就是一个非常重要的问题，就是第一重要的问题”。[①]《现代汉语词典》对“学风”的解释为：学校、学术界或一般学习方面的风气。

从事学术研究与学风建设是紧密联系在一起的，没有严谨、求实的学风，就不可能探求真理。众所周知，人的肾脏是生命之源，如果肾脏受到了损害，就会危及人的生命。与

① 《毛泽东著作选读》（下册），人民出版社，1986年8月，第489页。

此同理，学风是学术的生命，如果学风遭受到破坏，也会危及学术的生命。因此，对于从事学术研究的人们来说，学风是一个十分重要的问题，没有一个良好的学风，就不可能作出高水平的研究成果。

学风是一个很广泛的话题，牵扯到各个方面，并非是寥寥数语便可以阐述清楚的。在这里，我仅就“求实的学术态度”“求真的学术精神”“求静的学术环境”三个问题分别进行简要的论述，以抛砖引玉。

（一）求实的学术态度

求实就是树立实事求是的态度，此语最早出自于班固撰写的《汉书·河间献王刘德传》中的“修学好古，实事求是”。“实事求是”四个字包括了三层意思：实事——客观存在的一切事物；是——就是客观规律；求——就是研究、探求和追求。古往今来一切的大学者，都十分重视实事求是的学风，如胡适、鲁迅等都有不少的论述。在五四运动期间，胡适曾经提出一个口号：“大胆假设，小心求证。”这本来是一个科学范畴的口号，可是20世纪50年代初，中国大陆从唯意识形态出发，对这一口号进行了猛烈的抨击。就在同一时期，胡适自美国去台大讲治学的方法，他又一次提到了这个口号。台大校长钱思亮在私下对胡适说：“学理工农医的人才，应当注意上一句话，因为他们比较早养成了小心求证的习惯和态度；学文史和社会科学的人，应当注重下一句话，因为他们没有养成求证的习惯。”胡适回复说：“这个意思，我大体赞成。”[①]

“求是”是浙江大学前身“求是书院”的名称，是竺可桢校长为浙江大学制定的校训。他认为求是精神包括三层意思：一是不盲从，不随声附和，一切以理智为依据；二是虚怀若谷，不武断，不蛮横；三是专心致志，实事求是，不作无病呻吟，严谨整饬毫不苟且。他作为著名的气象学家和教育家，其治学态度就是人们学习的楷模。他自1917年在哈佛大学开始写日记，主要是记录天气变化，由于战乱的原因，他只保存了自1936年到1974年的日记，总共38年零37天，直到他逝世的前一天，竟然一天也没有中断过，是以蝇头小楷写的日记，总字数800多万字。这是一份“求是”的记录，是一个著名气象学家和教育家严谨治学的象征，是一笔宝贵的学术财富。

做学问，需有“板凳要坐十年冷，文章不写半句空”的心境与态度。这是著名的史学家范文澜先生的座右铭，他把此联写成书法悬挂在书房，以勉励自己。先生以严谨求实而著称于世，他主编了《中国通史》，并反复和长期从事该书的修订工作，直到生命的最后。由此可见先生治学之严谨，这也是他座右铭的完整的体现。

冷板凳与热板凳是相对的，“板凳要坐十年冷”，不仅需要毅力，而且也是指一种学术境界——做学问要耐得住寂寞，需要十年磨一剑；“文章不写半句空”则说的是做学问的态度。实事求是这句话，被很多人挂在嘴边上，可是要真

① 欧阳哲生编：《胡适文存》，北京大学出版社，1998年11月，第282—304页。

正做到实事求是却不是一件容易的事。在学术界流行一句行话“文责自负”，意思是说作者发表的论著所引起的责任，由作者负完全的责任。这个观点当然是正确的，可是当下流行合作编书，或者出版论文选编，这种做法虽然出成果很快，但并不符合文责自负的原则。试问：这种由不同作者编出来的书，他们的学术观点能够做到一致吗？能够保证著作的质量吗？

基于这个认识，在教育学研究方面，我一生不与人合作写文章和著书，也从不请人捉刀代笔写发言稿。2013年9月，华中师范大学出版社出版了《刘道玉演讲录》，全书共收集了我在30年间的85篇演讲，总共50万字。但是没有一篇是由人代写的，包括开学和毕业典礼的讲话。另外，我曾经为友人和学生的著作写了近百篇序言，也没有一篇是由作者代写的。有些朋友考虑到我年迈和事务繁多，不忍心让我劳笔，他们代我写好了序言，只需要我签字就可以了。虽然有些人是名家，极富文采，但是我还是事必躬亲，因为代写的序言再好，那是别人写的，我不能掠人之美，否则我是寝食难安的。最典型的例子是为《光明日报》驻湖北记者站站长夏静撰写的《新闻采访写作案例课程》作序，她是我的学生，我不能婉拒。当时我双眼刚刚做完白内障手术，尚处于恢复期，阅读和书写十分困难。她当然是大写手，代我写好了一篇序言。但是，我的信条是事必躬亲，借助放大镜为她的书写了“为有源头活水来”的代序，令她感动得热泪盈眶。

（二）求真的学术精神

所谓求真，就是追求真理，还原事物的本来面目。什么是真理？英国17世纪天才的哲学家培根曾说："真理在世人眼中其价值也许等于一颗珍珠。""研究真理、认识真理和相信真理，乃是人性中最高的美德。"①

到了晚年，我对教育诸多问题的思考，似乎进入到一个新的境界，总是习惯于追问一个"为什么"，这本属于教育哲学的范畴。比如说，关于学习的问题，这是一个人们司空见惯的问题，但是要追问学习的本质究竟是什么，我估计包括许多大学的教授，恐怕都说不清楚。那么，到底学习是什么？这使我想起古罗马思想家、神学家奥古斯丁在《忏悔录》中提到的：时间是什么？如果没人问我时间是什么时，我倒知道时间是什么，但当有人真问我时间是什么时，我反而不知道时间是什么了。

由此，我想到了"学习"，当没人问学习是什么时，我们都知道什么是学习，但真正问起学习的本质是什么时，反而很难给它下一个确切的定义。学习的本质到底是什么？法国学者安德烈·焦尔当在《学习的本质》一书中写道："学习在日常生活中是一个复合词，在不同的情况下，它既可以是理解、认知、记忆、发现、经验的获得等，又可以指调动

---

① ［英］培根：《培根论说文集》，商务印书馆，1987年3月，第4—5页。

已有的知识。”[①]

但是，我认为安德烈·焦尔当并没有回答“学习”的本质，那么“学习”的本质到底是什么？我认为学习的本质便是“感知”、“重复”和“记忆”，这三个方面是循序渐进的，“记忆”是学习的目的，“感知”是学习的前提，“重复”是学习的过程。因此，我认为学习的本质就是六个字“感知、重复、记忆”，多一个字没有必要，少一个字又是不可以的。我在这里使用了感知，而没有采用认知，因为感知突出了人的感官在学习过程中的作用。例如，阅读是通过视觉，听讲是通过听觉，从事科技制作或科学实验需要手来操作，包括感知冷热和物体的软硬，都是依靠触觉，等等。

学习必然经过三个阶段：感性阶段、理性阶段、悟性阶段。感性阶段——知其然，而不知其所以然；理性阶段——不仅知其然，而且要知其所以然；悟性阶段——知其所以然，更知其超然。所谓超然，便是超越自我、超然物外之意。“学习”在感性阶段，获得是“知”，但是学习者对“知”的真伪并无法分辨；“学习”达到理性阶段时，便可以由此及彼、由表及里、去伪存真，认识到事物发展变化的规律；“学习”达到悟性阶段，获得的是“通”。我们通常问这个问题懂了没有，但是“懂”并不是学习的最高境界，学习的最高境界是“通”，触类旁通、融会贯通、贯通古今、心有灵犀一点通等，都是一个“通”字。因此，不能笼统地说知识改变人的命运，而应当是隐藏在知识背后的智

① ［法］安德烈·焦尔当：《学习的本质》，华东师范大学出版社，2015年7月，第4页。

慧，它能够帮助一个人走向成功。

什么是真？真的含义较为广泛，比如“真理”“真知灼见”“真谛”“真知”都含有“真”的含义。现在有不少评论说，民国有大师，而现代却无大师。原因何在呢？依我看，就在于两个时代的学风不同，民国之所以有大师，是因为民国时期的学者们有着严谨的治学态度，求真的学术精神。现代无大师，是因为现代的学者缺少这种严谨的治学态度。比如，陈寅恪奉行“三不讲”主义，“书上有的不讲，别人讲过的不讲，自己讲过的也不讲”，因此被人亲切地称之为“三不讲”教授。陈寅恪在晚年双目失明，但凭着口述，由助手整理出了《论〈再生缘〉》和《柳如是别传》两部书，总共120万字，甚至连注释也是凭口授的，这该是何等的记忆力呀！

（三）求静的学术环境

人们常常看到，在图书馆和寺庙的厅堂中，都悬挂一个大写的“静”字，说明学习和参禅都必须营造安静的环境。“静”是一种境界，所谓宁静致远就表明静与深思和顿悟的内在联系。

王国维是清末和民初的国学大师，《人间词话》是他的代表作之一，本书虽然只有4万多字，但他却以此创立了“境界说”。其中，他写道：“古今之成大事业、大学问者，必经过三种之境界：‘昨夜西风凋碧树，独上高楼，望尽天涯路’，此第一境界也。‘衣带渐宽终不悔，为伊消得人憔悴’，此第二境界也。‘众里寻他千百度，蓦然回首，那人却在灯火阑珊处'，此第三境界也。"[1]王国维的巧妙之处，在于他从宋代词人晏殊的《蝶恋花》，柳永的《凤栖梧》和辛弃疾的《青玉案》中各摘撷一个妙句，组成一个完整的"境界说"。

为什么做学问必须营造安静的环境呢？余英时先生是华裔美籍史学家，也是台湾"中央研究院"院士，他对做学问的环境有精辟的论述。他说："一切真正的'学'都只能在冷环境中成长，绝无'热'的可能。在西方很少见到中国这样的'热'。我所见到美国的'热'有反越战、嬉皮士之类。"[2]在20世纪50年代和70年代，我国曾经有过以搞群众运动的方式开展科学研究，结果导致浮夸和造假，教训是极为深刻的。

做学问必须耐得住寂寞，安贫乐道地孜孜以求，方能够作出重大的成就。爱尔兰都柏林大学校长约翰·纽曼（John H. Newman，1801—1890）曾说："生活在一个追求真理的大潮正迎面冲来的时代，真是一件大快人心的事。""探寻真理需要离群索居，心无二用，这是人类的常识。最伟大的思想家对自己的思考极为专注，不许别人打断。他们心不在焉，行为怪癖，或多或少对课堂及学校退避三舍。"[3]这就说明，天才的科学家需要安静的环境，而最伟大的成果也只能诞生在这样的环境之中。

---

① 王国维：《人间词话》，中华书局，2008年9月，第13页。

② 陈致：《余英时访谈录》，中华书局，2012年3月，第111页。

③ ［英］纽曼：《大学的理想》（节本），浙江教育出版社，2006年5月，第4页。

俄罗斯数学家格里戈里·佩雷尔曼就是这样的离群索居的天才。2002年11月，他在预印文本库发表了一篇文章，这是一系列文章的第一篇，这些文章似乎表明他证明了一个重要的数学猜想，后被证实就是数学史上著名的“庞加莱猜想”。当时国际数学界多名数学家都在抢先公布自己的学术论文，以争取获得人们梦寐以求的相当于数学界诺贝尔奖——菲尔兹奖。可是，佩雷尔曼却若无其事，置身于这场纷争之外。

最后，国际数学界一致承认，是佩雷尔曼完全证明了“庞加莱猜想”，从而为长达一个世纪的求解之路画上句号。但是，他却拒绝赴西班牙马德里国际数学家大会领取数学界最高奖。为了劝说他去领奖，甚至国际数学家协会主席约翰·博尔爵士亲自飞到圣彼得堡，用两天时间做说服工作。然而，佩雷尔曼却彬彬有礼地回复说：“我不值得关注。”博尔也极为宽容地说：“他有权拒绝，我们也有权授予。”最后，在数学家大会上，西班牙国王面对一张胡子拉碴的佩雷尔曼的照片颁奖。虽然人们对此评论不一，但无论如何显示了他对名利不屑一顾的高贵的品质。

同时，他还多次拒绝了重要的奖励，包括千禧年100万的大奖，自愿过着清贫的生活。目前，他在圣彼得堡市的一家公寓中和老母亲生活在一起，有时到圣彼得堡郊外森林拾蘑菇，以补充生活费之不足。佩雷尔曼的大学同学格奥尔金耶维奇对他这样评价道：“他从不主动交朋友，对外表也漫不经心，经常拎着一个破袋子，头发长长的不去剪。在大学的最后几年，他和我们除了数学什么都不谈。尽管我们身边都是这方面的优秀人才，但毫无疑问，他更出色。”格里戈里·佩雷尔曼心无杂念，一心研究数学，这同样也是求“静”的学术境界。我深信，他心中一定在攀登另一座数学高峰。人们不应该怪罪他，而应当给以他尊敬，毕竟他是在无私地追求学术真理！

学风建设不仅仅是一个理论问题，虽然道理都是明白的，但实行起来并不是一个很容易的事。学风与学者从事学术研究的价值观紧密相连，也就是说，有什么样的价值观就有什么样的学风。例如，有的人是为了享受追求真理的乐趣，有的人是为了造福人类，有的人是为了晋升职称，有的人是为了评奖，也有的人是为了获取某种利益等。但是，真正的学者，他们是把自己的乐趣与人民的利益结合在一起。有一句古谚说得好：“刻意追求偏不得，无意得之终究得。”这应当是一个高尚的学者做学问的境界，每一个学者都应当进入到这种境界。当前，我国高等教育界的学风并不是很纯洁，主要表现是浮躁、浮夸、造假、剽窃、功利化等等。虽然这些都是个别或局部的现象，但破坏作用极大。因此，我们绝不可低估其副作用，应当与一切不良的学风做斗争，让优良的学风发扬光大！

十三、中国现当代为何没有经典名著

当我们提起畅销书，不免令人想起《道德经》《论语》《资治通鉴》《红楼梦》《三国演义》等中国古代的经典名著，它们分别是思想、政论和文学领域历久弥新的畅销书。可是，自从我国进入现当代以后却鲜有畅销书，这究竟是什么原因呢？为了回答这个问题，我们需要弄清什么是畅销书，畅销书的营销策略，以及怎样才能撰写出畅销书。

顾名思义，畅销书是指发行量大，受大众欢迎的书，是读者自愿花钱消费，在权威报刊排行榜上有名的书。但是，要给畅销书下一个定义，又是一件极不容易的事。实际上，畅销书既是分层次的，又有数量的规定。一般来说，畅销书可以分为五个层次，即超级畅销书、比较畅销书、畅销书、一般畅销书和潜质畅销书。从发行数量上来说，中国年销售5万册的是畅销书，20万册以上是比较畅销书，100万册是超级畅销书，而100万册以上可算是百年不遇的奇迹了。中国的畅销书，不仅数量少，而且周期短，国外是6到7年，而中国只有1到2年。据统计我国畅销书只占发行总数的6.7%。美国的情况大致是，精装10万册、平装100万册属于超级畅销书。迄今为止，美国无疑是文化大国和强国，拥有最多畅销书的作家，畅销书的发行量也最大，动辄码洋达到几亿甚至几十亿美元，这常常令我国出版界叹为观止！

但是，我们必须分清发行量大与畅销书之间的界限，有些书籍发行量非常之大，但它们并不属于畅销书之列。例如，《毛主席语录》《新华字典》《成人考试辅导资料》《考研辅导资料》《家常菜谱大全》《人体保健手册》《幼儿读物》等。又如，1978年一套《高考自学丛书》就发行了7395万册，这是特殊时期和特殊群体需要造成的。然而，畅销书不仅有量的要求，而且还必须有质的限定。美国学者迈克尔·科达对畅销书给出了一个另类的定义，他说："好书的标准是，希望重温初次读到某书时心中的悸动。"[①]这就说明，畅销书自然是好书，而读好书是令人兴奋和激动不已的，这也是为什么"好书不厌百回读"（苏轼名句）的原因了。因此，我们可以毫不夸张地说，畅销书是衡量一个国家公民文化素质的标尺，是社会学的实验场，是大众心理的晴雨表。

当然，对于畅销书的看法，也是见仁见智，不同人群的见解也大相径庭。但在我看来，所谓畅销书，应当具备如下的条件：

首先是最富有智慧的书，它们常常启迪人们的思想，净化心灵，终身受用。美国《纽约时报》是评比畅销书的权威媒体，自1942年开始，它们就首创了畅销书的评选活动，并且每月都发布畅销书排行榜。这家媒体评论所说"欧洲学者们坚信，千百年来，人类写过具有永恒价值的处世智慧书"：一是意大利的尼科洛·马基雅维利的《君主论》；二是中国孙武著的《孙子兵法》；三是西班牙巴尔塔萨·葛拉

① ［美］迈克尔·科达：《畅销书的故事》，中国人民大学出版社，2011年7月。

西安著的《智慧书》[1]。

其次是传世经典名著，这些书不是属于一个时代，历经不同的朝代，仍然被人们津津乐道地阅读，如我国的四大名著《红楼梦》《三国演义》《西游记》和《水浒传》，至今跨越了300多年。

再次是非功利化的和具有普世价值的书，这些书并非是为某一个特别利益集团服务的，也不是为满足某些特殊人群的需要。例如，在思想和教育方面的名著，像古希腊柏拉图的《理想国》和法国17世纪启蒙思想家卢梭的《爱弥儿》，前者已经流传2500多年，后者也有300多年。至今，它们仍然享有至高无上的地位，正如卢梭宣称的："只要柏拉图的《理想国》和卢梭的《爱弥儿》留存在世，纵令其他教育著作被毁，教育园地也是馥郁芳香的。"[2]

从上述可见，我国古代确实诞生了不少畅销书，无论是在哲学、军事或是文学领域里，这些名著丝毫不逊色于世界任何其他民族，而且就其智慧的深刻性来说，都处于其他民族或国家之上。例如，老子的《道德经》，撰写于春秋时期，至今近2700年了，这是一本仅仅只有5000多字的经典名著，真正是言简意赅，字字珠玑，奥妙无穷。该书内容涵盖了宇宙观、人生观、认识论、方法论、为人处世、治国、修身等各个方面，根据西方学者的统计，《道德经》被翻译成世界各种文字，其发行量仅次于《圣经》。值得指出的是，

① 聂文聪：《马基雅维利的智慧》，《光明日报》，2011年2月27日。

② 金大陆编选：《人类第一梦：柏拉图"理想国精粹"》，湖北人民出版社，1989年9月，第19页。

《圣经》是宗教读物，大量是免费赠送的，教堂和旅馆到处都有，可以自己索取；而《道德经》是哲学著作，既不受任何宗教的影响，也不被各种利益集团所驱使，能够达到如此广泛的影响，实在是世界上的奇迹。

畅销书的销售，既与名人效应有关，也受着营销策划的影响。但是，归根到底还是由畅销书的质量所决定的，让读者感到物有所值，他们的认可是最好的宣传。“口碑效应”虽然是传统的宣传，但这种传播的速度之快和影响之大，往往是难以想象的。

自从进入现当代以来，我国出版的畅销书却日益式微，似乎再难于看到受大众热捧的畅销书了。这究竟是什么原因呢？依我之见，主要是三个原因：

首先是创作缺乏创意。按照美国的标准，畅销书分为两类，一是虚构的（fiction），二是非虚构的（non fiction），无论是虚构或是非虚构的作品，都是创意的表达，贵在一个“创”字。创造是从无到有的表达的过程，没有灵感的大脑犹如一座干枯的水坝，是无论如何也发不出电来的。作家、画家、音乐家都应该是最富有灵感的人，否则是创作不出引人入胜的畅销书的。

众所周知，《百年孤独》是哥伦比亚作家加西亚·马尔克斯的长篇小说，曾经获得1982年诺贝尔文学奖，风靡了60多年，在全球销售了5000万册以上。这本巨著是他的创作灵感的体现，原来他于1965年驱车前往墨西哥滨海旅游城市阿卡普尔科，但在路上他突发创作的灵感，于是他立即掉转车头回家。他把自己锁在房间里闭门不出，每天以6包香烟为伴，整整18个月他写出了1300多页的长篇小说，并一举成名。他为这部书构想了15年，他要为他童年的全部体验找到文学的归宿。美国《纽约时报》评论道："它是《创世记》之后，值得全人类阅读的文学巨著。"[①]中国的作家们之所以写不出畅销书，原因就在于缺乏创造性的灵感，这种虚构的想象力是21世纪世界最强大的力量。可惜的是，不仅作家，而且各个领域里也都缺乏创造性，所以山寨货、淘宝村和抄袭、剽窃现象才屡禁不绝，这已是人们不得不承认的事实。

其次是急功近利的创作指导思想。我们必须认识到，无论是在文学创作或是学术研究中，都渗透进了急功近利的思想。这是功利化思想的表现，是学术研究者们浮躁心态的反映。美国畅销书的作者托夫勒，是自学成才的典型，是世界未来学大师。他7岁就立志成为一名作家，他虽然进到了大学，但他对学分和毕业典礼不感兴趣，先后当过工人、编辑、记者，最后成为社会学家和未来学家。他用30年写了3本畅销书，是真正的"十年磨一剑"。这三本书是《未来的冲击》（1970）、《第三次浪潮》（1980）和《力量转移》（1990），构成了他的"未来学三部曲"。其中，他准确地预见到未来社会的变革，以及相应的生产方式和思维方式的改变。这三本书被翻译成各国文字，销售了几亿册，至今仍在热销之中。[②]

《红楼梦》是清代曹雪芹的名著，他在贫病交加的境遇下，隐居在北京西山的乡村，历时十年、五次修改，倾注

---

① 陈鑫宇整理：《马尔克斯与〈百年孤独〉》，人民网，2014年4月18日。

② ［美］基思·施奈德：《自学决定命运》，《参考消息》，2016年7月1日。

了毕生心血。正如他在自评诗中所写："字字看来皆是血，十年辛苦不寻常。"但是，他只完成了前80回，在受到丧子之痛的打击下，竟然一病不起，当人们欢天喜地迎接新年之时，他竟然在除夕时含着悲愤离开了人世。他在第一回中，以五言绝句道出了他写作时的心情："满纸荒唐言，一把辛酸泪，都云作者痴，谁解其中味？"他所说的"其中味"正是几百年以来人们研究的对象，并且形成了"红学"不同的学派。从本质上来说，《红楼梦》就是一部旧社会的百科全书，他也为我国文学史上树立了一座丰碑。可是，我国现在还有这样皓首穷经和安贫乐道的学者吗？既然没有，那就不可能撰写出传世经典的畅销书了。

再次是不读书和不买书，使得我国畅销书出版发行界步入一个恶性循环的怪圈。这个怪圈是：图书贵、不买书、稿酬低、无好书、不读书、发行少，每个环节都是互相联系和相互制约的。我国号称是世界第一出版大国，现有出版社580家，有大学出版社117家，每年出版图书37万种，比美国多一倍。同时，我国又是一个图书库存量大国，有不少图书从出版社到书店转了一圈又回到仓库了。我国出版社年值大约是500亿到600亿，平均每个出版社不到一个亿，全国出版社比不上欧洲国家一家出版社的规模。有两组数字颇能说明问题，一组是根据2011年的统计，全年出版图书37万种，增长了12.5%，库存图书是900亿，增长了22.1%，出版发行额度为185.132亿，下降了20.5%。这些数字显示：该减的又增了，而该增的又减了。另一组数字是根据全国第十二次阅读调查，国民年均阅读纸质图书为4.56本，电子阅读为3.2本，而以色列是64本，俄罗斯是55本，美国是50本，德国是47

本，日本是45本……这两组数字说明，我国存在严重的出版与读书的危机，我们无论如何不能再掉以轻心了！

那么，我国如何走出这个出版发行的怪圈呢？

首先，是提高我国作家队伍的创造性素质，这是产生畅销书的关键。就整体而言，我国作家队伍的素质是不高的，为数不少的人是快速催生出来的，所以鲜有创作出畅销书的。1985年，我在武汉大学创办作家班，目的就是培养学者化的大作家，期冀创作出畅销书。《廊桥遗梦》是我国广大读者所熟悉的作品，它是美国作家罗伯特·詹姆斯·沃勒的名著，曾经被搬上银幕，翻译成40多种文字，发行了5000多万册。但是，这本仅仅用11天写成的快速作品，却成了许多人心目中爱情的“圣经”。在《纽约时报》畅销书榜上，居然盘踞三年之久，这实属罕见的现象。究其原因，就是因为沃勒是一位高素质作家，他多才多艺。除了创作小说以外，他还是音乐家、摄影家，在艾奥瓦大学，他还教授数学、经济学和管理学，正是这些多学科的素质，激励出了他的创作灵感和极为流畅的创作思路。

其次，是提高著书的稿酬，调动创作人员的积极性和创造性。我国学术界稿酬低下是明显的，一般版税是8%到12%，如果按字数付酬，最低的是每千字20元，一般是80到100元，最高的是300到500元。我国自古就有“著书为了稻粱谋”（清朝龚自珍诗句）的说法，按照当今稿酬的标准，如果这些文人没有兼职的话，他们肯定是不能养家糊口的。可以断定，贫穷诱发不出虚幻的想象力，也绝对诞生不了经典畅销书。

再次，要整顿我国出版发行机构，注销一批低劣的出版社，杜绝买卖书号的投机行为。总的来说，我国出版社太多，也太乱。就国家而言，应当有商业性和学术性两类出版社，他们彼此明确分工，绝不能串位。在“文化大革命”以前，我国只有一家大学出版社，而现在一下膨胀到117家，许多大学出版社都成了“同仁”出版机构，为了追求利益，不惜出版许多低俗和劣质的图书。这与美国大学出版社形成了鲜明对比，像哈佛大学、芝加哥大学和加州大学的出版社，是全美最著名的三家大学出版社，但他们每年出版的著作不足30种，这从一个侧面暴露了我国大学学术功利化和泡沫化的歪风，如果不予纠正，休想建成世界一流的大学。

纵观事物发展的规律，无不遵循着循环式发展的轨迹，不过循环有螺旋式的循环和恶性循环。既然我国畅销书出版发行陷入了恶性循环，那么我们就应该采取积极措施，尽快使之进入到良性的循环之中。依我之见，就是“高稿酬、出精品、导读书、促发行、创畅销”。我相信，经过持久不懈的努力，我国能够诞生一批传世的畅销书，再现我国古代灿烂文化的辉煌！

（本文原载《同舟共进》2018年第2期）

十四、怎样做一个会读书的人

纵览古今中外，自文字和印刷术发明以后，只要不是十足的文盲，人们都有读过书的经历。但是，人们读书的境界，读书的多少和收效是完全不同的。随着各级教育的普及，读过书的人是越来越多，但是读过书、读书人和真正会读书的人是不同的，他们的区别简直是判若霄壤。肯定无疑的是，只有那些爱书、爱读书、爱藏书和会读书的人，最终方可成为杰出的人才。

什么是读书人呢？民国时期杨玉清先生在《论读书》一文中写道："以读书混文凭的人，不是读书人；以读书为混官做的人，不是读书人；以读书为时髦、为装饰品的人，更不是读书人。"[①]他在文中使用了一个"混"字，指出了某些人读书不纯的动机。从20世纪90年代初开始，我国官场上官员和商场上的老板，利用权和钱交易从大学获取硕士或是博士学位，就是这种混文凭作装饰品心态的表现，从而亵渎了研究生学位的真正学术价值。我们还应当看到，虽然我国已经实现了高等教育的大众化，有些地区甚至达到了大学普及化的程度。但是，通过各种途径进入大学的学生中，抱着混文凭心态的人，其数量也是不可低估的。

那么，何为真正会读书的人呢？从整体而论，读书有会

---

① 王余光、徐雁主编：《中国读书大辞典》，南京大学出版社，1993年5月，第5页。

读与不会读之分，不会读书的人居多，而会读书的人可能只是少数。不言而喻，那些仅仅追求记问之学，读书时心不在焉、囫囵吞枣、食而不化，知其然而不知所以然，书读完以后，也都抛之九霄云外之人，这当属于不会读书的人之列。那么，凡是会读书的人，他们深知读书是一种心灵活动，必须营造一种恬适娴静的心境，唯有此时才进入到浩瀚的书的世界。他们通过读书，以开茅塞、除陋习、得新知、长见识、养灵性、增智慧。如果每一个人都能够达到如此的心境，通过读书达到增智慧的目的，那无疑就是会读书的人了。

清朝文学家张潮在《幽梦影》中写道："少年读书如隙中窥月，中年读书如庭中望月，老年读书如台上玩月，皆以阅历之浅深，为所得之浅深耳。"[①]他以"窥"、"望"和"玩"三字形容读书的态度，也恰好反映了不同年龄人的读书心境。我已是一个耄耋之年的老人了，一生都是在与书打交道，读书、教书和写书成了我全部的精神寄托。依照张潮的论点现在我也到了"台上玩月"的阶段了，读书的功利性对我已经没有任何的诱惑了，因为我已经不需要获取文凭、晋升职称或是申报成果奖了。什么叫作"台上玩月"？我理解所谓的"玩月"，就是完全摆脱了读书的功利性目的，以超然的态度，欣赏书中的知识的美，品味知识的真正价值，以及隐藏在知识背后的智慧。

我虽然是一个老年的读书人，但绝不敢自诩是一个真正会读书的人。至今，我仍然还在苦苦地求索，可谓是愚者千虑终有一得，愿意与广大青少年们交流读书的心得。我的体

① 张潮：《幽梦影》，中华书局，2008年9月，第53页。

会主要有两点：

首先读书贵在于精，包括精选、精读和精思，这是每一个名家读书的共同的心得。宋朝欧阳修四岁丧父，因家境贫寒既无钱上学，也买不起书，由母亲向四邻借书，他靠抄书自学而成为“唐宋八大家”之一的大文豪。因而，他最懂得读书和做学问的真谛。他说：“读书趋简要，言说去杂冗。”这是一句至理名言 ，既指明了读书贵在于精的道理，又阐明了著书立说必须言简意赅的要旨，应当成为每一个做学问人的座右铭。

可是，在“好大狂”的思潮影响下，现在图书的版本越来越大，字数也越来越多，20世纪80年代初期的小开本的图书已经很难再寻觅到了，真有点怀念那时便宜的小书。现在无论是学术著作或小说，动辄数十万言，有的甚至百万字以上。目前，连研究生的论文多数都是10万字以上，有的甚至多达20万字。可是，民国时期和国外的学者，他们最富有创造性的著作都是少而精的。例如，民国时期国学大师王国维的《人间词话》，其中曾经创立了“境界说”，但仅有小32开本70页，只不过4万字。曹聚仁先生的《中国近百年史话》，叙述百年历史仅有5.5万字，如果由中国现在的大学教授们来撰写，至少要写上百万字。[①]

又如，詹姆斯·沃森和弗朗西斯·克拉克发现DNA双螺旋结构的论文，发表在1953年4月25日的英国权威的《自然》杂志上，该文仅有960多个字，但却获得了1962年诺贝尔生

① 曹聚仁：《中国近百年史话》，生活·读书·新知三联书店，2008年11月。

理学或医学奖。约翰·纳什在22岁时，仅仅以27页的论文获得普林斯顿大学博士学位，其中发现了“纳什均衡”的博弈论。他30岁时突然患了妄想型精神分裂症，但30多年后竟奇迹般地康复了，并获得了1994年诺贝尔经济学奖。美国罗伯特·哈钦斯曾经任芝加哥大学校长21年，被称为永恒主义教育家，他撰写的《乌托邦的大学》只有32开本86页，是一本十足的小书，但却蕴含着教育的大智慧。[①]

显然，要想读小而精的书，必须改变我国当前学术界追求多而杂的著述风气，只有著作者提供精品的著作，读者才能读到精品的图书。我国当前学术状况是，许多学者著书而不立说，时兴主编或合作编书，这是快捷出成果的诀窍。试问：古今中外的传世经典著作，有哪一本是合作编写出来的？一本极有创意的著作，其核心观点及其论证，充其量几千至多几万字足矣。然而，现在大部头的著作，多数是故弄玄虚，或者是为了赚取稿酬，不仅对读者毫无启迪作用，而且令读者感到厌烦，这也是导致当今不少人不愿购书和读书的重要原因之一。

其次，读书的目的不仅仅是读懂，而最高境界是读“通”。通常，学校的老师问学生：“书你读懂了没有？你们学会了没有？”其实，读懂只是限于被认知的某个学术理论或观点，这只是浅层意思上的理解，学习不能仅仅停留在这个认识阶段。从认识论上说，人的认识有三性，即感性、理性和悟性，它们是不同层次的认识能力。人们通过五官对

① ［美］罗伯特·哈钦斯：《乌托邦的大学》，韦伯文化国际出版公司，2011年1月。

外部世界进行感触，获得对客观事物的初步认识，这是感性认识阶段。感性认识的目的是“知”，也就是知道了感触到的事物是个什么东西。人的认识有待进一步深化，进入理性阶段，它不再需要经过五官，而是通过思维加工，把观察到的事物彼此进行比较、判断、抽象，经过去伪存真，以便得到理性的认识。因此，理性认识的目的是“真”，也就是更深刻、更完全、更正确地反映自然的本质。

但是，人的认识仍然没有结束，还需要深化到“通”的阶段。为什么说“通”是读书的最高目的呢？这是因为“懂”仅仅还是限于某个事物本身，而“通”则已超出事物本身，把不同的事物联系起来了，所以“通”比“懂”进入到更高的层次。在汉语词汇中，有通达、通彻、通晓等语汇，都是指对某一事物透彻的了解之意。我们常常所说的“触类旁通”、“融会贯通”、“博古通今”、“心有灵犀一点通”和“一通百通”等，就阐明了“通”字的深刻蕴意。

那么，怎么才能达到“通”的境界呢？这就是悟性的功能，悟是通向智慧的唯一途径。古人说，学必悟，悟而生慧，因此悟性之有无是区别读书人优劣的主要分野。悟性是能够学会的，但却是不可以教授的。一般来说，悟性的获得是在恬适娴静的冷环境中，通过自己反复揣摩，不断地内省、反思、渐悟、顿悟，从而获取智慧。渐悟与顿悟都是获得智慧的途径，不同的是渐悟是逐渐的，而顿悟是突发的灵感，像创造性的灵光一闪就是顿悟。窃以为，读书人只有获得悟性，才能达到“通”的境界，方算得上是一个真正会读书的人！

（本文原载《书屋》2016年第8期）

十五、怎样做好自己清醒的梦

在数万计的汉字中，“梦”字无疑是最神秘的汉字之一，不禁引起人们无限的遐想。同时，由“梦”字又衍生出了许多美丽的传说和故事，而且梦想也一直在激励着华夏民族不断地奋进。那么，什么是梦，又如何实现我们的梦想？汉字源于象形文字，从字面上看，“梦”字上面是一片林子，夕阳下沉到树林的地平线之下，意味着夜幕将至，人们也将入寝，爱做梦的人也就要进入到梦乡。这是我望字生义对“梦”的解释，当然这只是戏说而已。

然而，权威的解释应当是许慎的《说文解字》，其中对梦字的解释是：“梦，不明也。从夕，瞢省声。莫忠切。又亡贡切。”它的意思是说，梦是不明不白之意。字形采用夕作偏旁，以省去了目的瞢作声旁。总之，梦是虚幻的，是一种潜意识的心理活动。

究竟什么是梦，怎样解释梦？数千年以来，许多科学家、哲学家、心理学家们，甚至耗费了毕生的精力，力求揭开“梦”的神秘面纱，但人们的见解依然是聚讼纷纭，莫衷一是。奥地利精神病科医生西格蒙德·弗洛伊德（Sigmund Freud, 1856—1939）是精神分析学派创始人，他不仅发现了人做梦的现象，而且于1895年撰写了《梦的解析》一书，精辟地阐明了梦的本质。“梦，并不是无中生有的，它们并非毫无意义的、荒谬的。相反，它们是绝对有意义的精神现象——欲望的表达。”他认为做梦的机制是：“梦程序的一个最明显的特征就是某种思想或某些意欲的思想都物象化了，且以某种情景来表现，好像是亲身体验过似的。”①

早在100多年以前，做清醒的梦就被人们发现，并且一直在探索其原因。2010年 7月，美国电影《盗梦空间》在北美上演，这是一部悬疑心理学电影，该故事游走于梦境和现实之间。它讲述了一个造梦师，带领一个特工团队，潜入他人的梦境，企图盗窃机密，并且重塑他人梦境的故事。这部电影公演以后，在世界引起了轰动，它一举获得了第83届奥斯卡金像奖等多个国际大奖。

在《盗梦空间》中，盗梦、造梦和清醒梦这些词汇极大地吸引了科学家、心理学家们，促进了他们对清醒梦的研究。美国林肯大学高级讲师帕特里克·伯克对68名18岁到25岁的做梦者进行了观察，他们发现有的人根本没有做过清醒的梦，而有的一个月做好几次。研究者要求受试者回答30道考察洞察力的试题，结果爱做清醒梦者多答对了25%的试题。由此，他们认定爱做清醒梦者的洞察力更强，智力和创造力也比较强。美国佐治亚理工学院的心理学副教授埃里克·舒马赫，用核磁共振对100多名受试者进行了观察，他发现那些在白天工作中思想爱走神（或开小差）的人，是白日做梦者，他们的智力和创造力也比较高，因为他们思考能力过剩，所以在从事简单工作时往往思想走神。

怎么界定做清醒的梦或不清醒的梦呢？伯克博士认为，那些呼噜大睡的人，仍然能够记得自己在做梦，并且能够

① ［奥］弗洛伊德：《梦的解析》，作家出版社，1986年，第426页。

记得梦的大部分情节，这样的梦就是清醒的梦；而那些做过梦但醒来就不知道自己做过梦的，这就叫作不清醒的做梦人。

我是一个爱做梦的人，而且做的多是清醒的梦。出于好奇，我按照阿拉伯民间故事《一千零一夜》（也翻译为《天方夜谭》）的套路，用了一年两个月又28天的时间，记录了395天的梦，总共1001个梦。其中，有19个夜晚是无梦的，有51个晚上做的是不清醒的梦，而清醒的梦多达950个，占整个梦的94.9%，这充分证明了，我是一个做清醒梦的做梦者。在这些众多的梦中，既有噩梦也有爱情梦，但更多的是关于教育改革、学术活动和参加大学生与教师们有关的活动，这是符合我的爱好、职业与经历的。我之所以能够记录下这些梦，前提条件是我非常会睡觉，梦醒后做记录，随后我立刻进入梦乡。一般每个晚上会做两三个梦，最多的是一个夜晚做六个梦，甚至曾经做过睡醒前后间断的连环梦。

我初步分析了这些梦的内容，它们是我熟悉或不熟悉的环境，我认识的或不认识的人，我经历过或没有经历过的事件的无序的组合。它们大多是以视象而显现出来的，这与弗洛伊德的研究结论是符合的。这些视象是真假混杂的，真中有假，假中亦有真。我自认为洞察力、联想力和记忆力很强，及至耄耋之年以后，我仍然具有惊人的记忆力，这是我至今能够学而不厌、诲人不倦、笔耕不辍的精神能量的基础。初步分析，我的这些特点与美国帕特里克·伯克的研究结论也很符合，今后我还将继续对我《似水追梦》的三本记录资料进行分析和研究，以冀发现更多的规律。

俗话说“白日做梦，痴心妄想”，所以人们常常把白日做梦当作一个贬义词。其实，白日梦与清醒梦既有关但又不是一回事。白日梦当然是清醒的梦，但夜晚的清醒梦并不等于白日的清醒梦。现在，我们所说的白日梦的意义已经发生了变化，它是指人们在思想清醒的状态下，都应当有梦想，从自己的实际情况出发，设计自己的理想人生，怎样做一个高尚的人，有利于社会的人。

我国改革开放40年以来，已经涌现出了大批成功的人士，他们既创建了自己庞大的企业，又为国家建设作出了巨大的贡献。纵观他们成功的道路，我们发现他们都是有理想的人，是善于白日做梦者。20世纪80年代是武汉大学教育改革的黄金年代，在解放思想的导向下，那时的大学生们都怀着美好的梦想，立志要成为杰出的人才。

哲学系1978级学生艾路明是第一个敢于吃螃蟹者，在没有任何保护措施的情况下，他只身从武汉下水漂流长江到上海，全程1125公里，堪称一个奇迹。他还组建了一个多学科讨论会，起了一个昵称叫“快乐学院”。这个快乐学院就是一个梦想剧场，参加这个社团的学生，个个都是超级自信者，他们都要成为“九头鸟”（意为最聪明的人）。他们都是梦想的真正的实践者，至今有的成了著名的企业家，有的成了中国科学院的外籍院士，有的成了国内外的著名学者，也有的成了各级政府的高官。他们没有让人们失望，实践了当初的诺言，他们因梦想而成功，因成功而感到自豪。

在武汉大学社团蓬勃发展时期，经济系1979级学生陈东升和毛振华居然组建了一个蟾蜍（癞蛤蟆）社，表明他们立志敢闯月宫要吃天鹅肉的大无畏精神。这种敢为天下先的精神，一直支撑着他们的梦想。他们年轻有为，本来仕途亨通，但他们于1992年却毅然辞职下海，成为“92派”的领头羊。他们分别同时创建了中国嘉德国际拍卖公司、中国泰康人寿保险公司和中诚信国际评估公司，事业如日中天，他们都成了全国有影响的企业家。

雷军是由武汉大学走出的另一个著名的企业家，他的成功也是源于他的白日梦。在大学一年级时，他在学校图书馆偶然读到《硅谷之火》这本书，他的大脑就像是触了电一样兴奋，使得他几个夜晚都不能入睡。他绕着学校大操场一圈又一圈地溜达，立志要创建一个像乔布斯的苹果公司那样的世界著名公司。硅谷之火的灵感点燃了他胸中创业的火种。这是他18岁的梦想，并一直在他胸中不停地躁动。他大学毕业前后，曾经在珞喻路电子一条街闯荡，在北京中关村科技一条街闯荡，他辞去航天部某研究所的职务，加盟过香港金山软件公司，并且把濒临困境的金山公司打理成为上市公司。但这一切成就，都没有使他淡忘18岁的初心——创建一个像苹果公司那样的著名公司。2010年4月6日，雷军于40岁时创办了小米公司，并且一炮打响，迅速成为我国智能手机业界的领袖。他提出要以智能化改造制造业，人们已经感受到小米公司来势汹汹，一个以智能化制造的时代已经来临！

无数的实例都证明，你想成功，就要有梦想，要学会做白日梦。怎样才能做好自己的清醒的梦呢？一切成功人士的经验可以借鉴，但绝不能模仿，因为模仿只能亦步亦趋地跟在别人的后头，而不能成为一个成功的创业者。依我之见，一个清醒的梦想者必须做到以下三点：

要正确地设计自我，树立既是宏伟的又是切实可行的理想。要做到正确设计自己的理想人生，必须认认真真地回答：我是一个什么样的人，我的真正兴趣是什么，我有哪些优势与不足，我将成为一个怎样的人？在自我设计时，切忌随波逐流，贵在标新立异，敢闯入无人涉足的领域，千万不要委屈自己，成为你自己最想成为的那个人。

要实现自己清醒的梦，必须找到创业的“三点”。这三个点就是空白点、发展点和支点。空白点也是起点，这是被称为“日本的爱迪生”的盛田昭夫提出的[①]，他形象地说，画两个不等半径的圆，使它们交叉，一定在交叉处形成一个空白地带，这就是创业的起点。创业不能仅仅停留在起点，还必须找到发展点，使企业迅速地壮大，起到支柱的作用。支点是创业三部曲中最重要的一个点，古希腊伟大数学家阿基米德说：“给我一个支点，我可以撬动地球。”这就说明，创业中最难的是找到支点，这样才能够把你的事业做得无与伦比，也才能使自己立于不败之地。

要有强大的心理素质，相信毅力和坚持是力量。创业是有风险的，不仅需要创造性的灵感，而且还需要笃行不移的坚持。纵观30多年的创业者，他们就像是大浪淘沙，有的被大浪冲走了，没有再爬起来，有的是呛了几口水，最后站立起来了，成为笑到最后的胜利者。

在五彩缤纷的大千世界中，人们的理想是多种多样的，不可能都成为企业家，也不可能都成为高官。因此，人们的

---

① ［日］盛田昭夫：《日本的爱迪生盛田昭夫》，中国经济出版社，1992年，第136页。

人生设计也应当是多种多样的，但成功的人生设计离不开清醒的梦。应该说，每个人只要正确地设计了自我，竭力践行了自己的梦想，成为自己希望成为的那个人，那么他们的人生就是无憾的人生，也是幸福、快乐的人生！

（本文原载《学习月刊》2018年第2期）

十六、怎样办好“少年班”

李政道先生是著名的美籍华裔物理学家，诺贝尔物理学奖获得者，也是中国“少年班”（Special Class for the Gifted Young）最早的倡导人，这要源于他于1974年的一次归国访问。这年5月中旬，他携夫人第二次归国访问，首先参观了上海芭蕾舞学校，受到该校从少年中选拔苗子进行培养的启发，随后又参观了复旦大学，并写了《参观复旦大学感想》，他建议选拔13、14岁的少年进行培养，到19岁他们就能够达到独立进行科研工作的水平。继而，他到北京又就此建议征求科学界一些朋友的意见，获得支持。最后，他把这份建议呈递周恩来并请转呈毛泽东主席，尽管遭到江青的反对，周总理和毛泽东主席都表示同意实验，但并没有实施，直到4年以后的1978年3月，中国第一个“少年班”才在中国科技大学诞生。

（一）“少年班”是改革的产物

1978年3月8日，中国科技大学在合肥举行了“少年班”第一期开学典礼，这一期总共招收了宁铂等21名少年大学生。消息一传出，引起海内外的广泛关注。对于刚刚结束“文化大革命”十年浩劫，曾经一度被“读书无用”误导，急盼快出人才和多出人才的国人来说，将一批少年招进大学培养，无疑是破天荒的大事。

为什么是中国科技大学举办“少年班”？这无疑带有点偶然性，事情得从宁铂的发现说起。1977年10月末，江西冶金学院教师倪霖给国务院副总理兼科学院院长方毅写了长达10页的信，推荐他的朋友宁恩渐的儿子宁铂，反映他在语文、数学、围棋等方面智慧超人。11月3日，方毅副总理立即批示：“如果属实，应破格收入大学学习。”这个批示转到了中国科技大学。十多天以后，中国科技大学的两名老师到达宁铂所在的赣州八中对他进行考试和面试，对宁铂和另外两名少年进行了数学考试，宁铂考得了67分，另外两人一人得了80分，一人得了64分。经过考试和面试，他们准备录取宁铂等人。紧接着，又发现和录取了多名智力超前的少年，组建了中国科技大学第一个“少年班”，总共21人，宁铂已经14岁，年龄最小的谢彦波只有11岁。

教育是“文化大革命”破坏的重灾区，十年停止招生，人才青黄不接，各条战线盼才若渴。“少年班”就是诞生于那个特殊年代，因此它一横空出世，就犹如一颗耀眼明星格外引人关注。自中科大第一个“少年班”诞生后，其他各校纷纷效仿，全国一下又创办了12个“少年班”，如北京大学、清华大学、复旦大学、南京大学、武汉大学、吉林大学、中山大学、西安交通大学、华中科技大学等。与此同时，教育部还指定了一批重点中学与“少年班”相配套，积极为“少年班”物色和推荐优秀的少年，如北京八中、中国人民大学附中、天津耀华中学、沈阳育才中学、无锡天一中学、湖北黄冈中学等。后来，选拔的触角延伸到某些小学，一个物色、推荐“神童”的体系似乎已经形成了。

但是，好景不长，大概到了20世纪80年代中后期，不少大学的“少年班”纷纷停办了。个中原因不言自明，一是现实中并没有那么多的“神童”，二是对“少年班”的质疑声音从来就没有停止过，什么“揠苗助长”，“违背教育规律”，“变相地放卫星”，等等。由于这些原因，到了20世纪80年代后期，大多数大学中的“少年班”都停止招生了，最后只剩下中国科技大学和西安交通大学两所大学的“少年班”了。今年是“少年班”诞生40周年，应当说这两所大学坚持不懈地实验的精神是值得赞扬的，教育改革需要实验，而他们可贵之处就在于体现了这种实验的精神。

为什么“少年班”诞生于1978年？这是与那个特殊的时代密切相联系的，可以肯定地说，没有经过拨乱反正，不清除极左思潮，离开了思想解放的大前提，就不可能创办“少年班”。人们记忆犹新，在极左年代，“神童”、权威、博士、专家都是禁忌，不仅不能提倡，而且都是要受到批判的。

1976年10月6日，一举粉碎了“四人帮”，十一届三中全会作出了历史性的决议，从以阶级斗争为纲转移到“四个现代化”上来。在这一思想指导下，提出了快出人才、多出人才和出好人才的口号，各条战线都十分重视延揽人才。1977年7月19日，邓小平同志复出，恢复了他在党政军的各个领导职务，而他自告奋勇提出要亲自抓教育和科学两个重灾区。这一年8月4日到6日，他亲自主持召开了科学教育座谈会，就是在这次会议上提出了推翻“四人帮”炮制的“十六字”招生方针，恢复全国统一高考。1978年5月11日，《光明日报》发表了《实践是检验真理的唯一标准》的评论员文章，从而掀起了解放思想的全国大讨论。这一切，都为“少年班”的创办扫清了障碍，所以“少年班”是改革的产物，这种说法是恰如其分的。

（二）“少年班”的成绩有目共睹

中国科技大学“少年班”迄今已经走过了40年的风雨征程，今年没有举行大规模的庆祝活动，而是以《恰同学少年》为题举行征文活动，准备结集出版，我很欣赏这种务实的做法，其意义远比庆祝活动更为深远。

2008年3月8日，是“少年班”三十而立的生日，中国科技大学于3月20日至22日，举行庆祝“少年班”30周年的庆典，同时举办“高等教育改革与少年班实践”研讨会，邀请了国际和国内教育专家就“少年班”实践与创新人才培养举行研讨。为了集思广益，科大领导还专门邀请激烈反对“少年班”的人士与会。其中，最激烈的反对者是全国政协委员、中南大学博士生导师蔡自兴，他通过“两会”四次提出提案，要求封杀和废止“少年班”。中国科大领导对此则表示，自20世纪90年代以来，不接受媒体的采访，对于反对意见保持沉默。这无疑是十分开明的做法，兼听则明，有利于“少年班”日臻完善。[1]

值此“少年班”30周年庆典，李政道先生兴致勃勃题词表示祝贺，他写道：

---

① 胡霈霖：《少年班创办30周年庆典大会》，《安徽商报》，2008年3月22日。

人才代出
创作当少年
桃李天下
教育数科大

与此同时，李政道先生还为《少年班三十年》一书作序和题写了书名，他在序言中写道："借此机会，很想表达我对少年班的衷心祝愿，希望少年班在未来的年月里获得新的成功，希望少年班的同学们能和其他同学互相学习、互相促进，出色地完成自己的学业，成长为建设祖国有用的栋梁之材。"①

在汉语中，30年为"一世"，世的异体字"卋"是由三个十字组成的，所以世与代是相同的意思，一代人平均的年龄也是30年。纵观人类发展的历史，无论是对于国家或是个人，30年都是成就事业的黄金年轮。例如，从洋务运动到甲午战争是30年，从甲午战争到卢沟桥事变是30多年，从五四运动到新中国成立是30年，大多数新兴国家从建立到获得第一个诺贝尔奖是30年，从分离出基因到解析出基因图谱是31年，等等。同样的，中国科大"少年班"创办的30年中，由于科大和"少年班"同学们的共同努力，也取得了令人瞩目的成就，具体表现在三个方面：一是人才，二是经验，三是社会效应。

首先是人才，这是"少年班"创办的最主要的目的。据统计，30年以来，"少年班"共招收31届计1220人，已毕业

① 辛厚文主编：《少年班三十年》，中国科技大学出版社，2008年3月。

1027人，其中935人考取博士研究生，占91%。又据统计，前16届毕业生共590人，64%获得博士学位，26.9%获得硕士学位。他们之中的20%选择学术作为自己的终身职业，大多数人都获得了教授、副教授和国外终身教授的职务。

在这些杰出毕业生的名单中，诸如张亚勤、高峰、郭元林、骆利群、庄小威、尹希等，他们无疑都是“少年班”的佼佼者，也是中科大的骄傲。例如，张亚勤是首届“少年班”的学生，23岁以满分获得了美国乔治·华盛顿大学的博士学位，31岁获得了美国电气和电子工程协会的院士，是该会百年历史上最年轻的院士。1999年担任微软中国研究院首席科学家，2014年担任中国百度的总裁。庄小威是“少年班”1987级的学生，1997年获得加州大学伯克利分校的博士学位，2001年30岁的他被聘为哈佛大学助理教授，2005年被哈佛大学聘请为物理和化学双科教授，并且建立了以自己名字命名的单分子生物物理实验室，从事跨学科领域的顶尖研究。她于2012年当选美国科学院院士，是华裔美国科学家第一个女院士。尹希是1996级“少年班”的学生，2006年获得哈佛大学博士学位，2015年晋升为哈佛大学最年轻的正教授。他研究弦理论，由于取得了重大的成果，从而获得了2017年科学突破奖·物理学新视野奖，是被世界物理学界寄予厚望的青年物理学家之一。

在这一连串的杰出人物的名单中，并没有当时被称为中国当代“第一神童”的宁铂，他既没有出国留学，也没有获得研究生的学位，这究竟是什么原因呢？首先是媒体的责任。40年以来，“宁铂”二字是被媒体报道频率最高的，过度的报道给一个少年造成了巨大的心理压力，使他承受着烦恼与痛苦，正如他自己所说的："自己为名声所累，为什么不能做一个普通的人？"其次，科大是一所理科大学，受到学科的限制，也正如他自己所说："科大的系没有我喜欢的。"班主任本建议调他去南京大学天文学系，但学校回复说："既来之，则安之。"于是，他被迫学他不喜欢的理论物理，以至于对学业彻底失去了兴趣，并导致他于2002年前往五台山出家。

教育是科学，除了纯科学以外，凡科学需要实验。英国《自然》杂志发表了封面标题为《大学实验》的文章，认为"大学要生存下去，与科学研究一样，必须通过实验，才能最终知道究竟哪一种方式适合自己的学校"①。依此而论，"少年班"也是一种实验，既然是实验就应当允许失败。现在，我们对宁铂做结论为时尚早，对他还有待进一步地观察。即使宁铂不成功，但并不能证明"少年班"的失败，瑕不掩瑜，"少年班"的成就有目共睹，绝不能因为个别人的问题而否定"少年班"的方向。

其次是经验，"少年班"做了许多教育改革的尝试，其经验是有价值的。中科大"少年班"从一开始就是实行独立自主招生，到1986年基本形成了高考初试、复试录取的模式，这对普遍推行自主招生改革是有参考价值的。在培养模式上，"少年班"贯彻"以人为本""以学生为主体"指导思想，进行贯穿大学全过程的，将课程学习与科技创新活动有机结合的自主化学习与研究的培养过程。对于少数专业意愿十分明确的学生，从入学起就进入主修专业，按照相关专

---

① 胡钰维：《教育也需要实验》，《光明日报》，2014年11月30日。

业培养计划学习。对于大部分学生，实行两段式（2+2）模式，即前两年完成基础课学习，后两年在导师指导下进行个性化的专业学习。

与此同时，科大仿效“少年班”还创办了教学改革试点班（简称“试点班”或称为“零零班”），这两个实验班互相借鉴，相互促进，有力地推动了全校的教学改革。根据学生的兴趣，有关学院还创办了“华罗庚班”“严济慈班”“物质科学班”，以对学生的能力进行强化培养。

再次是社会效应，对学校和社会风气有积极的引导作用。在中国教育界，“少年班”可能是最响亮的大学品牌，广大的家长关注度特别高，因为他们都有“望子成龙”的心结，希望自己的孩子成为杰出人才。对于幼儿和小学生，也会起到激励他们努力学习的作用，使他们爱学习、爱科学，使得当科学家重新成为他们的人生理想。总之，“少年班”的影响是正能量，我们应当充分借助它的影响力，树立良好的社会风尚。

（三）“少年班”的问题与改革方向

我是“少年班”的坚定的支持者，在我任武汉大学校长时，曾经效仿科大也创办了“少年班”，并且成立教学改革实验科，专门抓好“少年班”和插班生这两个新生事物。在试招了三届以后，由于我被免职而停办，实属可惜。

在我看来，“少年班”存在的问题是前进中的问题，是锦上添花的问题。我希望中国科技大学擦亮这个品牌，在更高层次上办好“少年班”。那么，存在的问题是什么呢？我认为主要是以下三个问题：

首先是不规范，应当按照学术规范提高“少年班”的水准。我在本文中，凡用到“少年班”，我都是打引号的，说明我并不赞成这个名称。本来，“少年班”就是一个口头语或习惯用语，而不是教育专业术语，也不是学科名称。所谓“少年班”就是指同一届大学生中，年龄比较小的一批学生，或叫“小大学生”，其指导思想就是让一些少年提前上大学和提前毕业。由于这个名称定格了，所以40年来，“少年班”一直停留在培养小大学生的层面上，而未能实现跨越。大约是在21世纪初，全国各大学的系都升格为学院，这在国外是从来没有过的现象。遗憾的是，中科大也未能免俗，借“少年班”30周年庆典时，将系级“少年班”升格为“少年班”学院，这让学术界十分费解。

那么，应当如何规范呢？从教育规范来说，“少年班”中的一部分是属于智力超前的少儿，教育心理学认定，在少年儿童中确实存在智力超前的少儿，大约占这个人群的3%。因此，我建议将“少年班”学院改名为智力超前教育学院，或精英教育学院，甚至可以使用特殊教育学院，但绝不能叫“少年班”学院，否则以行政机构作为学院的名称，让人贻笑大方。

其次是目标定得太低，应当按照精英人才来培养智力超前的儿童。坦率地说，现在“少年班”取得的成就，仅仅停留在培养了多少多少的博士、教授和院士，以及IT和金融行业的多少CEO。但是，这些并不足以显示“少年班”的成就，因为这些成就其他的大学也能够达到。就以院士来说，“少年班”也就出现两三个院士，而北京大学等培养的院士甚至比“少年班”人数还要多。

因此，科大“少年班”必须实现跨越，以实施精英教育为己任。我们应当坦承，中国现在还没有精英教育，如果中科大愿意这样做，将填补我国精英教育的空白点，把从少儿到大学的精英教育衔接起来，其意义非常深远。精英理论认为，在人类任何历史阶段，都存在极少数的精英人才，他们在性格、智力、能力、创造力等方面，都要超过其他大多数的人，他们往往能够引领社会、经济、科学、文化和艺术的发展。精英教育必须按照“少而精”的原则进行培养，宁缺毋滥；必须实行个性化的教学，因材施教，让每一个智力超常的幼儿的智慧最充分地发挥出来，再现牛顿、笛卡尔、达·芬奇、高斯、维纳等这样的全才式的伟大科学家。

中国科技大学是一所以自然科学为主的理科大学，既无人文社会科学，也没有工程技术，这是该校实施精英教育的先天缺陷。当然，科大也没有必要再追求“大而全”的办学模式，可以通过校际之间的合作以弥补自己的不足。

再次是理论落后于实践。毛泽东主席曾经指出：“理性认识依赖于感性认识，而感性认识有待于发展到理性认识，这就是辩证唯物论的认识论。”[①]40年来，科大“少年班”的办学经验是丰富的，但我觉得既缺少教育理论的指导，又没有将实践经验上升到理论的高度，仅仅停留在行政管理的层面上。这一点“少年班”的不规范的做法就是证明。因

---

① 《毛泽东著作选读》（上卷册），人民出版社，1986年8月，第130页。

此，我建议中国科技大学应当成立精英教育研究室或研究所，隶属精英教育学院，聘请专职的教育学家参加研究，做到以任务带动研究，以研究促进教育改革，希望在精英人才培养、精英教育理论和实践方面都取得丰硕的成果，是为至盼。

十七、怎样才能破解“钱学森之问”

钱学森先生是我国著名的空气动力学大师，是资深的“两院院士”和“两弹一星”功勋科学家。他对中国科学技术与国防建设的贡献，无人望其项背，是名副其实的中国“航天之父”和“火箭之王”。他博学多识，除了在航天科学领域的贡献以外，在系统科学、控制论、思维科学、科学艺术等领域，亦有重要的建树。先生早年留学美国加州理工学院，师从20世纪空气动力学大师冯·卡门，那里是创造的沃土、大师的乐园和滋生学派的摇篮。他得益于那里自由、创造性的学习和研究，他从自己成功的经历深切地感知到创造教育的重要。因此，他一直倡导创造教育，其代表性的教育思想集中反映在《集大成的智慧——钱学森谈教育》和《钱学森创新教育的伟大实践》两本书中。特别是到了晚年，先生最牵挂的还是教育，他于94岁时，在与温家宝总理的一次谈话中，提出了一个被称为“钱学森之问”的振聋发聩的重要建言。遗憾的是，这个问题提出已经整整10年了，迄今依然没有得到破解。先生于2009年10月31日仙逝，生前未能看到他的建言得到落实，如果在九泉之下有知，他是难于瞑目的啊！

（一）什么是“钱学森之问”

2005年7月29日，温家宝总理来到解放军总医院康复楼，探视已94岁的人民科学家钱学森先生，目的是征求先生对国家制定“十一五”科技发展规划的意见，包括重点领域、关键技术和重大项目等。谈完对科技规划的意见后，钱学森先生说：“我要补充一个教育问题，培养具有创新能力的人才问题。一个有创新能力的人，不但要有科学知识，还要有文化艺术修养，没有这些是不行的。”“现在中国没有完全发展起来，一个重要原因是没有一所大学能够按照培养科学技术发明创新人才的模式去办学，没有自己独特的、创新的东西，老是冒不出杰出人才。这是个很大的问题。”①从报纸披露出来的这段文字，仅有143个字，其含义应当是不难理解的。

什么是“钱学森之问”呢？从谈话中可以看到，为什么老是冒不出杰出的人才或者为什么培养不出杰出的人才，这应当是先生提问的主旨，也就是钱学森之问的核心问题。其实，这个问题的答案先生在谈话中已经给出了，它就是：“没有一所大学能够按照培养科学技术发明创新人才的模式去办学。”从因果关系看并不难理解，杰出人才是果，而能否按照培养科学技术发明创新人才模式去办学是因。本来，问题并不复杂，我们只需要认真理解和大胆地去实践就行了，可是我们各大学却没有这样去做。

那么，究竟什么是杰出的人才？迄今尚没有一个统一的界定，每一个人的理解可能不尽相同，似乎每人心中都有一个没有言明的标准。虽然我们不能把杰出人才神秘化，但他们绝不是一般的人才，我认为宁可严格以求，而不可作庸俗

① 赵畅：《从钱学森的“建言”说起》，《光明日报》，2005年8月23日。

的理解。其实，先生提出这个问题，就是以己量身定制的标准。我愿意以先生为标准，把杰出人才的条件具体化。按照我的理解，符合以下条件之一者，方能够称得上是杰出的人才：获得包括诺贝尔奖在内的世界各学科领域的大奖者；在各学科领域被国际公认的学术大师；创建科学学派的领军人物；出版了传世的学术或文学经典著作者；在科学技术领域里作出了能够引起革命性变革的重大发明者。窃以为，也许只有这样的人才，才是钱学森先生希望看到的杰出人才。如果以此为标准，我国大学自20世纪50年代以后基本上没有培养出杰出人才，只要看看历次政治运动对大学的破坏，其原因就昭然若揭了。

（二）“钱学森之问”的困惑

我研究创造教育学30多年，对有关创新和创造的信息是比较敏感的，平时比较注意收集有关这方面的资料。钱学森先生与温家宝同志的谈话是2005年7月29日，而《光明日报》是8月23日报道出来的，中间间隔居然长达25天，这绝非是对待一位科学泰斗的重要建言的正常态度。从这个时候开始，我就在等待国家教育当局和各大学的校长们如何作出回应，但我彻底地失望了。

2006年11月20日，温家宝总理在中南海第四会议室召开会议，传达和研究钱先生的建言，这比起钱学森先生提出建言又滞后了一年三个多月的时间，不能不说是教育界见识迟、行动缓的表现。[①]参加会议的有6位大学校长和多名教育家，温家宝总理说“就钱学森提出的建言请教大家”。可是，与会者们对“钱学森之问”的解答却是：“要加强党对教育工作的领导”，“加大对教育的投入”，“加大高等教育的改革”，“促进高等教育的大发展”，等等。这些回答完全不着边际，可以说是离题千里，真是大大有失教育家的身份。

在钱学森先生逝世后不久，安徽师大传媒学院院长芮必峰等11名知识分子，以公开信的方式致函教育部部长袁贵仁，呼吁教育界直面“钱学森之问”，希望“我们一起来深思、来解题……这一天的早日到来，便是对钱老最好的缅怀”。可是，呼吁归呼吁，仍然没有见到教育部对《公开信》作出积极的回应。

上海交通大学是钱学森先生的母校，先生怀有深厚的感情，2010年10月28日，在钱学森先生逝世一周年之际，举行了“求解钱学森之问”的纪念大会。该校领导人表示：“母校肩负着率先回答学长之问的责任。”可是，时至今日，人们仍然没有见到上海交通大学设计出创新教学的模式，也未能发现该校在推进教育改革和培养创新人才方面采取了哪些重大的措施。

“钱学森之问”牵动全国各界，求解或是破解的人士无以计数，提出的答案也是应有尽有，不妨选择数例摘录于后：

---

① 《温家宝召开教育家座谈会》，《南方日报》，2006年11月29日。

国家教育部回应：改革人才评价制度；

刘人怀院士等学者撰文《试答钱学森之问》，他们提出的措施有：建立可持续发展的教育体系，摆脱教育行政体制对教育的束缚，教育去产业化，摆脱市场化对教育的干扰，教育去关系化，让创新人才脱颖而出……

某院士回答：浮躁情绪是最大的敌人；

其他的回答还有：从幼儿抓起，改革中学教学，举办英才班，等等。

2014年9月11日，深圳市教育局召开庆祝第30个教师节座谈会，局长在会上提出：“力争在深圳教育界率先答好‘钱学森之问’。”看来，这也仅仅是一句口号或者表态而已，并没有提出怎样答好的下文。

在2015年即将到来之际，在北京举办了“中国教育三十人论坛”（首届2015）年会，一起求解著名的“钱学森之问”。与会者有经济学家、哲学家、教育家、作家等，这是集多学科专家的一次问诊，也可能是迄今民间规格最高层次的研讨会。经济学家认为，“均值”高而“方差”小，难出杰出的人才；教育家认为，过度行政化影响大学的创造力；哲学家认为，培养杰出人才首先要加强人文教育；等等。这些回答未免太学术化了，虽然对人们有某些启发作用，但却无助于破解“钱学森之问”。

以上各种各样的回答，虽然不能说都是不正确的，但至少都没有涉及“钱学森之问”的核心。这就使我感到非常困惑，一个本来并不是非常复杂的问题，为什么大多数的人都不能正确地回答？原因就在于大多数迄今70岁以下的人都是接受传统的应试教育，根本就没有“创造”的思想意识，也分不清创新与创造的本质区别。另外，中、西方思维的差异也是一个重要的原因。中国人的思维方式是“求多不求新、求同不求异、求稳不求变”，而西方人则恰恰相反，这就是不能破解“钱学森之问”的主要原因。

（三）完整版的破解之道

值得指出的是，求解“钱学森之问”的答案与求解数学上的猜想不同，后者只需得到一个符合假设条件和逻辑推导的数学证明，而前者不仅仅是一个理性的回答，更重要的还需要付诸实践。因此，可以这样说，“钱学森之问”是答易而行难，它不仅受到教育内外部各种因素的掣肘，而且必须对现行已经过时的大学教学模式进行根本性的变革。

那么，究竟怎么样才能破解“钱学森之问”呢？近10年以来，我无时无刻不在思考这个问题，力求从整体上来破解“钱学森之问”。我设想的破解方案是由三部分组成，它们是互相联系的，而且都具有可行性，每所学校都是有条件实施的。

一是大学可行的创造教育模式。现在大学的教学模式已经沿袭了300多年，它是以课堂为中心、以教师为中心和以课本为中心，简称为“三中心”的教学模式。为了改革这种已经过时了的僵化教学模式，我设计了一种称为“SSR”的创造教育模式，并撰写了《关于创造教育模式的构建》一文，发表在2000年《教育发展研究》（上海）第12期上，被该刊评选为年度优秀论文一等奖。在改革僵化的教学模式问题上，我与钱学森先生是不谋而合，都主张大学应当按照创造教育模式办学。因此，仅仅就这个问题而言，在“钱学森之问”提出5年以前，我已经设计和公开发表了创造教育模式的方案。可是，我人微言轻，这个本来是新颖的和具有可行性的方案，至今无人问津，由此可见实施创造教学模式的阻力之大。

什么是创造教育模式呢？我设计的SSR创造教育模式，其中第一个S代表自学（Study independently），第二个S代表课堂讨论（Seminar），而R代表科学研究（Research）。[①]这三种学习方式既是互相联系的，又是由浅入深的推进过程，都体现了学习者的独立自主的特点。自学与讲说章句相区别，课堂讨论是双向交流，能够激发灵感，在辩论中增长才干，而科学研究是走自己的路，创造新知识。具体实施步骤是：在普遍自学的基础上，选择一些有代表性的疑难问题，提到课堂讨论上进行辩论，以达到举一反三的目的。进而，再把课堂讨论中形成的某些有探究价值的问题，在教师的指导下，由学生独立进行研究，达到既提高研究能力又出成果的目的。因此，SSR模式是新颖的，符合创造性教学的原则，是培养杰出人才的重要途径。

同时，SSR模式又是切实可行的，每所大学都是有条件实施的。这个模式的关键是自学，人类的文明传承就是从自学开始的。印度的天才数学家拉马努金12岁开始对数学产生了兴趣，15岁就自学和自己解答数学疑难问题，后被英国剑

① 刘道玉：《关于大学创造教育模式的构建》，《教育发展研究》，2000年第12期。

桥大学著名数学家戈德弗里·哈代发现，被邀请到剑桥大学深造，成就了一位20世纪初叶伟大的数学家。华罗庚先生是由初中毕业生成为世界数学大师，他的学问也都是自学来的，既然抽象的数学都能够自学，那还有什么课程不能自学呢？尤其是单纯表述性的人文社会学科的各门课程，只要具备了高小的文化程度，都是能够通过自学掌握的。然而，现在还完全逐章逐节地讲授，不仅浪费了时间，而且窒息了学生的智慧。因此，必须完全抛弃“三中心”的教学模式，代之以实施SSR创造教育模式。

二是必须放弃“高大全”的办学模式。我国大学的问题太多了，其中最突出的是趋大若骛，如“大一统”的教育体制和“高大全”的办学模式，它们已经成为沉疴宿疾。正是这些痼疾，窒息了青少年们的智慧，阻碍了杰出人才的成长。目前，我国大一统的教育体制，是新中国成立以来最集权的时代，超过了任何一个时期。谓予不信，请看一看，教育部控制了一切教育资源，垄断了一切教育的决策权。教育部的直属大学越来越多，从“文化大革命”前的13所膨胀到现在的75所。此外，还有211工程大学112所，985工程大学39所，它们完全是由教育部指定的，而不是平等竞争产生的。自20世纪90年代初开始，在教育部主导下，全国大学频频改名，大专学校和单科学院升格，大学合并都要建设大而全的“航空母舰”式的大学。由此，掀起了一股攀比风、浮夸风、学术剽窃和造假风。这些歪风邪气是与培养杰出人才相悖的，现在是到了需要用猛药治沉疴的时候了。

科学发展史表明，创造性的果实只生长在自由的园地，杰出的人才只能成长在自由的环境里。科学的态度就是质疑，科学的精神就是批判，因此营造大学独立和自由的学风，就是造就杰出人才的关键。经济体制改革的经验表明，统一得越多，经济越没有活力，管理得越多，基层就越没有主动性和创造性。既然计划经济拯救不了我国的经济，难道大一统的教育体制能够振兴我国的教育吗？因此，教育改革必须以改革大一统的教育体制作为突破口。教育部要率先进行自我革命，首先是从简政放权开始，必须转变教育部领导的职能，克服机构设置过多，下决心解决大包大揽和瞎指挥的现象。

在进入新的一年之时，教育部门又喊出了打响教育改革攻坚战的口号，这并不是第一次提出类似的口号。自1999年11月13日，国务院批转了教育部《面向21世纪教育振兴行动计划》以来，先后制定了不少教育规划，其中都强调了要加快教育改革的步伐，可是都是雷声大雨点小，少有改革的成效。依我看，这一次喊出的要打教育改革攻坚战的口号，又没有选准目标。除了高考和招生改革外，其他并不是什么重要的项目，如足球进学校，从小学课本中删去古诗词，解决小学就近入学问题，教师师德“红七条”等。这些工作不是不需要抓，而是不必由教育部来统管，这样势必导致“捡了芝麻而丢了西瓜”。

三是创造教育需要从少儿抓起。人才的培养是一个系统的过程，大学只是收获期，而选种、播种和耕耘却是在基础教育阶段。少年儿童正处于身心发育的关键时期，在他们思维尚没有定式之前，是实施创造教育的最佳时期。因此，必须对少年儿童进行正确的教育和引导，这对培养杰出的人才是至关重要的。

从本质上说，教育是启蒙和解放，所谓的启蒙就是开启他们的智慧和健康的心灵。教育的解放作用主要表现在，解放少年儿童的个性、好奇心、想象力、求异的思维习惯和冒险精神。这五点是决定一个人有没有创造力的关键，可是在应试教育的压力下，这些重要的素质都被泯灭了。据报道，美国教育进展国际评估组织（NAEP）对21个国家的调查显示，中国孩子的计算能力排名第一，创造力排名倒数第五，而想象力则是倒数第一。生理学家已经证明，人的大脑分为左右两半，左脑是知识脑，右脑被称为创造脑，前者的功能是语言、计算、概念、分析等能力，而创造脑的功能是想象力、直观、空间、形象等。我国基础教育把语文、数学、外语当作主课，而把音乐、美术、科技制作当作副课，颠倒了智能训练的主次关系，从而导致了想象力和创造力低下的状况。

我们应当清醒地看到，各省市基础教育的主管部门，对实施素质教育抓得非常不力，基本上还是以上重点、考高分、进名校和高升学率来树立示范学校。现在全国各地有不少的应试教育典型，如超级考试工厂、亚洲第一考试工厂和各级示范学校，虽然这些中学升学率很高，不少学生考上了名牌大学，但是他们却是在窒息学生的智慧，戕害学生的心灵，摧残学生的身体，其中的一些人不仅不能成才，甚至可能成为“废品”。可是，这些就在教育部眼皮底下的“高考工厂”，为什么不整顿、不制止呢？这种放任、容忍，就是对应试教育的认同，完全是一种不作为的表现。

考高分与进名大学，究竟与成才有什么关系？长期以来，包括国家教育领导部门的不少人都认为，我国的基础教育是最好的，在世界中学生的考试比赛中，都是居于全球之首。其实，这是一个悖论，考高分、进名校与成才没有线性关系。如果我国基础教育最好，照说这些学生进入大学后更有“后劲”，但为什么我们的大学水平又不高呢？据统计，美国大学生创业率高达20%到23%，而我国大学毕业生创业率不到2%，而成功的也不到1%。这种差别，正说明我国基础教育存在的问题，我们绝不能再沾沾自喜了。我国基础教育的出路，必须从幼儿抓起，实施以创造力为核心的素质教育，彻底解放他们的想象力和创造力。

如果不谦虚地说，上述三点是我对“钱学森之问”完整版的破解，虽然不一定是最理性的答案，但毕竟是我用心求解的。我希望各界的同人们，都来献计献言，群策群力，共同来求解和实践“钱学森之问”。我深信，如果大学按照SSR模式进行教学，从教育体制上保障大学的独立和学术自由，基础教育实施以创造力为核心的素质教育，那么“钱学森之问”就一定能够得到完全的破解，经过持久的努力，一定会涌现出一批真正的杰出人才！

（本文原载《同舟共进》2015年第4期）

十八、怎样以实验来推动教育改革

怎么看待我国的教育改革，这可能是仁者见仁、智者见智、莫衷一是的问题。据百度学术搜索，评价中国教育改革的文章，竟有264445篇，可见人们对我国教育改革期盼之殷，对新教育渴望之切。2013年9月上旬，在凤凰大视野频道播出了《盗火者——中国教育改革调查》，这是由深圳越众影视公司拍制的十集教育纪录片。我也是该纪录片采访的一个人物。该片播出后反响强烈，普遍认为是一份中国教育现状的真实记录，直指中国教育的痛处，以最直接的方式炙烤我国当下的教育。

也许，人们对于《盗火者》这部纪录片的调查报告，评价不尽相同。但是，我们不能不肯定编导者严谨和求实的态度，他们策划了数年时间，拍摄和剪辑就用了一年半的时间，素材时长超过100个小时。尤其值得称道的是，它展现了各类教育实验活动，也提出了进行教育实验的某些思考。[①]

（一）教育也需要实验

我国教育改革步履艰难是不争的事实，虽然不能说完全没有改革，但那只不过是一些添枝加叶式的改良而已。我不

① 武欣中：《盗火者——中国教育改革调查》，《中国青年报》，2013年9月15日。

无遗憾地指出，凡是涉及教育理念、教育体制、教育模式和教学制度等根本性的问题，几乎没有丝毫的撼动。我国各类学校虽说有规模大小之差，有师资素质优劣之分，有学术水平高低之别，但它们却没有个性之不同。这就是长期饱受诟病的千校一面的痼疾，这与其他发达国家教育的多样化形成了鲜明的对比。

社会对人才的需要是多层次、多规格、多品种的，因此大学也必须是多样化的，这是由教育与经济、社会发展既相互影响又相互制约的规律决定的。2015年10月16日，英国《自然》杂志刊发了封面文章《大学实验：作为实验的校园》，并配发了社论《受到挑战的大学》，其中指出："大学若要生存下去，就必须实验，教育与科学应对挑战的方式虽然不同，但与科学研究一样，都需要实验。因为必须通过实验，才能最终知道哪种方式适合自己的学校。"[①]众所周知，创刊于1869年的英国《自然》杂志，是世界最权威的科学杂志之一，它以报道科学世界中重大发现和重大突破性的成果为使命。然而，这份备受科学家推崇的杂志，却以不同凡响的高调刊发《受到挑战的大学》的社论。也许，这是该刊创办近一个半世纪的破例之举，说明科学与教育之间有着内在的联系。这让人们耳目一新，说明教育也是科学，除了纯科学以外，凡科学都必须实验，并由实验来检验其理论的正确与否。大学校长是学校的灵魂式的人物，唯有校长亲事教育改革实验，方能够通过实践形成自己的教育理念，借以办出有鲜明特色的大学。

---

① 胡德维：《变革时代的大学之道》，《光明日报》，2014年11月30日。

其实，教育需要以实验来推动并不是新鲜的话题，在历史上不乏教育实验的先驱者。早在公元前387年，古希腊三大哲圣之一的柏拉图，在朋友的资助下，创办了柏拉图学园。他认为："数学在培养哲学家、政治家中具有重要的作用，数学能够激励心灵上升到最高的理性认识。"[①]因此，他在学园的门口写着"不懂几何者不得入内"的训诫，并以这个理念进行教学改革实验。他亲自主持学园的实验长达40年，而校园前后延续了900多年。在他的教育思想熏陶下，学园培养出了大名鼎鼎的哲学家亚里士多德、数学家欧几里得等巨擘，他们其中任何一个人的成就和声誉，都是当今任何一所研究型大学难以望其项背的。

（二）成功的教育实验家

扬·阿姆斯·夸美纽斯是17世纪捷克伟大的教育家，他在担任黎撒中学校长期间，积极推行"泛智教育"（全面的智慧）实验，以实现自己的教育夙愿。他在该校开始了最早的教育实验，也是一次精心设计的实验，寄托了他最初的教育理想。他的实验对象是4至13岁的儿童，学校采用活动课程和以活动为中心，这些教育实验是他的教育理论的重要来源，推动了教育学研究中自然实验法的发展，他也是分班教学的创始人，他的教育思想对欧洲乃至于世界的教育实践产

① 刘传德：《外国教育家评传精选》，北京师范大学出版社，1993年7月，第6—8页。

生了重大的影响。[①]

约翰·杜威是美国著名哲学家和教育家，芝加哥大学哲学学派创始人，也是美国实用主义集大成者。为了实践他的实用主义教育理念，他于1894年创办了芝加哥实验学校，以4到15岁的儿童作为实验对象，这所学校是他的哲学、心理学和教育学的实验室。他是美国进步教育运动的代言人，他在芝加哥实验学校所进行的实验，被认为是美国教育史上最重要的大胆实验。他认为传统教育的弊端是课程与儿童的生活和经验相分离，认为儿童教育的课程都必须以儿童的兴趣、认知和心理发展为依据，强调以“儿童为中心”和“从做中学”的教育原则。芝加哥实验学校进行了10年的实验，直到他于1904年离开芝加哥大学为止。杜威在中国有多名得意门生，如郭秉文（中央大学师范学院院长、南京师范学院院长）、胡适（北京大学校长、台湾“中央研究院”院长）、蒋梦麟（先后任浙江大学和北京大学校长）、陶行知（南京晓庄师范学校校长）、陈鹤琴（东南大学校长）等，他们都是我国现代教育史上赫赫有名的人物。

伯特兰·罗素是百科全书式的学者，有“欧洲亚里士多德”之称，他不仅仅是著名的哲学家、数理逻辑学家，也是著名的儿童教育学家。他与妻子于1927年创办了比肯山学校，以自己和邻居的孩子为实验对象，把他们的教育理念付诸实践。该校以实施自由和健康教育为目的，培养儿童健全的智力和体魄，后来由于与妻子离异，教育实验才被迫中断，为后人留下了宝贵的经验。

---

① 单中惠：《杜威学校实验探析》，《教育研究与实验》，2002年第2期。

苏联的苏霍姆林斯基出身于农民家庭，仅仅拥有波尔塔瓦师范学院函授科的毕业文凭，但他却是苏联联邦教育科学院的通讯院士，曾获得“国家功勋教师”称号，获得了诸多的勋章。虽然他仅有52岁的生命，但他却留下了40部教育著作、600多篇教育论文和1200多部儿童故事。这些骄人的成就和荣誉是如何得来的呢？这一切都源于他是一个执着的教育实验家，他担任了帕夫雷什中学校长，这是一所农村中学，除了体育课以外，他担任了所有课程的讲授，以便进行课堂改革的实验，这该是需要何等顽强的毅力呀！

（三）中国教育实验的先驱者

在中国近代教育史上，最成功的教育实验家非陶行知先生莫属。他于1927年先辞去了东南大学教授、教务长的职务，后又谢绝了武昌高师（武汉大学前身）和吉林大学校长的聘请，义无反顾地投入到教育实验中去，创办了南京晓庄师范学校。他们提出的口号是：募集100万元资金，培养100万名乡村晓庄实验学校教师，创办100万所农村学校，改造100万个乡村。①这是一个宏大的教育实验计划，如果顺利得到实施，对改造落后和贫穷的乡村将会起到巨大的作用。但是，当局惧怕晓庄师范的革命性，由蒋介石下密令，由军队以武力封闭学校，30多名学生被捕，陶行知遭通缉，被迫到日本避难。虽然晓庄师范仅仅存在了3年时间，但实验的成就斐然，培养出了230名学生，成了抗日的骨干力量。晓庄

① 《陶行知全集》（第2卷），湖南教育出版社，1985年1月，第6页。

师范的教育实验，既丰富了陶行知的教育思想，又影响了一批致力于乡村教育实验的教育家，如晏阳初、黄炎培、梁漱溟等。

朱永新博士是真正的教育行家，由他率领的新教育实验团队，于2001年在江苏昆山玉锋学校正式启动，2002年新教育实验网站开通，实验取得了丰硕的成果。[①]他致力于推动一项被认为是草根性的改革，他们的核心理念包括："一切为了人，为了人的一切；给学生一生有用的东西；重视精神状态，倡导成功体验；强调个性发展，注重特色教育；让师生与人类崇高精神对话。"目前，全国28个省市自治区的800多所学校致力于新教育实验，在全国产生了巨大的影响。

2014年11月，《教育正悄悄发生一场革命》一书出版了，瞬间引起了巨大的反响。这是上海海事大学魏忠教授的著作，他从美国卡内基梅隆大学学成回国，就投身到教育实验中来，他以上海海事大学电子商务和管理学专业学生作对象，后来他在100多所大学和许多中小学进行教学实验，并总结出了一些案例教学的规律。他的另一本书《教育正悄悄发生一场怎样的革命》也即将出版，它与前一本书是姊妹篇。实际上，这些来自民间静悄悄的教育改革实验，是值得重视的一股力量。但是，体制外的力量毕竟是弱小的，似乎很难走得更远，更难于撼动大一统和千校一面的公立学校教育。北京大学和清华大学是我国重中之重的宠儿，拥有无与伦比的优质资源，但是他们真正的示范作用在于他们的校长要亲

① 朱永新：《朱永新教育演讲录》，人民教育出版社，2018年3月，第186页。

事教育改革实验，并带动全国各类学校的改革实验，营造一种百花争奇斗艳的景观，借以打破我国教育改革万马齐喑的局面。

苏联教育家阿·波利阿耶夫曾说："教育领域是一块伟大的实验场地。"[①]唯有教育实验才能推动教育改革前行，这已是被教育史证明了的一条铁的规律。我国是一个人口众多的大国，现在有各类学校3212万所，有教师1249.8万人，在校就读的各类学生为2.5亿多人，其中大学生是3559万人。照理说，我国拥有无与伦比的教育实验资源，应该产生更多杰出的教育家。但可惜的是，我国并没有产生有世界级影响力的教育家，也没有撰写出有世界级影响力的教育经典著作，这与缺乏有远见的教育实验家不无关系。坦率地说，我国的教育改革仅仅是写在国家的教育发展纲要或规划中，停留在教育部门领导人的口头上，众多的教育学研究者们也基本上是"纸上谈兵"，而鲜有笃志躬行的教育实验者，尤其是励志教育改革实验的大学校长。虽然我国民间不乏教育改革实验者，但在公立学校大一统的把持下，如果公立学校不积极进行教育改革实验，那是很难撼动保守的教育世袭领域的。那么，为什么我国公立学校鲜有大胆进行教育改革实验的人呢？原因当然是多方面的，但以下三点却是最主要的：

首先是认识上的盲区，认为实验纯粹是自然科学和工程技术学科的事，而包括教育学在内的人文社会科学，天经地

① 国家教委国家教育发展研究中心、中国教科文组织全委会秘书处编：《未来教育面临的困惑与挑战》，人民教育出版社，1991年，第87页。

义的就是注经和讲说章句，与科学技术老死不相往来。2003年2月27日，我在《光明日报》上，发表了《为大学文科改革献计三策》一文，其中就提出："设计创建相关实验室，克服文科脱离科学技术实践的状况，这在新的技术革命时代尤为重要。"可惜的是，拙文并没有引起教育界的重视，也未能看到人文社会科学改革的根本性的突破。

什么叫教育实验？所谓教育实验，是以人为实验的对象，以某种新的教育理论（或理念）、新的教育模式、新的教学制度、教学内容、教学方法对受教育者实施教育，并观察获得的实验效果。一般来说，用于自然科学的实验方法，大多都可以用于教育实验，如观察法、对比法、解剖法、统计法、推理法、归纳法等。它们不同的是，自然科学实验的对象是客观物质世界，而教育实验对象是人，而人是有能动性的，这就增加了教育实验的可变性、复杂性和周期长的特点。教育实验与科学实验一样，都需要接受实践的检验，只有反复得到重复的结果，方能够称为真理，也才具有被推广的价值。

其次，求同不求异的思维方法，阻碍了教育实验创新。中国人与西方人思维方法有着某些重大的区别，一般说"中国人夸多识，而西方人赞新知"，基于这方面的差异，大多数中国人是"求多不求新，求同不求异，求稳不求变"，而西方人则恰恰相反。一个颇能说明问题的例子是美国普林斯顿大学，从该校校长伍德罗·威尔逊的一段话得到证实。1907年他到哈佛大学去参观，在演讲时说："普林斯顿大学不是哈佛，也不希望成为哈佛那样；反之，也不希望哈佛成为普林斯顿。我们相信民主的活力在于多样化，在于各种思想互相补充，互相竞争。”[①]这是对大学多样化重要性最经典的诠释，非常值得我们认真思考。后来的实践证明，普林斯顿大学的确完全不同于哈佛，她是一所“小就是美”的袖珍大学，没有美国最吃香的医学院、法学院和商学院，但她的数学和理论物理却令世界其他大学刮目相看。然而，在中国绝对没有这样有特色的大学，在求同不求异思想的指导下，普通大学一味模仿重点大学，地方大学向中央大学看齐，而民办大学也亦步亦趋地走着公办大学的路子，结果就导致千校一面的局面。我国现在有近3000所大学，虽然他们的师资和学术水平有差别，但他们的办学模式甚至连院系和行政机构的设置都完全一样。在20世纪90年代初，全国兴起了一窝蜂改校名和系升格为院的热潮，这就是同向思维最典型的表现。

再次，怕冒险，视教育改革实验为危途。中国人不敢冒险是众所周知的，在家庭和幼儿教育中表现得尤为突出。日本作家中野美代子在《中国人的思维模式》一书中曾写道：“与欧美人为了开拓认识世界奔向未知土地而进行鲁莽旅行和冒险的传统不同，中国人的伦理理念是把认识的疆界限定在五官可及、手脚可触摸的领域中……”[②]显然，正是这种思想才使得近代科学没有在中国诞生，也导致我国近代科学理论和探索长期落后于西方国家。

在“文化大革命”中，曾经流传着“两个99%”的论

---

① 赵阿娜：《大学应各美其美》，《教育评论》，2012年3月30日。

② ［日］中野美代子：《中国人的思维模式》，中国广播电视出版社，1992年2月，第72页。

点，它是指搞自然科学实验的，即使是99%的搞错了，只要1%成功了，便可一举成名天下知。然而，搞政治或社会科学研究的，即使是99%的搞对了，哪怕1%的搞错了，可能一错铸成千古恨，甚至是被“打倒”，永世不得翻身。显而易见，这是“自然科学保险，人文社会科学危险”的论调。但是，“文化大革命”已经远去半个世纪了，十一届三中全会也正式作出决议，今后不能再搞政治运动。因而，人们应当消除心有余悸的疑虑，解放思想，投入教育改革的实验中来，这是一块伟大的实验场地，每一个教育工作者都是大有作为的。唯有如此，才能创办我国各具特色的大学，才能产生我国著名的教育家，进而创建我国的教育学学派。这是祖国人民的希望，也是时代的呼唤，我国每一个教育工作者切莫辜负时代对我们的期盼！

（本文原载《光明日报》2016年4月12日）

跋　语

我有一个习惯，喜欢与大学生们通信，也常常接待他们的来访，无论是本校或是外校的学生都是同等对待。即使我到了耄耋之年，我依然保持这个习惯，兴许这是我保持思想不至于僵化的重要原因之一。

王远哲是北京大学中国语言文学专业的学生，在学习期间他在搜狐网站做兼职采访记者，这对学习与提高是很有益的社会实践。他通过野夫联系上我，希望对我进行一次教育与思想访谈，可惜那时我因为身体欠佳，未能满足他采访的要求。可是，远哲是一个有心人，他保留了我的联系方式。转眼间，2016年他从北京大学毕业了，受聘于北京出版集团做编辑工作。他于2017年1月18日来信写道："北京出版集团从2002年开始，编辑'大家小书'系列，立意是大家写给大家看的书，目前已涵盖人文社科100多个品类的图书……学生想做一本谈教育的书，还是觉得您来谈教育是最为合适的。"随后，他给我寄来了梁启超、鲁迅、梁思成、竺可桢、顾颉刚和罗庸等人的六部样书，阅读之后，让我受益匪浅。

我回信给远哲，表示愿意撰写这样的一本"小书"，但我绝非大家，仅仅是由于热爱教育而已。在过去的五年中，我在报刊已经发表了十多篇文章，但是要结集成为一部书，显然太单薄了。于是，我又拟定了一批题目，它们也都是我很想写的问题，借机把它们写出来一并结集成为一本"小书”。经过大约一年的时间，终于完成了这本书稿，总算没有食言。

我深知，从一本书稿到出版一部成品书籍，其间还要经过多个程序，如责任编辑的审改，美编的封面设计，版式的设计，文字校对和总编辑的终审等。这些程序是一环扣一环的，任何一个环节对保证书籍的质量都是十分重要的。因此，趁向出版社交稿之际，我要向远哲编辑和北京出版集团各有关的人士表达我的真诚的谢意！

书稿结集仓促，加之作者水平所限，书中遗漏和错误肯定不少，敬请学界同人和读者不吝指正为盼！

作者谨识

2018年4月5日（清明节）

于珞珈山　寒宬斋